中國學術思想 研究輯刊

十三編

林慶彰 主編

第2冊

《詩經》飲食品類研究

江雅茹 著

花木蘭文化出版社

國家圖書館出版品預行編目資料

《詩經》飲食品類研究／江雅茹 著 — 初版 — 新北市：花木蘭
文化出版社，2012〔民 101〕
目 4+204 面；19×26 公分
（中國學術思想研究輯刊 十三編：第 2 冊）
ISBN：978-986-254-785-4（精裝）
1. 詩經　2. 飲食風格　3. 研究考訂
030.8　　　　　　　　　　　　　　　　101002014

ISBN-978-986-254-785-4

9 789862 547854

中國學術思想研究輯刊
十三編　第 二 冊　　　　　　　ISBN：978-986-254-785-4

《詩經》飲食品類研究

作　　者　江雅茹
主　　編　林慶彰
總 編 輯　杜潔祥
出　　版　花木蘭文化出版社
發 行 所　花木蘭文化出版社
發 行 人　高小娟
聯絡地址　新北市永和區中正路五九五號七樓
　　　　　電話：02-2923-1455／傳真：02-2923-1452
網　　址　http://www.huamulan.tw 信箱 sut81518@gmail.com
印　　刷　普羅文化出版廣告事業
封面設計　劉開工作室
初　　版　2012 年 3 月
定　　價　十三編 26 冊（精裝）新台幣 42,000 元

作者簡介

江雅茹，1975 年生，臺灣師大國文系碩士班肄業，東華中文系碩士班畢業，現為東華中文系博士班研究生。著有長篇小說《摯情》、學術論著《詩經飲食品類研究》及〈《詩經・木瓜》研究〉、〈《詩經・旱麓》「黃流」研究〉、〈〈錯斬崔寧〉的主題思想與情節設計〉、〈試探《詩經》之魚類嘉殽〉、〈試探《詩經》、《左傳》對三良事件的看法〉、〈《文心雕龍》與《詩經》〉、〈《詩經・王風・丘中有麻》毛傳、鄭箋訓釋商榷〉等單篇論文十餘篇。夢想成為專業學者、業餘作家和賢妻良母，事隔這麼多年，卻一樣也沒實現，但至少現在已踏出了第一步。

提　　要

　　本論文以《詩經》飲食相關詩篇為研究文本，在傳統《詩》學研究的基礎上，結合史學、禮學、文字學、考古學、文化人類學研究方法，試探討《詩經》中所見飲食品類的物質文明和精神文化內涵。論文先探析《詩經》時代封建與宗法制度、祭祀與禮樂文化之背景，並歸納文本所反映的飲食現象；繼而論述飲食品類的相關課題。在飲食成品方面，探討食物品類、飲料品類和盛裝器具；在食材與食物製作方面，探討穀類、肉類、蔬果類食材，以及生食、熟食、加工、調味的食物製作方式；在祭祀之禮和燕饗之禮的飲食象徵意義方面，主要探討祭祀活動和宴飲場合飲食品物的文化象徵意義。生食與熟食的對比，象徵自然與文化的對比；五味調和的追求，代表飲食不再只是物質層次的基本生理需求，更多了精神層次的感官享受。中國飲食文化追求「和」的現象，在飲食、養身、人際互動、超自然崇拜和追求天人和諧，都可看出這樣的總體均衡和諧觀念的文化傳統。《詩經》中所見經濟生產活動和報本、祈年的宗教信仰，體現出人與自然關係的和諧；燕饗活動、宗廟祭祀，以及祭祀後的賜胙和親族燕飲，體現出人際關係的和諧；從詩文保存的飲食資料來看，烹調飲膳所追求色、香、味之和諧美，表現在主副食之別及其多樣化上，以及對烹飪、調味、營養和味感美學的要求，以食物養身、以味道養欲和以酒醴養情的心理，都是個人有機體的和諧均衡的表現。

《詩經》飲食品類研究

江雅茹　著

目

次

圖表目錄

第一章　緒　論

　　《詩經》是中國最早的詩歌總集，內容分成《風》、《雅》、《頌》三部分。其創作年代約西周初年到春秋中葉（B.C.1100～B.C.600），〔註1〕產生的地域一半在王畿，一半在今黃河流域的大部分和江漢流域的一部分。《風》又分成十五〈國風〉，〔註2〕是流行於各國的地方音樂，共計一百六十篇，其中多言

〔註1〕《詩經》中寫作最早的詩，當屬作於周朝初年的〈周頌〉。〈魯頌〉為魯僖公（B.C.659～B.C.627）時的詩，〈商頌〉為宋襄公（B.C.650～B.C.637）時的詩，屬平王東遷後的春秋時期。參閱傅斯年：〈周頌說〉，《中央研究院歷史語言研究所集刊》第1本（1928年），頁95～112。見王國維：《觀堂集林》（臺北：藝文印書館，1958年5月），卷2，頁24～25。

　　　最晚的詩，據鄭玄《詩譜》則為〈陳風・株林〉，作於周定王（B.C.606～B.C.586）之世。〔明〕何楷《詩經世本古義》據《易林・蠱之歸妹》，以〈曹風・下泉〉寫魯昭公22年之事，其作成時代為周敬王之世，乃三百篇最晚出者。馬瑞辰、王先謙、屈萬里、高亨、裴普賢等從之。若依何楷之說，則〈下泉〉作成之時，孔子年已四十，《詩經》時代不應晚至春秋之末，此說當無法成立，詳見余培林：〈論〈曹風・下泉〉詩作成的時代〉，《國文學報》第22期（1993年6月），頁1～11。

〔註2〕「國」是諸侯封地，十五〈國風〉中，有十二個是姬姓國，包括周南、召南、邶、鄘、衛、王、鄭、魏、唐、陳、曹、豳；齊為姜姓，秦為嬴姓，陳為媯姓，三諸侯國均和周王室關係密切。上博簡《孔子詩論》稱〈國風〉為〈邦風〉，〈國風〉之稱為「國」，乃因避劉邦諱之故，遂更改「邦」為「國」，以成為今本〈國風〉之類名。「風」之本義乃是有關萬物生殖之大事，無論是植物、動物及人類的繁行，都與「風」有關，因而〈國風〉多言男女風情為主。當原始徒歌改編為樂歌之後，即使原本屬於男女傳情、相互逗樂誘引的風騷之情，也都受到重新調整而更為雅致化，明顯已非原來面貌。參閱林素英：〈論〈邦（國）風〉中「風」之本義〉，《文與哲》第10期（2007年6月），頁33、48、50。

情詩，文辭雖然經過潤色，仍帶有不同的地方色彩。《雅》分成〈小雅〉與〈大雅〉，是流行於中原一帶的正聲，屬西周王室直接統治的地區。〈小雅〉七十四篇，多敘事詩，也有言情詩和頌贊詩；〈大雅〉三十一篇，主要是敘事詩，部分描述周室肇造及發展的史事。《頌》則有〈周頌〉、〈魯頌〉、〈商頌〉，〈周頌〉三十一篇，皆祭祀之辭，是西周初年的詩篇；〈魯頌〉四篇，〈商頌〉五篇，多爲頌美時君之詩。本論文擬以《詩經》中與飲食相關的詩篇爲研究對象，試探討《詩經》中所見飲食品類的物質文明和精神文化內涵。本章爲緒論，先說明研究動機、目的與方法，其次探討《詩經》的文化背景，然後進行相關文獻的檢討。

第一節　研究動機、目的與方法

一、研究動機與目的

　　文學是動態的、精神的文化現象，是人與環境之間發生互動後的產物，文學的價值之一就在於能夠反映生活、表現人生，爲時代作見證。《詩經》反映出周朝社會生活的各個層面，舉凡宗廟祭祀之禮儀、朝廷燕饗之樂章、列國鄉里之邦風、諷刺頌贊之詩作、喜怒哀樂之情感等，皆可透過文本語境去窺探當時的社會情況和禮儀風俗，詩文實乃彌足珍貴的第一手資料。《詩經》代表了周朝詩歌的思想內容和藝術形式，自先秦以降，不知吸引多少文人們的涵詠諷誦，而詩中所保存的周代生活史料，呈現了當時的物質文明與精神文化，更成爲歷代學者研究禮俗的探討對象，探討詩歌生活化的內容，有助於宏觀歷史文化，微觀先秦時期的人文風貌。〔註3〕

〔註3〕中國古代先秦時期，係指上起三代，下迄至秦統一全國以前而言（西元前221年以前）。此一漫長的歷史過程，既是社會大變動的時期，也是中國古代各種文明萌芽和逐步形成的重要歷史時期。張光直認爲若以考古學的器物分期來看，此階段可稱爲「中國青銅時代」，青銅器在考古紀錄中有顯著重要性的時期。以青銅器作爲文化與社會界說的標準，中國青銅時代和歷史上的三代階段相符合，可說是中國文明的形成期。三代的政治與儀式的中心變移不定，但根據現有的文獻和考古證據來看，三個朝代都以一個共同的中國文明爲特徵。參閱張光直：《中國青銅時代》（臺北：聯經出版公司，1983年4月），頁2、14。此外，郭沫若是較早提出「中國青銅時代」的學者，他亦以周秦之際爲中國青銅器時代的下界，由秦以後便轉入鐵器時代。參閱郭沫若：《中國古代社會研究・青銅時代》（石家庄：河北教育出版社，2000年12月），頁576～579。

　　《禮記・禮運》云：「飲食男女，人之大欲存焉。」〔註4〕說明飲食是人類生存的基礎，是人類生存的本能需求。《詩經》中有不少以飲食為題材的詩篇，反映出當時飲食活動的歷史風貌，為時代背景提供形象生動的歷史教材。在人類文明體系裡，飲食具有「自然」與「文化」雙重意義，飲食活動關係到個人的生存，是人類維持生命最重要的本能；它同時是一種社會活動，關係到社會的發展與生存。中國人重視飲食，不僅著重飽足、美味與否，更將飲食行為擴充到政治、社會、人生、修養各層次，並賦予其文化意義。祭天地、祀鬼神、成人倫、睦宗族，歲暮飲酒，宴饗盛會，鼎豆並陳，敬獻酬酢，都和飲食之事密不可分。例如鼎本是飲食器物，具有熟食、調味的功能，而傳說「黃帝作寶鼎三，象天、地、人。禹收九牧之金，鑄九鼎，皆嘗亨鬺」，〔註5〕鼎便與政治權力結合，成為國家重器的象徵。又如《呂氏春秋・本味》記載商湯名相伊尹曾以飲食調和說其國君的事蹟，〔註6〕《左傳・昭公二十年》亦記載晏子以烹調之道向國君闡述治國之道，〔註7〕以飲食烹調為喻，正是中國傳統文化重「和」的精神表現。也就是說，飲食、烹調除口腹之欲的物質需求外，更有深層文化意涵，具有豐富的內涵和研究價值，此即本論文以飲食文化為研究範疇的動機所在。

　　本論文的研究基本立場是採取「科際整合」的態度來研究《詩經》，但由於飲食文化的研究範圍太過廣泛，恐非碩士論文階段所能兼顧，故擬先以《詩經》中所見飲食品類為研究對象，試圖透過對食材種類、食品種類、飲料種

〔註4〕　〔漢〕鄭玄注、〔唐〕孔穎達疏：《禮記注疏》（臺北：藝文印書館，1997年8月，影印清嘉慶20年江西南昌府學重刊宋本《禮記注疏》本），卷9，頁431。

〔註5〕　〔漢〕司馬遷撰、〔宋〕裴駰集解、〔唐〕司馬貞索隱、張守節正義：《史記》（臺北：藝文印書館，1971年，影印清乾隆武英殿刊本），卷28，頁550。《集解》引徐廣曰：「皆以亨牲牢而祭祀。」

〔註6〕　參閱《呂氏春秋・本味》，見〔漢〕高誘注：《呂氏春秋》（臺北：臺灣中華書局，1979年2月，據畢氏靈巖山館校本校刊），卷14。關於烹調的探討，詳見論文第三章。關於伊尹烹調和治國之術的關聯，孟子則提出不同看法，〈萬章〉云：「吾聞其以堯舜之道要湯，未聞以割烹也。」觀孟子所欲凸顯的是仁義思想，強調伊尹是以堯舜之道得到湯的重視而非以烹調之道，故孟子反對的是「伊尹以割烹要湯」的說法。見〔漢〕趙岐注、〔宋〕孫奭疏：《孟子注疏》（臺北：藝文印書館，1997年8月，影印清嘉慶20年江西南昌府學重刊宋本《孟子注疏》本），卷9下，頁170。

〔註7〕　〔晉〕杜預注、〔唐〕孔穎達疏：《春秋左傳正義》（臺北：藝文印書館，1997年8月，影印清嘉慶20年江西南昌府學重刊宋本《左傳注疏》本），卷49，頁858～861。

類、食物製作與調味的探討，推論先秦時期的飲食物質文明，並關注飲食本身在人類活動中被賦予的精神意涵，亦即祭祀之禮和燕饗之禮中的飲食象徵意義，希望能提供學界研究《詩經》、上古史、禮俗和飲食文化者作為參考，讓個人的《詩經》研究之路能不虛此行。

二、研究方法

在方法運用方面，聞一多（1899～1946）曾指出《詩經》有經學的、歷史的、文學的三種舊的讀法，而聞氏將《詩經》視作文化史料，以社會學的讀法，結合考古學、民俗學和語言學的方法研究《詩經》；〔註8〕屈萬里（1907～1979）認為要重視古器物資料和古書資料的學術價值，亦倡議以習俗、民俗與經義相印證，以釋其疑義；〔註9〕日人白川靜（1910～2006）說《詩經》「興」的表達方式，是以古代信仰與民俗為背景的表現手法，主張古典的研究先要訓詁，才能理解《詩》篇的含義，其次要了解構思動機和表現手法的民俗意義和社會背景，結合古代文獻和考古學的新資料來研究《詩經》的世界。〔註10〕本文欲效法前賢的治學方法，運用史學、禮學、文字學、考古學、文化人類學等人文學科的研究方式，期望能兼顧歷史現象的陳述、名物制度的研究和文化層面的觀照等面向。史學研究包括史料的解讀與歷史的詮釋，禮學研究可反映中國傳統文化的精神和內涵，文字學是章句訓詁和詩義探討的基礎功，考古學以地下材料與紙上材料相印證，文化人類學分析人類社會及其文化，以人類社會中的行為、信仰、習俗和社會結構為研究對象，均有助於開啟《詩經》文化闡釋的視野。

〔註8〕 參閱聞一多：《風詩類鈔·序例提綱》，《聞一多全集》（一）（臺北：里仁書局，2000年1月），頁5。

〔註9〕 參閱屈萬里：《先秦文史資料考辨》（臺北：聯經出版公司，1983年2月），頁3～12。屈萬里：《屈萬里先生文存》（五）（臺北：聯經出版公司，1985年2月），頁1677～1682；1683～1690。

〔註10〕 參閱〔日〕白川靜著、杜正勝譯：《詩經的世界》（臺北：東大圖書公司，2001年6月），頁7～11。
白川靜從民俗學的觀點開啟《詩經》的研究視角，並謂法國東方學者葛蘭言（Marcel Granet，1884～1940）《中國古代之祭禮與歌謠》（Fêtes etes et chansons anciennes de la Chine）即此門開山之作，參閱《詩經的世界》，頁298。葛蘭言運用社會民俗學的角度研究《詩經》中的情歌，其詩文詮釋雖不免有值得商榷之處，然其運用豐富的民族學材料作為比較研究，為《詩經》民俗學的研究開闢了新途徑，而民族學、民俗學皆可視為文化人類學的範疇。

　　論文研究方法可分從《詩經》文本分析、相關材料蒐集、材料與文本結合的綜整分析三方面論述。擬兼採博觀、細覽的方式研讀《詩經》，在文本中涵詠、切問，打好《詩》學基礎；然後閱讀傳箋注疏，以及可作爲徵引佐證之用的歷代解說和研究專著，養成先精讀原典再看相關研究資料；再來是蒐集和飲食課題相關的參考文獻，透過分析、歸納、比較、整理等工夫，並運用人文學科的研究法和研究成果，讓研究面向更趨多元化。以下分述本論文將採行的重要研究方法與進路。

（一）詮釋學研究法

　　傅偉勳（1933～1997）〈創造的詮釋學與思維方法論〉從詮釋學方法論的角度提出五大「層面分析法」，認爲對中國古代思想、經典的詮釋應從「實謂」、「意謂」、「蘊謂」、「當謂」、「創謂」五大辯證層次進行，且就「創造的詮釋學」的廣義適用度而言，亦可擴延到文藝鑑賞與批評等方面。〔註11〕劉昌元主張將傅偉勳五個辯證層次歸併爲「意謂」、「蘊謂」兩層：「意謂」指的是文本的字面意思，而不是獨立於解釋者成見的文本客觀意義；「蘊謂」指的是文本可能蘊含的深層義理，它不必在作者的意向之內，但必須有文本脈絡的支援。〔註12〕《詩經》的文本分析可參考傅偉勳、劉昌元的說法，將詮釋學視爲一種思維方式，用以分析文本的客觀意義和文本可能蘊含的深層義理，亦即「意謂」、「蘊謂」層次。〔註13〕《詩經》作爲儒家重要典範，早在先秦時

〔註11〕　參閱傅偉勳：〈創造的詮釋學與思維方法論〉，《學問的生命與生命的學問》（臺北：正中書局，1994 年 1 月），頁 226。
　　　　　「實謂」層次探討某一經典的原作者實際上說了什麼，可借助於原典校勘、版本考證與比較等校讎學課題；「意謂」層次探求原典所表達的眞正意思或客觀意思，這牽涉到理解問題，應借助於語意澄清、脈絡考察、傳記研究、邏輯分析等手段；「蘊謂」層次探求原典所蘊含的意義，亦即原典所表達的深層義理，應借助於思想史的研究，以及借鑑歷史上存在的其他重要詮釋文本；「當謂」層次的原典詮釋者應當發掘原典表面文字以下的深層義蘊或根本義理，這需借助於解釋學的洞見才能達到；「創謂」層次階段的原典詮釋者必須作創造性的思考，轉化成爲具創造性的思想家。參閱傅偉勳：〈創造的詮釋學及其運用——中國哲學方法論建構試論之一〉，《從創造的詮釋學到大乘佛學：「哲學與宗教」四集》（臺北：東大圖書公司，1990 年 7 月），頁 1～46。
〔註12〕　參閱劉昌元：〈研究中國哲學所需遵循的解釋學原則〉，見沈清松編：《跨世紀的中國哲學》（臺北：五南圖書公司，2001 年 6 月），頁 77～98。
〔註13〕　《詩經》文本分析的「實謂」層次牽涉到原典校勘、版本考證等課題，在此不作深入討論。本論文所用之版本主要依據〔漢〕毛亨傳、鄭玄箋、〔唐〕孔穎達疏：《毛詩正義》（臺北：藝文印書館，1997 年 8 月，影印清嘉慶 20 年江

的孟子（B.C.372～B.C.289）就提出兩種解讀經典的方法，其一曰：「說詩者不以文害辭，不以辭害志；以意逆志，是謂得之。」其二曰：「頌其詩，讀其書，不知其人可乎？是以論其世也。是尚友也。」〔註14〕「以意逆志」和「知人論世」是研究必須措意之事，也就是要探求詩文內在的主觀情志和外在的客觀環境。因此，既可從文本的符號、結構及語境去理解其可能隱含的象徵思維、文化行為及其外緣社會情境，亦可藉由歷代《詩》學家對詩人意向和隱性意向的探討，在「詩無達詁」〔註15〕的詮釋之中找出較適合的說法。

先秦有「賦詩言志」的「詩用學」傳統，「詩社會文化行為」是並時性或歷時性地在多數人反覆操作而形成的模式化行為，〔註16〕《左傳》和先秦諸子「引詩」、「用詩」現象是對文本的一種詮釋；先秦至漢代是禮學形成的時代，漢儒解經，習見「以禮說《詩》」或「以《詩》證禮」，重視章句訓詁，是對文本的另一種詮釋。因漢代去古未遠，可能有家傳或師承之淵源，故本文以毛傳、鄭箋的詩文訓釋為主，將毛傳、鄭箋的訓釋放入詩文脈絡中去檢視是否合乎詩義，並參考孔疏、朱傳的說法，以及清代《詩》學的考據研究成果，力求客觀分析各種說法，根據對資料的理解，審慎去研判詩文；換言之，就是「以意逆志」地研讀詩文，但不敢悖離訓詁而妄自臆說，而是審慎借鑑其他重要的文本詮釋，以明晰《詩經》的文本意旨。

（二）邏輯學研究法

《詩經》的文本詮釋可據語法求之、可據本章上下文求之、可據前後章詩文求之、可據禮俗求之、可據文義求之、可據聲韻求之、可據他書求之，須透過文獻整理工夫，並善用邏輯學的方法進行推理和論證。常見的邏輯學方法有演繹法和歸納法，「演繹」是從普遍原則引出個別結論的推理形式，主要形式是三段論法「大前提、小前提、結論」：大前提是一般性的原則，小前

西南昌府學重刊宋本《毛詩注疏》本）。至於「當謂」、「創謂」層次則非現階段能力所及，故亦不討論。

〔註14〕見《孟子注疏》，〈萬章〉，卷9上，頁164；卷10下，頁188。

〔註15〕語出董仲舒《春秋繁露·精華》云：「所聞《詩》無達詁，《易》無達占，《春秋》無達辭」。見〔漢〕董仲舒：《春秋繁露》（臺北：臺灣中華書局，1982年2月，據抱經堂本校刊），卷3，頁9上。

〔註16〕有關先秦「詩社會文化行為」的論述，可參閱顏崑陽：〈論先秦「詩社會文化行為」所展現的「詮釋範型」意義〉，《東華人文學報》第8期（2006年1月），頁55～88。

提是一個具體的事實，結論就是論證的結果。演繹推理要達到正確，必須前提正確且推理的過程要合乎邏輯規則。「歸納」是從個別事實中歸結出普遍原則的推理形式，集合個別事例探求其中共同特徵或特徵間的關係。歸納法和演繹法在邏輯學上是兩種截然不同的方法，代表兩個不同的思考方向，運用歸納和演繹邏輯思維，有助於文本分析，以及檢視文本詮釋是否合理，同時要避免把邏輯事實等同於真正事實的情況，以及歸納、演繹不當並用而造成的循環論證邏輯危機。

《詩經》在形式組織和創作方法上，最顯著的特徵就是運用了「重章疊詠」法。聞一多將研讀「重章」的方法分為「橫貫讀法」和「直貫讀法」，即歌體「數章詞句複疊，只換韻字，則用橫貫讀法，取各章所換之字合併解釋」；詩體「用直貫讀法，自上而下，依次解釋，以一章為一段落」。〔註17〕用此方法對《詩經》中形式複疊的詩篇進行演繹，結合縱面層次與橫面脈絡分析，則能對文本的字義、詞性、篇義、詩境有較為完整且客觀的探究。研讀《詩經》還可從語法結構、修辭手法、詩歌意象等方面切入，此則屬歸納法的應用。如屈萬里從〈國風〉篇章形式、從文辭用雅言、從用韻情形、從語助詞和代詞的用法等方面推論〈國風〉大部分是經過潤色之後的民間歌謠，已非民間歌謠的本來面目，亦是對文本作歸納分析而得出結論。〔註18〕

本論文研究步驟是先將《詩經》文本中和飲食相關的詩篇加以分類整理，試找出各詩篇的共同特徵，歸納出普遍性而設定問題；其次是將相關資料的各種說法彙集排比，按照各家時代先後和所說異同條分臚列，判斷文本的詮釋是否合乎邏輯；再來由文字訓詁、語法結構、表現手法方面探求具飲食意象的詩義，依文本的上下文脈絡、互文關係及詩文情境進行詮釋。

（三）科際整合與多重證據法

本論文擬蒐集文獻資料、考古材料與文化人類學的相關研究成果，結合《詩經》文本與「科際整合」材料進行「多重證據」綜整分析。研判材料的可信度和可用度是資料運用的第一步，須運用詮釋學和邏輯學的方法，檢驗參考文獻的內容價值、研究觀點和研究方法，其取材是否恰當、證據是否充分、推論是否合理。文獻資料包括傳統《詩》學、禮學、史學、文字學資料，

〔註17〕見聞一多：《風詩類鈔・序例提綱》，《聞一多全集》（一），頁7。
〔註18〕參閱屈萬里：〈論國風非民間歌謠的本來面目〉，《中央研究院歷史語言研究所集刊》第34本（1963年），頁477～491。

考古材料包括甲骨卜辭、鐘鼎銘文和考古文物研究成果，再加上文化人類學的研究進路，以探述《詩經》中的飲食相關課題。

探討《詩經》時代的文明進程，必須研讀與《詩經》時代相近的先秦、兩漢典籍，稽覈原典，奠定治學基礎，凡與飲食相關的資料皆作札記，以便開卷而得其梗概。同時，善用工具書和網路系統，檢索、蒐集與研究主題相關的飲食文化、禮學資料、民俗學資料、古史研究、考古報告等專著、期刊論文與碩博士學術論文，並參與有關《詩經》、先秦文學與思想、民俗與神話、飲食文化的學術研討會，吸取專家學者的經驗和研究成果，而學術論著中所附的註釋和參考書目，亦是極佳的材料來源，儘可能利用第一手資料作為立論基礎。將所蒐集到的材料分門別類、按時間先後整理成有系統的檔案資料目錄，並提綱挈領作札記，以方便查詢擇用。

研究古史文化，書面所記載的古籍資料與地下出土的考古材料一樣重要。根據地下出土的新材料與傳統文獻相互印證的研究方法稱為「二重證據法」，王國維（1877～1927）於《古史新證》一書以殷墟甲骨卜辭為新材料，補充和匡正紙上之材料，為傳統考據學開創新方法，也為古史研究開啟新視野和新途徑；之後郭沫若（1892～1978）《甲骨文字研究》已嘗試某種跨文化的人類學研究進路，從「二重證據」到「三重證據」的演進可說是考據學、甲骨學同人類學匯通、結合的結果。〔註 19〕聞一多以文化人類學作為古史研究的新方法，結合《詩經》、《楚辭》古籍文獻及甲金文訓詁考釋成果，可說是「三重證據法」的代表人物。

除了文字敘事、口傳敘事外，蕭兵（1933～）、葉舒憲（1954～）又利用圖像敘事作為比較文學研究的第四重證據，〔註 20〕提出文學人類學的「四重

〔註 19〕視郭沫若為「三重證據法」之先驅的說法，參閱葉舒憲：〈自序：人類學「三重證據法」與考據學的更新〉，《詩經的文化闡釋》（武漢：湖北人民出版社，1994 年 6 月），頁 4。如郭沫若〈釋祖妣〉一文結合甲金文、古籍文獻和宗教之起源探討中國古代文化，可說是文字學和人類學相結合的研究成果。參閱郭沫若：《甲骨文字研究》，《郭沫若全集・考古編第 1 卷》（北京：科學出版社，1982 年 9 月），頁 19～64。

〔註 20〕如蕭兵：〈萬舞的民俗學研究——兼釋《詩經》、《楚辭》有關疑義〉，《遼寧師院學報》1979 年第 5 期，頁 37～44。蕭兵：〈圖像的威力：由神話讀神畫，以神畫解神話〉，《長江大學學報》（社會科學版）第 29 卷第 1 期（2006 年 2 月），頁 19～21。葉舒憲：〈第四重證據：比較圖像學的視覺說服力——以貓頭鷹象徵的跨文化解讀為例〉，《文學評論》2006 年第 5 期，頁 172～179。

證據」研究法，作爲詮釋神話意象的方式，一重證據指的是傳世文獻，二重證據指的是傳世文獻中所沒有的新出土文字材料，三重證據指漢語傳世文獻和出土文獻之外的參照材料，第四重證據指考古出土和傳世的實物及其圖像。〔註21〕考古學和人類學家張光直（1931～2001）很早便利用出土實物及圖像材料研究上古史，如〈中國遠古時代儀式生活的若干資料〉提及華北仰韶期彩陶裝飾圖樣中的女陰圖像，是原始信仰「婦女繁殖」與「土地豐收」同類相生律的應用，正好代表「性」與「繁殖」信仰與儀式的兩面；又如〈仰韶文化的巫覡資料〉說明甘肅仰韶文化遺址的房基地畫表現了巫師骨架化的現象，是民族學上代表巫術宇宙觀的象徵性表現方式，可得知仰韶文化的葬禮有再生觀念的成分。〔註22〕上述學者的研究成果，都是「多重證據法」的運用。蒐集和閱讀相關資料的過程，一方面可思考適合的立論基礎和佐證材料，一方面可瞭解論題的研究限制、釐清自己的思維盲點，亦可以增廣視野、觸發靈感，開展多元思考的研究方向。

第二節　《詩經》文化背景

一、封建與宗法制度

　　由於飲食活動受到政治、經濟環境影響，同時又和祭祀、禮樂文化關係密切，故必須探討《詩經》的文化背景。舊說周人始祖后稷封於邰在武功，公劉居豳在邠縣，太王遷岐在岐山，〔註23〕先周文化的分布區域主要在關中地區，即今陝西涇、渭流域，〔註24〕公劉率族徙居，遷至豳地，時間上限應

〔註21〕參閱葉舒憲：〈鯀禹啓化熊神話通解——四重證據的立體釋古方法〉，《興大中文學報》第 23 期增刊（2008 年 11 月），頁 33～53。

〔註22〕參閱張光直：〈中國遠古時代儀式生活的若干資料〉，《中央研究院民族學研究所集刊》第 9 期（1958 年春季），頁 253～268。張光直：〈仰韶文化的巫覡資料〉，《中央研究院歷史語言研究所集刊》第 64 本第 3 分（1993 年 12 月），頁 611～625。

〔註23〕參閱《史記・周本紀》，卷 4，頁 69。

〔註24〕據錢穆從文字通叚關係的推論，周人的起源可能在山西汾水一帶，之後經過數次遷徙，直到進入關中——陝西的涇、渭流域，才有較穩定的發展。參閱錢穆：〈周初地理考〉，《燕京學報》第 10 期（1931 年 12 月），頁 1955～2008。收錄於錢穆：《古史地理論叢》，《錢賓四先生全集》（三十六）（臺北：聯經出版公司，1998 年 5 月），頁 1～82。從考古資料來看，關於先周文化的探討眾

在夏末；〔註 25〕古公亶父遷於岐山下周原，建都立邑、設官分職，屬於殷商時期。從〈大雅・公劉〉所述，可知公劉是個部族移殖活動的領袖，率領武裝的族人，憑藉農業的積儲開拓了新的疆土，再藉新的土地開闢田畝，作更多的儲積，準備進一步的武裝開拓。〔註 26〕古公亶父即後世所稱的太王，為文王的祖父，奠定翦商之業的基礎；之後文王、武王繼太王之緒，牧野一戰，武王討伐商紂成功，周人正式成為中國的新統治者；而周公東征的武功成就和制禮作樂的文治成就，則是使黃河流域確定成為周朝的勢力範圍。

西周為封建制度社會，注重社會階級的權力、義務關係和身分象徵的禮數差序。封建制度透過社會分層，分成貴族和平民，貴族又有王、諸侯、卿大夫、士階級之分。周王是天下政治權力的共主，稱為天子，具有治理天下、封疆建藩的權力，天子將王畿以外的土地分封於諸侯，並授予爵位，使建立封國，保衛中央。〈小雅・北山〉詩云：「溥天之下，莫非王土；率土之濱，莫非王臣。」〔註 27〕《左傳・昭公七年》載申無宇引此詩云：「天子經略，諸侯正封，古之制也。封略之內，何非君土？食土之毛，誰非君臣？」〔註 28〕反映出周代封建秩序下的君臣倫理觀。西周封建，本為一種耕稼民族的武裝拓殖，乃一種侵略性的武裝移民與軍事佔領，〔註 29〕其作用一是便於對付舊殷王朝之反動，一是防禦四圍游牧民族的侵擾。〔註 30〕封建是逐漸發展，非一時形成，周天子藉由授土授民的土田制度，分封同姓和異姓諸侯國，作為周室藩屏，並使其相互制衡。

周王大肆分封宗族為諸侯，乃藉血緣、親族力量，使其作為王室的屏藩，鞏固政治上的統治權力。如〈魯頌・閟宮〉三章詩云：「王曰『叔父，建爾元

說紛紜，或謂光社文化和先周文化關係密切，或謂陝西周原才是姬周文化的源頭，相關研究參閱王巍、徐良高：〈先周文化的考古學探索〉，此不贅述。詳見王巍、徐良高：〈先周文化的考古學探索〉，《考古學報》2000 年第 3 期，頁 285～310。

〔註 25〕 參閱杜正勝：〈先周歷史的新認識〉，《古代社會與國家》（臺北：允晨文化公司，1992 年 10 月），頁 290～309。

〔註 26〕 參閱許倬雲：〈周人的興起及周文化的基礎〉，中國上古史編輯委員會編：《中國上古史待定稿》（臺北：中央研究院歷史語言研究所，1985 年 4 月），第 3 本，頁 8。

〔註 27〕 見《毛詩正義》，卷 13 之 1，頁 444。

〔註 28〕 見《春秋左傳正義》，卷 44，頁 759。

〔註 29〕 見錢穆：《國史大綱》，《錢賓四先生全集》（二十七），頁 62、49。

〔註 30〕 見錢穆：《國史新論》，《錢賓四先生全集》（三十），頁 3。

子，俾侯于魯。大啓爾宇，爲周室輔。』乃命魯公，俾侯于東；錫之山川，土田附庸。」〔註31〕詩述周成王封周公嫡長子姬伯禽於魯，以爲周室之輔，此分封同姓諸侯之例。又如〈大雅・江漢〉四、五章詩云：「王命召虎，來旬來宣：『文武受命，召公維翰。無曰予小子，召公是似。肇敏戎公，用錫爾祉。釐爾圭瓚，秬鬯一卣，告于文人。錫山土田，于周受命，自召祖命。』虎拜稽首：『天子萬年。』」〔註32〕召虎即召穆公姬虎，其始祖召康公姬奭食邑於召，周武王時受封於燕。詩述召虎平定淮夷有功，周宣王策命召虎、賜山川土田，此賞有功同姓諸侯之例。周王分封功臣爲諸侯，亦用以籠絡臣屬，使其輔佐王室，鞏固周朝的統治，〔註33〕如〈大雅・崧高〉二章詩云：「亹亹申伯，王纘之事。于邑于謝，南國是式。王命召伯，定申伯之宅。登是南邦，世執其功。」〔註34〕申伯爲周宣王之舅，爲了鞏固周王室對南土的統治，周宣王將其舅申伯徙封於謝，作爲南方的藩屏，以加強對淮夷、徐夷、楚的控制，此分封異姓諸侯之例。周天子和異姓諸侯之間，可藉通婚建立血緣聯繫，〈小雅・伐木〉詩云「既有肥羜，以速諸父」、「既有肥牡，以速諸舅」，毛傳云：「天子謂同姓諸侯，諸侯謂同姓大夫，皆曰父。異姓則稱舅。」〔註35〕周天子稱同姓諸侯爲叔伯，稱異姓諸侯爲甥舅，速有召請之意，透過親族關係，形成政治聯盟，擴大統治基礎。

　　周代封建制度的政治結構透過宗法制度，分成宗子和別子。宗子爲嫡長子，爲大宗，乃田邑、君位的承繼者和宗廟之祖；其他諸嫡子，對王室而言爲小宗，稱爲別子。宗法制是基於宗族血緣關係而建立的政治組織結構及規範體系，從〈大雅・板〉七章「宗子維城」可看出周代對宗族嫡子的重視。〔註36〕大宗和小宗在血緣上屬親屬關係，在政治上屬君臣關係。宗法制度即一種嫡長子繼承

〔註31〕 見《毛詩正義》，卷 20 之 2，頁 778。

〔註32〕 見《毛詩正義》，卷 18 之 4，頁 686～687。

〔註33〕 如《左傳・僖公四年》載管仲言曰：「昔召康公命我先君大公曰：『五侯九伯，女實征之，以夾輔周室。』」分封有功異姓諸侯的用意，亦作爲王室的屏藩。見《春秋左傳正義》，卷 12，頁 202。

〔註34〕 見《毛詩正義》，卷 18 之 3，頁 671。

〔註35〕 見《毛詩正義》，卷 9 之 3，頁 328。

〔註36〕 〈大雅・板〉七章詩云：「价人維藩，大師維垣，大邦維屏，大宗維翰。懷德維寧，宗子維城。無俾城壞，無獨斯畏。」鄭箋云：「大邦，成國諸侯也。大宗，王之同姓適子也。王當用公卿諸侯及宗室之貴者爲藩屏垣幹，爲輔弼，無疏遠之。」詩人諫王當懷有德惠，則价人、大師、大邦、大宗皆爲王之藩屏，則王室可安。見《毛詩正義》，卷 17 之 4，頁 635。

制，以血緣關係爲基礎，在宗族內區分尊卑長幼，規定繼承秩序和權力、義務法則。周天子的嫡長子具有繼承天下的資格，其他嫡子則被分封爲諸侯。諸侯對天子而言是小宗，但在其封國內卻是大宗，可在其封國內繼續逐級分封。諸侯的嫡長子有繼承君位的資格，其他嫡子則分封爲卿大夫，卿大夫對諸侯而言是小宗，但在其采邑內卻是大宗。宗法制具有維護西周政治等級制度和穩定社會秩序的作用，又和昭穆制度有關。

昭穆制的骨幹是世代之輪流以昭穆爲名，即宗族之人分爲昭穆兩大群，祖孫屬於同群，父子屬於異群，如王季爲昭，文王爲穆，武王爲爲昭，成王爲穆。大宗如果百世不遷，其昭穆世次亦永遠不變，但如小宗自大宗分出，則小宗之建立者稱太祖，其子爲昭世之始，其孫爲穆世之祖。昭穆制與祖廟之排列有關，太祖之廟居中，座北朝南，左昭右穆，也就是昭世祖先之廟在左，穆世在右，昭穆兩列祖廟之數有定，依宗族的政治地位而異。〔註37〕宗廟之設和喪葬制度，一方面表現了縱的封建等級，另一方面也表現了橫的宗族聯繫。同族同宗的親族有同源的祖先，已死祖先與子孫的聯繫，也肯定了生者之間的親戚情義，故宗廟不僅是崇拜神明的地方，宗廟中的典禮和儀節，亦是爲了收同族之誼。〔註38〕

封建制度亦是一種土地分配制度，分封不只是點狀的殖民與駐防，而是趨於邦國與田邑層級式的組織。〔註39〕從《左傳・定公四年》所記載的分封資料來看，一個分封的侯國，擁有三批屬民，一是擔任官司的人，一是分配的殷民舊族，一是附著在封地上的原居民。〔註40〕各諸侯受封有土田及附屬於土田上的人民勞動力，政治自主，經濟自給，對周王室有賦貢、征役、朝聘、述職等義務。卿大夫執其職事，受封土田附庸，享有采邑的稅賦，經濟亦可自足。士居官職者，享有俸祿，但無封地。〔註41〕庶民對統治階層有賦

〔註37〕關於周代的昭穆制，學界有不同的看法，本文主要參考張光直、許倬雲的說法。參閱張光直：《中國青銅時代》，頁 227。

〔註38〕許倬雲：《西周史》（臺北：聯經出版公司，1984 年 10 月），頁 283。

〔註39〕見許倬雲：《西周史》，頁 318。

〔註40〕見《春秋左傳正義》，卷 54，頁 947～949。關於分封制度的說明，參閱許倬雲《西周史》，頁 144。

〔註41〕或據《國語・晉語四》所載「公食貢，大夫食邑，士食田，庶人食力，工商食官，皁隸食職，官宰食加」文，認爲士是有田者，見徐中舒：《先秦史論稿》（成都：巴蜀書社，1992 年 8 月），頁 160。「士食田」當指受公田之食，非指授土地而言。

稅、力役的義務。〈大雅・崧高〉三章詩云：「王命召伯，徹申伯土田。王命傅御，遷其私人。」毛傳云：「徹，治也。」鄭箋云：「治者，正其井牧，定其賦稅。」〔註42〕朱傳云：「徹，定其經界，正其賦稅也。」〔註43〕賦稅是國家的經濟基礎，賦和稅原是兩種不同的制度：賦从武从貝，指軍賦，是有關於軍事的裝備給養；稅从禾从兌，通稱租稅，是徵收土地上生產所得的穀物。周的田制爲井田制，乃政治、經濟、軍事結爲一體的制度，授土授民的土田制度隨封建政治勢力而加以推行，封建所及之地，即「徹其土田」的田制所及之地。〔註44〕

　　徹田的土地分配情形依地理環境而有差異，當時農業結構以種植業爲主，種植業以穀類作物爲主，農田一般分布在都邑近郊原隰平衍之地，都邑之間往往有未經墾闢的山林川澤，可供採集、漁撈、狩獵，山林川澤的自然資源爲經濟生活之補充。國都和近郊不行井田制，近郊以外的土地則行井田制。井田的溝洫制度不僅爲古代的水利制度，亦爲周室田制的經界，故徹土田之意包括正經界、定賦稅。〈小雅・大田〉詩云：「雨我公田，遂及我私。」〔註45〕反映出西周的土田制度是由私田和公田所組成，農民無土地所有權，但有定額分配到的使用權，〔註46〕可獲得私田收成的農作物，而藉民力耕種的公田收穫和向農民徵收的稅賦則歸於統治者所有，西周的賦稅即在此田制上成立。到了春秋時代，社會性質和政治結構發生劇烈變動，共主衰微，王命不行，周天子失其聲望和地位，諸侯間相互征伐和兼併，造成土地制度和稅收制度改變。雖然封建秩序解體，周王的地位不再，但封建的精神仍以另一種形式存在。由於霸權轉移到諸侯王，有齊桓公、晉文公尊王攘夷，禁抑簒弒，制裁兼併，力促諸夏結合，霸政可說是變相的封建中心。〔註47〕至戰國時代，政治、經濟、社會環境又發生大變動，中國從此進入另一個新的歷史階段。

〔註42〕見《毛詩正義》，卷18之3，頁671。

〔註43〕〔宋〕朱熹：《詩集傳》（臺北：臺灣中華書局，1973年3月），卷18，頁213。

〔註44〕從西安半坡遺址所發掘的村落，可知溝洫兼防禦之用，其源甚久。《詩經》中「南畝」見於五首詩，南畝是溝洫由北向南開，這主要是對西方東方的防衛。有一處說「南東其畝」，由南東向西北的溝洫，這是對北方的防禦。參閱徐復觀：《周秦漢政治社會結構之研究》（臺北：學生書局，1974年5月），頁46～49。

〔註45〕見《毛詩正義》，卷14之1，頁473。

〔註46〕見徐復觀：《周秦漢政治社會結構之研究》，頁56。

〔註47〕見錢穆：《國史大綱》，《錢賓四先生全集》（二十七），頁64～65。

二、祭祀與禮樂文化

文明發展的連續性是中國文化演進的一大特色，〔註48〕雖然三代的文化模式有所差別，但「三代以來也發展著一種連續性的氣質，這種氣質以黃河中下游文化爲總體背景，在歷史進程中經由王朝對周邊方國的統合力量增強而逐漸形成。而這種氣質在西周文化開始定型，經過軸心時代的發展，演成爲中國文化的基本人格」，〔註49〕這種文化氣質表現出重孝、崇德的傳統，祭祀文明和禮樂文化則是「軸心時代」〔註50〕意識發展的過程中所形成的倫理類型文化。宗教信仰不再訴諸原始巫術力量，〔註51〕而是通過占卜、獻祭和祈禱衍生出一套行爲規範，祭祀祖先禮儀後來被賦予「愼終追遠」〔註52〕的孝道意義和重視宗族聯繫的價值態度，〔註53〕祭祀在國家事務中占有重要地

〔註48〕 中國古代文明「連續性」型態的特徵，是相對於西方「破裂性」型態而言，從意識型態上說來，中國古代文明是在一個整體性的宇宙形成論框架裡創造出來的。參閱張光直：〈連續與破裂：一個文明起源新說的草稿〉，《中國青銅時代》第二集（臺北：聯經出版公司，1990 年 11 月），頁 134。

〔註49〕 參閱陳來：《古代宗教與倫理》（臺北：允晨文化公司，2005 年 6 月），頁 14～15。

〔註50〕 「軸心時代」（Axial Period）理論是德國哲學家卡爾‧雅斯貝斯（Karl Jaspers, 1883～1969）《歷史的起源與目標》（The Origin and Goal of History）提出的史學觀念，雅斯貝斯指出孔子、老子的時代正是古代中國的軸心時代，人類有意識的提出了若干重要的價值並影響後世深遠，「人類一直靠軸心時代所產生的思考和創造的一切而生存，每一次新的飛躍都回顧這一時期，並被它重燃火焰。自那以後，情況就是這樣。軸心期潛力的蘇醒和對軸心期潛力的回歸，或者說復興，總是提供了精神的動力。」孔子所承襲的文化傳統是以德、禮爲主的周公之道，由禮樂所發生的教化作用，影響了孔子以仁、禮爲內容的儒家思想。參閱〔德〕卡爾‧雅斯貝斯著、魏楚雄、俞新天譯：《歷史的起源與目標》（北京：華夏出版社，1989 年 6 月），頁 8。

〔註51〕 「原始巫術」觀念主要參考〔英〕馬凌諾斯基（Bronislaw Malinowski, 1884～1942）《巫術、科學與宗教》(Magic, Science and Religion)，從文化人類學的觀點來看，巫術是一組純粹的實際動作，做爲達成目的的一種手段，其動作、信仰及基本假設都有嚴格的限制。情緒的戲劇化表演乃巫術動作的精髓所在，除了以表演情緒爲主的儀式外，還有其他儀式之動作是預示結果，或者說是模擬目的之儀式。參閱〔英〕馬凌諾斯基著、朱岑樓譯：《巫術、科學與宗教》（臺北：協志工業出版公司，2006 年 5 月），頁 93～94。

〔註52〕 《論語‧學而》載曾子曰：「愼終追遠，民德歸厚矣。」見〔魏〕何晏注、〔宋〕邢昺疏：《論語注疏》（臺北：藝文印書館，1997 年 8 月，影印清嘉慶 20 年江西南昌府學重刊宋本《論語注疏》本），卷 1，頁 7。

〔註53〕 《禮記‧大傳》云：「……是故人道親親也。親親故尊祖，尊祖故敬宗，敬宗故收族，收族故宗廟嚴，宗廟嚴故重社稷，重社稷故愛百姓，愛百姓故刑罰

位，祭祀天地的儀式後來亦成為統治者維護權力的方式。禮樂文化的精神，是透過社會行為規範產生教化作用，達到穩定階級秩序之目的。禮樂有助於政治上的教化，還可作為人格的修養工夫，達到社會風俗的和諧。〔註54〕

　　祭祀是一種信仰儀式，追溯中國遠古時代的祭儀，由考古資料及文獻記錄所示的祭祀信仰最重要的可分兩組：一是與農、漁、獵等經濟生產活動有關而以村落之福祉為念的祭儀，可統稱為祭社；一是以村落內個別的親屬集團的團結與福祉為念的祭儀，可統稱為祭祖。華北舊石器時代的住民，應有屬於自己一套的宗教觀念與儀式行為，周口店上洞遺址是一個墓葬區，死者有埋葬行為和殉葬品，顯然當時的住民對死後的世界已有虔誠的信仰，生前即做死後的準備。仰韶期的華北農民居住在集中性的村落，此種自給自足的農業社會裡的主要生活資源是農耕，主要的期盼是豐收，主要的儀式是農業祭，考古學上可見到祈年祭的相關資料。到龍山期的宗教儀式，除祭社外，還出現制度化的祭祖信仰與儀式。龍山期的遺址裡，常有卜骨出土，可能指示專業巫師的出現，巫師主要的職務應當還是貫通天地，而且其服務的對象可能與村落裡少數特權人物有關，其儀式至少有一大部分與村落中親族集團的祭祖有關。祖先崇拜，以祈求本宗親屬的繁殖與福祉為目的，但其更重要的一項功能，是藉儀式的手段，以增強與維持同一親團的團結性，加重親團成員對本親團之來源與團結的信念。〔註55〕

　　據陳夢家（1911～1966）《殷虛卜辭綜述》所言，占卜本身是一種巫術，藉獸胛骨與龜甲為媒介，以求獲得「神明」對於人們所詢問之問題的回答。這種巫術的存在，表明當時的人相信有特殊的「神明」能力足以影響人們的生活，決定人們行止的吉凶。在統治階級，為保持其特權，也乞靈於祖先、神明來保護自己利益。有了這種信仰意識，在行動上是凡事占卜，以祭祀、求告、崇拜的方式來求助於祖先、神明，而對於祖先、神明的崇拜及其儀式，

中，刑罰中故庶民安，庶民安故財用足，財用足故百志成，百志成故禮俗刑，禮俗刑然後樂。」見《禮記注疏》，卷34，頁622。

〔註54〕徐復觀〈由音樂探索孔子的藝術精神〉云：「儒家在政治方面，都是主張先養而後教。……儒家的政治，首重教化；禮樂正是教化的具體內容。由禮樂所發生的教化作用，是要人民以自己的力量完成自己的人格，達到社會（風俗）的和諧。」參閱徐復觀：《中國藝術精神》（臺北：學生書局，1966年2月），頁23。

〔註55〕關於中國遠古時代的祭儀資料，參閱張光直：〈中國遠古時代儀式生活的若干資料〉，頁254～268。

構成所謂宗教。〔註56〕敬奉神明的祭祀行為是神話宗教情感的客觀化，當宗教注意力不再專限於祭品內容，而著重於獻祭形式，祭祀活動就開始獲得一種新的意義。〔註57〕龍山期的巫師到商代已成為祭祀體系中祭司階層的一部分，祭祀文化取代了巫術文化的主導地位；到周代，禮樂文化取代祭祀文化的主導地位，從禮樂文化到諸子思想，知識分子的精神活動借助文字表達的權力形成了對後世有強大範導作用的大傳統。〔註58〕

「文化」概念，最早見於《周易》。〈賁卦‧象〉云：「觀乎天文，以察時變；觀乎人文，以化成天下。」〔註59〕人文、人文化與自然是相對的兩個概念。〈小畜‧象〉云「君子以懿文德」，〈恆卦‧象〉云「聖人久於其道而天下化成」，〔註60〕「文」、「化」本指「文治教化」而言。《說苑‧指武》云：「聖人之治天下也，先文德而後武力。凡武之興，為不服也；文化不改，然後加誅。天下愚不移，純德之所不能化，而後武力加焉。」〔註61〕文化最根本內涵為文德、教化，亦即以文德教化天下。有關周公制禮作樂的記載，見《左傳‧文公十八年》季文子云：「先君周公制周禮曰：則以觀德，德以處事，事以度功，功以食民。」〔註62〕周公將典章制度和行為規範注入禮樂內涵，使其具有道德倫理意義，王國維〈殷周制度論〉即云：「周之制度典禮，實皆為道德而設。」〔註63〕周公對於禮樂的加工和改造，使之成為理性的制度文化，

〔註56〕陳夢家：《殷虛卜辭綜述》（北京：中華書局，1988年1月），頁561。
〔註57〕就人類思維的發展歷程來看，原始的思維方式與神話思維密不可分。德國學者恩斯特‧卡西爾（Ernst Cassirer, 1874～1945）《神話思維》（Mythical Thought）指出神話觀念的開端「始於對事物內部固有的神秘效驗、神秘力量的一種仍舊全未分化的直觀」，「絕大多數神話主題起源於一種祭祀的直覺，而不是起源於自然過程」。參閱〔德〕恩斯特‧卡西爾著、黃龍保、周振選譯：《神話思維》（北京：中國社會科學出版社，1992年3月），頁18、241～246。
〔註58〕當祭祀文化取代了巫術文化的主導地位，巫術仍保留在俗民文化中而成為小傳統，並在以後幾千年通過各種方技術數凝結為小傳統的一套體系。當禮樂文化取代祭祀文化的主導地位，祭祀演變為國家宗教活動的形式和最普遍的祖先祭祀，但已不能代表大傳統的精英文化。參閱陳來：《古代宗教與倫理》，頁65。
〔註59〕〔魏〕王弼、〔晉〕韓康伯注、〔唐〕孔穎達疏：《周易正義》（臺北：藝文印書館，1997年8月，影印清嘉慶20年江西南昌府學重刊宋本《周易注疏》本），卷3，頁62。
〔註60〕見《周易正義》，卷2，頁39；卷4，頁84。
〔註61〕〔漢〕劉向：《說苑》（臺北：大化書局，1983年，《增訂漢魏叢書》本），卷15，頁1913。
〔註62〕見《春秋左傳正義》，卷20，頁352～353。
〔註63〕見王國維：《觀堂集林》，卷10，頁123。楊向奎《宗周社會與禮樂文明》云：

其過程是漸進式的。封建等級化及其禮儀，在西周中葉以後已漸漸發展成形，至春秋末年，更有孔子對於禮樂的闡釋，使之成爲儒家思想的道德根源。

　　《論語・爲政》云：「子曰：道之以政，齊之以刑，民免而無恥。道之以德，齊之以禮，有恥且格。」〔註64〕《禮記・禮運》亦載孔子曰：「夫禮，先王以承天之道，以治人之情。故失之者死，得之者生。《詩》曰：『相鼠有體，人而無禮。人而無禮，胡不遄死？』是故夫禮，必本於天，殽於地，列於鬼神，達於喪祭射御，冠昏朝聘。故聖人以禮示之，故天下國家可得而正也。」〔註65〕禮爲治國之本，或者說，「禮」與「政」二者皆爲安上治民之本，「禮」由人心深處加以美善之移化，「政」由外在制度加以止惡之防制，「禮樂」爲群體生命情志的體現，屬於調節性原則；「政刑」爲政治社會的約制，屬於決定性原則，「禮」與「政」的功能乃一體之兩面。〔註66〕

　　從文化角度來看，禮治是文明演進的發展歷程；從政治角度來看，禮治也是國家意識型態統治工具，禮能區別階級尊卑，統治者透過等級制度鞏固政權。《左傳・襄公二十六年》載子產辭邑對鄭伯云：「自上以下，隆殺以兩，禮也。」〔註67〕封建制度定尊卑隆殺之數就是一種等級制度，使民之道要「昭明物則」、「奉義順則」，〔註68〕禮數的身分象徵意義表現在儀節、器用等方面。等級差別是禮的呈現，此亦明顯地表現在飲食禮儀上，根據《儀禮》所見鼎數與各篇用鼎的定制和組合，可知鼎的器數可以區別兩周貴族名位尊卑、身份貴賤的等序；出土實物亦可證明各種銅器出土的數量及組合，逐漸形成一定的比例，墓葬制度亦呈現系統化的等級位階。從古籍文獻記載和出土文物

「沒有周公，不會有武王滅殷後的一統天下；沒有周公，不會有傳世的禮樂文明；沒有周公，就沒有傳承的儒家淵源，沒有儒家，中國傳統的文明可能是另一種精神狀況。」見楊向奎：《宗周社會與禮樂文明》（北京：人民出版社，1997年11月），頁141。

〔註64〕見《論語注疏》，卷2，頁16。
〔註65〕見《禮記注疏》，卷21，頁414。
〔註66〕參閱林素玟：《禮記人文美學研究》（臺北：臺灣師範大學國文系博士論文，1999年），頁130～132。
〔註67〕見《春秋左傳正義》，卷37，頁631。
〔註68〕《國語・周語》內史過對周王評論晉惠公時說道：「被除其心，精也；考中度衷，忠也；昭明物則，禮也；制義庶孚，信也。」又單襄公論郤至佻天之功云：「夫仁、禮、勇，皆民之爲也。以義死用謂之勇，奉義順則謂之禮，畜義豐功謂之仁。」見〔吳〕韋昭注：《國語》（臺北：漢京文化公司，1983年12月），卷1，頁35；卷2，頁85。

資料都反映出周代有飲食等級差別，飲食之物和飲食之器都應合乎禮制規範。

在民生方面，飲食問題亦爲國家大事。龔鵬程（1956～）《飲食男女生活美學》云：「儒家論政，所重在於『養』。……由於論政重養，所以跟飲食會有直接的關聯，口體之養畢竟是所有養的基礎。至於禮，因爲也以養民爲宗旨，所以亦以飲食爲重。」〔註69〕認爲禮樂教化皆主於飲食。《尚書・洪範》言治國安民之「八政」：「一曰食，二曰貨，三曰祀，四曰司空，五曰司徒，六曰司寇，七曰賓，八曰師。」〔註70〕飲食居於諸政之首，所謂「王者以民爲天，民以食爲天」〔註71〕、「倉廩實而知禮節，衣食足而知榮辱」，〔註72〕爲政者須致力於民生經濟，讓人民求得溫飽，如《管子・禁藏》云：「食飲足以和血氣，衣服足以適寒溫，禮儀足以別貴賤。衣食足，則侵爭不生，怨怒無有，上下相親，兵刃不用矣。」〔註73〕滿足人民基本的物質需求，加上以禮節明定尊卑貴賤，實爲維繫社稷長治久安之道。《詩經》中也反映不少關於祭祀和禮樂文化背景的具體資料，飲食在文化中呈現出宗教信仰和行爲規範的象徵意涵，此亦本論文所要探討的課題。

第三節　文獻檢討

一、《詩經》文本分析

《詩經》文本涉及飲食的詩篇，可以從人類活動、飲食原料和飲食成品幾個主題切入，人類活動和飲食原料之間的聯繫爲經濟生產活動，飲食原料和飲食成品之間的聯繫爲食物製作過程，人類活動和飲食成品之間的聯繫爲飲食禮

〔註69〕龔鵬程：《飲食男女生活美學》（臺北：立緒文化公司，1998年9月），頁200。

〔註70〕〔漢〕孔安國傳、〔唐〕孔穎達疏：《尚書注疏》（臺北：藝文印書館，1997年8月，影印清嘉慶20年江西南昌府學重刊宋本《尚書注疏》本），卷12，頁171。《禮記・王制》言八政：「飲食、衣服、事爲、異別、度、量、數、制。」內容和《尚書》略有不同，但亦以飲食爲首。見《禮記注疏》，卷5，頁269。

〔註71〕《史記・酈生陸賈列傳》載酈食其給劉邦的建言曰：「臣聞知天之天者，王事可成；不知天之天者，王事不可成。王者以民人爲天，而民以食爲天。」《索隱》引《管子》云：「王者以民爲天，民以食爲天，能知天之天者，斯可矣。」見《史記》，卷97，頁1096。

〔註72〕〔明〕凌汝亨：《管子輯評》（臺北：臺灣中華書局，1970年4月，影印明刊朱批本），〈牧民〉，卷1，頁1。

〔註73〕見〔明〕凌汝亨：《管子輯評》，卷17，頁268～269。

俗，這些主題之間又是環環相扣。和飲食文化相關的內容可用簡圖概括之，見圖 1-1 所示。經濟生產活動是人類獲取食物及其他生活資料的過程，而採集、漁獵、畜養和農業活動等生產方式是食物材料的主要來源；食物製作過程探討對象包括食物烹調、加工與酒類製作，以及食材種類、食品種類、飲料種類和飲食器物等，也就是本論文所要探討的飲食物質文明；飲食禮俗是人類在飲食過程中所表現出來的行為與心理反應，飲食活動、飲食禮制、飲食美學、飲食文藝等皆屬之，其中祭祀禮制和燕饗禮制中的飲食象徵意義，是本論文所要探討的飲食精神意涵。據此，本論文架構分成五章：首章為緒論，第二章論述《詩經》中所見飲食成品，第三章論述《詩經》中所見食材與食物製作，第四章論述《詩經》飲食在禮制中的文化象徵意義，第五章為結論。

圖 1-1：飲食文化範疇

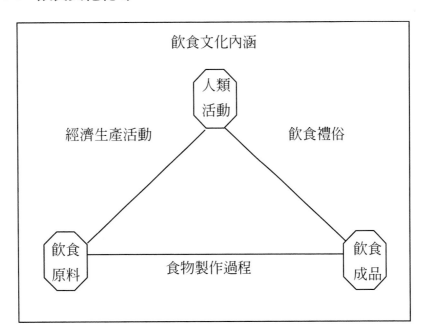

在飲食成品方面，茲將詩中所見食品種類分成飯食、膳牲、薦羞，相關詩文整理見附表 1，文本所反映的烹煮和盛食器具見附表 2；飲品種類依其用途分成飲用、祭祀和賞賜三類，飲料詩篇見附表 3，文本所反映的飲用、盛裝和挹注器具資料見附表 4。在食材與食物製作方面，詩文中出現的食材資源可分成穀類、肉類和蔬果類，各類名物的詩文出處分見附表 5、6、7，而食物製

作則依生食、加工和熟食等方式，整理如附表8。在飲食的文化象徵意義方面，詩篇所描寫內容和祭祀天神、地祇、宗廟有關的祭品整理如附表9；至於一般燕饗活動，以及和祭祀有關宴飲的飲食品物則見附表 10。由於《詩經》文本和先秦典籍所反映的飲食現象多屬上層階級的飲食生活，一般庶民的資料較少，本文所列舉的飯食、膳牲、薦羞和飲料品類，亦偏向貴族層級的生活，關於庶民生活的說明則另於行文時註明。

二、歷代相關文獻

（一）《詩經》飲食品類相關文獻

與《詩經》飲食品類論題有關的古籍文獻，可分從《詩經》文本研究和飲食資料研究兩部分探討。在《詩經》相關研究方面，胡樸安（1878～1947）《詩經學》曾歸納《詩經》有文字學、文章學、禮教學、史地學、博物學等五類研究系統，〔註 74〕歷代和《詩經》飲食相關的典籍，主要是禮學和博物學類的研究成果。從〔漢〕鄭玄（127～200）《毛詩傳箋》、〔唐〕孔穎達（574～648）《毛詩正義》以禮書詮釋詩義，便開啓《詩經》禮學研究之先河，至〔清〕顧棟高（1679～1759）《毛詩類釋》〔註 75〕、秦蕙田（1702～1764）《五禮通考》〔註 76〕和包世榮（1784～1826）《毛詩禮徵》〔註 77〕等書均「以禮釋

〔註 74〕參閱胡樸安：《詩經學》（臺北：臺灣商務印書館，1988 年 5 月），頁 107～157。

〔註 75〕《毛詩類釋》考釋《詩經》中的名物制度，凡二十一類。其中，〈釋祭祀〉（卷6）分釋宗廟、郊祭禮、明堂祭禮、雩祭、靈星祭、社祭、祈祭報祭、田祖祭、高禖祭、行祭、山川告祭、四方報祭，可藉此初探《詩經》的祭祀文化背景；〈釋禮器〉（卷8）分釋禮器名物，可作爲飲食資料的補充；另外，從釋天文、地理、山水、時令（卷1～5），到釋草木、鳥獸、蟲魚（卷14～19），則和飲食的自然環境有關。顧氏一書對《詩經》資料的爬梳與整理，可當作參考工具。見〔清〕顧棟高：《毛詩類釋》（臺北：臺灣商務印書館，1983 年，影印文淵閣《四庫全書》本），第 88 冊。

〔註 76〕《五禮通考》依吉、嘉、賓、軍、凶五禮之目，分七十五類，網羅眾說，探討經史中所見古代禮制。其徵引《詩經》主要在嘉禮和吉禮部分，對詩文的分類係根據〈詩序〉及毛傳、鄭箋舊注，並補充歷代《詩經》解說。嘉禮中和飲食關係密切的是飲食禮（卷142～145）、饗燕禮（卷156～159）、射禮（卷163～164）、鄉飲酒禮（卷167～168）和學禮（卷176），秦氏論述諸禮的禮義、禮儀，並對詩文分類有所考辨：在吉禮中的圜丘祀天（卷3～32）、方丘祀地（卷37）、社稷（卷42）、宗廟制度（卷64～65）、宗廟時享（卷85～89）各類亦詳列祭祀的儀節、祭物和器用等資料。見〔清〕秦蕙田：《五禮通考》（臺北：臺灣商務印書館，1983 年，影印文淵閣《四庫全書》本），第 136、

《詩》」或「以《詩》釋禮」；而繼《爾雅》「通詁訓之指歸，敘詩人之興詠，摠絕代之離詞，辯同實而殊號」〔註78〕的訓詁研究之後，〔吳〕陸璣（3世紀）《毛詩草木鳥獸蟲魚疏》〔註79〕亦開啓《詩經》博物學研究之風，包括〔宋〕蔡卞（1048～1117）《毛詩名物解》〔註80〕、〔明〕毛晉（1599～1659）《陸氏詩疏廣要》〔註81〕、〔清〕陳大章（～1688～？）《詩傳名物集覽》〔註82〕、日人岡元鳳（～1785～？）《毛詩品物圖考》〔註83〕等著作，其治學方法均以名物訓詁爲主。此外，其他《詩經》傳箋注疏等書亦有相關問題的探討，散見於各詩之中，雖未成系統，但也有助於探討古史、禮俗和詩文的解釋。

　　《爾雅》一書是對經籍中所出現的人文領域和自然領域知識加以整理，包括對《詩經》中字詞訓釋和器物解說，以及天、地、丘、山、水等地理知識和草、木、蟲、魚、鳥、獸、畜類等生物知識的說明。〔晉〕郭璞（276～324）《爾雅注》又對字詞訓釋、器物解說、地理知識和生物知識補充說明，並介紹動植物型態和古今異名。陸璣《毛詩草木鳥獸蟲魚疏》是專門註解《詩經》中所見動植物的著作，書中針對草本植物、木本植物、鳥類、獸類、魚類、蟲類等一百五十四種動植物的名稱、型態、產地、用途等方面加以解說，並指出其可食與不可食的性質，此書資料大部分皆被孔穎達《毛詩正義》所徵引，而〔宋〕邢昺（932～1010）《爾雅疏》書中亦徵引近百條資料。《爾雅

---

138 冊。

〔註77〕　《毛詩禮徵》採用「以禮證《詩》」的方法闡釋禮制和禮義，禮制「總敘」部分多引〔唐〕杜佑《通典》典章制度説，再據〈詩序〉及毛傳、鄭箋舊注分述各類詩文禮義。包氏論飲食，分爲尊彝之食、鼎俎之食、籩豆之食和簠簋之食（卷10）；論宴飲，分成鄉飲酒（卷3）、饗食燕禮（卷4）；論飲食禮器，有樽罍、鼎俎、籩豆、簠簋（卷6）；論祭祀、時享，亦詳述《詩經》中所見禮制、儀節和祭物等（卷1～3）。見〔清〕包世榮：《毛詩禮徵》（臺北：力行書局，1970年6月，光緒丁亥木犀軒叢本書）。

〔註78〕　〔晉〕郭璞注、〔宋〕邢昺疏：《爾雅注疏》（臺北：藝文印書館，1997年8月，影印清嘉慶20年江西南昌府學重刊宋本《爾雅注疏》本），卷1，頁4。

〔註79〕　〔吳〕陸璣：《毛詩草木鳥獸蟲魚疏》（臺北：藝文印書館，1967年，影印《百部叢書集成》）。

〔註80〕　〔宋〕蔡卞：《毛詩名物解》（臺北：臺灣商務印書館，1983年，影印文淵閣《四庫全書》本），第70冊。

〔註81〕　〔明〕毛晉：《陸氏詩疏廣要》（臺北：臺灣商務印書館，1983年，影印文淵閣《四庫全書》本），第70冊。

〔註82〕　〔清〕陳大章：《詩傳名物集覽》（臺北：臺灣商務印書館，1983年，影印文淵閣《四庫全書》本），第86冊。

〔註83〕　〔日〕岡元鳳：《毛詩品物圖考》（濟南：山東畫報出版社，2002年8月）。

注疏》和《毛詩草木鳥獸蟲魚疏》反映出人類在自然界求生覓食的經驗累積和對動植物食物原料的基本需求，欲窺探《詩經》中的動、植物性食物原料，此二書是時代較爲接近的參考著作。

（二）其他與飲食相關的文獻

在飲食相關研究方面，要研究飲食文化的物質文明和精神內涵，必先參考《周禮》、《儀禮》、《禮記》、《左傳》和《國語》等先秦典籍的飲食活動記錄和飲食意義闡釋。〔後魏〕賈思勰（～531～？）《齊民要術》是中國現存完整農書中最早的一部，書中引用諸多古籍，總結先秦到南北朝時期的農業生產，如糧食作物栽培、蔬菜栽培、園藝果樹栽培、畜牧養殖、釀造技術和食品烹調、其他地區物產，內容包括農、林、牧、漁、副等部門的生產知識和技術，〔註84〕是距離《詩經》時代較近的參考資料。〔明〕李時珍（1518～1593）《本草綱目》研究中國歷代的本草文獻，以藥物的自然屬性和生態條件爲分類基礎，內容分爲十六部。〔註85〕其中水部、草部、穀部、菜部、果部、鱗部、介部、禽部、獸部大都是食物，其餘如木部中亦有不少是食物。此書總結明代以前的藥學經驗，是研究飲食的重要工具書。此外，〔清〕凌廷堪（1755～1809）《禮經釋例》採用「以例釋禮」的解經方式，融會貫通整理《儀禮》全書的禮儀通例，全書凡二百四十六例。〔註86〕其中，飲食之例、器服之例和經籍中的飲食品類有關聯，是研究《詩經》飲食禮儀的參考資料。

三、近代相關研究

（一）《詩經》飲食文化相關研究

與《詩經》飲食有關的當代研究，有以酒文化爲主題者，有以飲食文化爲主題者，有以宴飲詩爲研究範疇者，亦有從名物和考證角度探討器物和飲食者。在酒文化方面，林明德（1946～）〈《詩經》的酒文化〉將《詩經》視爲中國酒文學的源頭，也是酒意識的原型，進而從酒的材料、酒的種類、酒的器皿、飲酒禮儀與飲酒現象等五個層面探索《詩經》酒文化的意象與內涵。

〔註84〕〔後魏〕賈思勰：《齊民要術》（臺北：臺灣中華書局，1980年11月，據學津討原本校刊）。
〔註85〕〔明〕李時珍：《本草綱目》（北京：人民衛生出版社，1993年12月）。
〔註86〕〔清〕凌廷堪著、彭林點校：《禮經釋例》（臺北：中央研究院中國文哲研究所，2002年12月）。

〔註87〕孟慶茹、索燕華〈《詩經》與酒文化〉探討《詩經》所反映的周代釀酒技術及對酒的品飲標準，並通過酒文化透視當時社會的政治興衰、宗教信仰、禮俗倫常、生活趨向等。〔註88〕樊樹云〈《詩經》與酒文化〉探述《詩經》中的造酒技術、酒具器皿、酒的種類，並探討《詩經》中反映的酒禮、酒德傳統。〔註89〕王良友〈也探《詩經》酒文化〉以林明德之論文爲基礎，爲《詩經》酒文化的具體內容及名物訓詁略做說明，重新探求《詩經》中呈現的酒意象，〔註90〕但內容多引用酒文化史及酒類辭典等工具書，未能充分引用先秦古籍的相關資料爲例證。

在飲食文化方面，易志文〈《詩經》與周代飲食文化〉探討《詩經》中反映的周代飲食文化，包括周代食物、加工與烹調、飲食器具、飲食禮儀、飲食與祭祀等，文中提到飲食規範是調諧人際關係和社會秩序的重要手段，以及祭祀禮儀與飲食的密切關聯。〔註91〕孟慶茹〈《詩經》與飲食文化〉從《詩經》資料探討古代飲食結構、飲食原料、烹飪方法、飲食慣制及飲食用具等飲食文化，內容偏向物質生活層次。〔註92〕徐日輝〈淺析《詩經》中的食物結構〉針對《詩經》中的食物結構作以剖析，分成穀物、肉類、水產品、蔬菜、水果、飲料及調味品七大類觀察當時的食物結構。〔註93〕邱健、梁新興〈《詩經》中的飲食文化〉著重探討《詩經》中以飲食娛身、益生的飲食觀念，以及飲食作爲親和人際關係的社會價值及功用。〔註94〕上述皆屬單篇論文，

〔註87〕林明德：〈《詩經》的酒文化〉，《第一屆經學學術討論會論文集》（臺北：臺灣師範大學國文系，1994 年 4 月），頁 751～777。收錄於林明德：《文學典範的反思》（臺北：大安出版社，1996 年 9 月），頁 1～26。

〔註88〕孟慶茹、索燕華：〈《詩經》與酒文化〉，《北華大學學報》第 3 卷第 3 期（2002 年 9 月），頁 52～55。

〔註89〕樊樹云：〈《詩經》與酒文化〉，《詩經研究叢刊》第 6 輯（2004 年 3 月），頁 201～214。

〔註90〕王良友：〈也探《詩經》酒文化〉，《修平人文社會學報》第 3 期（2004 年 3 月），頁 79～92。

〔註91〕易志文：〈《詩經》與周代飲食文化〉，《萍鄉高等專科學校學報》第 3 期（1999 年 9 月），頁 50～53。

〔註92〕孟慶茹：〈《詩經》與飲食文化〉，《詩經研究叢刊》第 2 輯（2002 年 1 月），頁 219～232。

〔註93〕徐日輝：〈淺析《詩經》中的食物結構〉，《中國飲食文化基金會會訊》第 10 卷第 1 期（2004 年 2 月），頁 9～15。

〔註94〕邱健、梁新興：〈《詩經》中的飲食文化〉，《許昌學院學報》第 25 卷第 4 期（2006 年），頁 45～47。

因篇幅較短，敘述較爲簡略，且部分內容有值得補充或商榷之處，尤其在徵引詩文時未能回歸上下文語境，在詮釋詩文上易有斷章取義之嫌。因此，針對《詩經》飲食文化作一全面而有系統的整理是有必要的。

在《詩經》宴飲詩研究方面多屬單篇論文，如趙沛霖（1938～）〈《詩經》宴飲詩與禮樂文化精神〉從文化的角度探討宴飲詩的內容、思想性質及產生的社會文化根源；〔註95〕江乾益（1956～）〈《詩經‧小雅》燕饗詩析論〉以「作詩之義」論析〈小雅〉中的燕饗詩，並分成以第一人稱敘述燕饗之際賓主相酬的燕饗詩篇，和以第三人稱敘述燕饗之儀的詩篇；〔註96〕李山〈「宴以好合」與周代社會結構的根本精神原則──《詩經》中的宴飲詩〉認爲《詩經》中大量宴飲詩的出現是由於宴飲活動負載著某種歷史責任，每次宴飲都是一種社會結構原則及其意義的再現，「宴以好合」是周代社會制度的精神表現。〔註97〕學位論文有劉耀娥《詩經宴飲詩研究》，依詩篇內容分成宗教性宴飲、政治性宴飲和生活性宴飲三類宴飲活動，並考察宴飲詩的物質文化、社會文化以及精神文化：物質文化方面是從器物的使用、食物的種類與烹調方法等了解周代宴飲在飲食表層文化的具體現象；社會文化方面是由宴飲活動和倫理規範兩端考察宴飲在宗族政治上的機制功能；精神文化方面是以禮樂爲核心，而以尊祖敬天和崇尚道德爲宴飲文化的內涵。〔註98〕

在名物和考證研究方面，陸文郁（1887～1974）《詩草木今釋》〔註99〕、齊思和（1907～1981）〈《毛詩》穀名考〉〔註100〕、耿煊（1923～）《詩經中的經濟作物》〔註101〕、陳靜俐《詩經草木意象》〔註102〕、潘富俊《詩經植物圖鑑》〔註103〕等有助於認識《詩經》中的穀類作物和可供食用的植蔬；江雅茹

〔註95〕趙沛霖：〈《詩經》宴飲詩與禮樂文化精神〉，《天津師大學報》1989年第6期，頁60～65。

〔註96〕江乾益：〈《詩經‧小雅》燕饗詩析論〉，《第一屆經學學術討論會論文集》，頁415～435。

〔註97〕李山：《詩經的文化精神》（北京：東方出版社，1997年6月），頁79～104。

〔註98〕劉耀娥：《詩經宴飲詩研究》（臺中：國立中興大學中國文學系碩士論文，2006年）。

〔註99〕陸文郁：《詩草木今釋》（臺北：長安出版社，1992年3月）。

〔註100〕齊思和：〈《毛詩》穀名考〉，《燕京學報》第36期（1949年6月），頁263～311。

〔註101〕耿煊：《詩經中的經濟作物》（臺北：臺灣商務印書館，1996年3月）。

〔註102〕陳靜俐：《詩經草木意象》（臺北：臺灣師範大學國文系碩士論文，1997年）。

〔註103〕潘富俊著、呂勝由攝影：《詩經植物圖鑑》（臺北：貓頭鷹出版，2001年6月）。

〈試探《詩經》之魚類嘉殽〉從古籍爬梳魚類相關資料，〔註104〕孫關龍〈《詩經》魚類考〉則從現代科學角度考釋《詩經》中的魚類，〔註105〕皆提供了《詩經》的飲食資料。此外，陳溫菊《詩經器物考釋》探討青銅禮器中的食器、酒器和水器，以及禮器的象徵意涵，器物是行禮者藉以表達思想的媒介，透過器物的使用和儀式的進行以呈現禮的精神和內涵。〔註106〕江雅茹〈試探《詩經》中所見之食物〉分從飯食、膳牲、薦羞三方面切入探討《詩經》所反映之飲食文化資料，徵引詩文能結合文本作詮釋，〔註107〕然並未區分祭祀食物和宴飲食物，在研究層面的深度和廣度上仍有不足。江雅茹〈試探《詩經》中所見之烹調〉綜輯相關文獻資料，從食物製作與調味方面探述詩文所反映的飲食物質文明，〔註108〕考證雖詳密，但論題仍有發展空間，也就是如何藉由飲食的探討，分析出更深層的文化意涵。綜合以上所述，如何有系統地詮釋《詩經》中所見飲食品類，在「物質文明」的研究層次上開展出「精神文化」的研究層次，是本論文須致力的目標。

（二）其他重要飲食相關研究

和先秦飲食文化論題有關的研究，可參考飲食文化專書如林乃燊（1923～）《中國飲食文化》〔註109〕、王學泰（1942～）《華夏飲食文化》〔註110〕、王子輝、王明德《中國古代飲食》〔註111〕等書所介紹的先秦食料生產和烹調飲食，關於先秦飲食多屬史實的陳述與史料的整理，《詩經》詩文常被引用作爲例證；而徐海榮主編《中國飲食史》更細分從西周時期的食品原料生產、烹飪技藝、飲食禮俗、飲食器具、飲食觀念，以及春秋戰國時期的食物原料、飲食器具、食物保藏、食物管理、食品加工與烹飪、食制與食俗、飲食文化差異、飲食思

〔註104〕江雅茹：〈試探《詩經》之魚類嘉殽〉，《大陸雜誌》第 103 卷第 2 期（2001年 8 月），頁 27～37。

〔註105〕孫關龍：〈《詩經》魚類考〉，《詩經研究叢刊》第 5 輯（2003 年 7 月），頁 72～95。

〔註106〕陳溫菊：《詩經器物考釋》（臺北：文津出版社，2001 年 8 月），頁 64～65。

〔註107〕江雅茹：〈試探《詩經》中所見之食物〉，《孔孟月刊》第 45 卷第 5、6 期（2007年 2 月），頁 10～13；第 45 卷第 7、8 期（2007 年 4 月），頁 10～13。

〔註108〕江雅茹：〈試探《詩經》中所見之烹調〉，《東華中國文學研究》第 6 期（2008年 12 月），頁 17～36。

〔註109〕林乃燊：《中國飲食文化》（臺北：南天書局，1992 年 7 月），頁 15～78。

〔註110〕王學泰：《華夏飲食文化》（北京：中華書局，1993 年 8 月），頁 33～113。

〔註111〕王子輝、王明德：《中國古代飲食》（臺北：博遠出版公司，1989 年 2 月），頁 13～26。

想和飲食理論等方面探討先秦飲食文化，〔註112〕所涉及的內容更爲全面廣泛，文中並徵引諸多飲食和古史專著，是目前可見較爲詳盡的工具書。

史學和禮學專著亦有論及飲食的部分，如許倬雲（1930～）《西周史》論述西周物質文化中的農作物、食物與烹調；〔註113〕張光直《中國青銅時代》探討中國古代的飲食與飲食具；〔註114〕許進雄（1941～）《中國古代社會》從文字學與人類學的透視論及飲食字源；〔註115〕杜正勝（1944～）《古代社會與國家》從村落國家的發展談到食糧器用；〔註116〕常金倉（1948～）《周代禮俗研究》分析物質生活中的飲食禮俗；〔註117〕王仲孚（1936～）《中國上古史專題研究》從神話傳說闡釋飲食文明進程。〔註118〕另外，吳達芸（1947～）《儀禮特牲少牢有司徹祭品研究》研究祭品在古代祭禮中如何被烹調、切割、裝盛及在祭席前如何被排列；〔註119〕趙昕毅《從祭喪禮儀看楚地的飲食文化》以《楚辭》文獻資料和楚地出土實物研究先秦南方的飲食文化；〔註120〕國立故宮博物院編有《商周青銅粢盛器》和《商周青銅酒器》介紹粢盛器和酒器的形制與用途；〔註121〕姬秀珠《儀禮飲食禮器研究》從制度、儀節、器物三方面說明先秦飲食生活的文化與人文價值；〔註122〕吳安安《儀禮飲食品物研究》分析《儀禮》冠昏、射鄉、朝聘、喪、祭之禮的禮食和禮器；〔註123〕林素娟〈飲食禮儀的身心過渡意涵及文化象徵意義—

〔註112〕徐海榮主編：《中國飲食史》（北京：華夏出版社，1999 年 10 月），卷 2，頁 4～149、頁 154～399。

〔註113〕見許倬雲：《西周史》，頁 231～248。又見許倬雲：〈周代的衣食住行〉，《求古編》（臺北：聯經出版公司，1982 年 6 月），頁 244～255。

〔註114〕見張光直：《中國青銅時代》，頁 249～283。

〔註115〕許進雄：《中國古代社會：文字與人類學的透視》（臺北：臺灣商務印書館，1995 年 2 月），頁 227～271。

〔註116〕見杜正勝：《古代社會與國家》，頁 114～121。

〔註117〕常金倉：《周代禮俗研究》（臺北：文津出版社，1993 年 2 月），頁 139～150。

〔註118〕王仲孚：《中國上古史專題研究》（臺北：五南圖書公司，1996 年 12 月），頁 173～275。

〔註119〕吳達芸：《儀禮特牲少牢有司徹祭品研究》（臺北：中華書局，1973 年 5 月）。

〔註120〕趙昕毅：《從祭喪禮儀看楚地的飲食文化》（新竹：清華大學歷史系碩士論文，1983 年）。

〔註121〕國立故宮博物院編輯委員會編：《商周青銅粢盛器》（臺北：國立故宮博物院，1985 年 3 月）。國立故宮博物院編輯委員會編：《商周青銅酒器》（臺北：國立故宮博物院，1989 年 2 月）。

〔註122〕姬秀珠：《儀禮飲食禮器研究》（臺北：里仁書局，2005 年 6 月），頁 523～541。

〔註123〕吳安安：《儀禮飲食品物研究》（臺北：臺灣師範大學國文系博士論文，2006 年）。

一以三《禮》齋戒、祭祖爲核心進行探討〕探討祭祀前之齋戒、祭祀中所供奉的祭品、祭祀後的共食儀式中的飲食功能，從飲食所呈現的文化符號及象徵意義進行細部分析。〔註124〕上述資料對研究《詩經》飲食品類均有參考價值。

　　論文的研究範圍雖然明確，但仍有其限制。囿於研究領域的不同，對於其他學科的專門知識，本文只能選用專家學者的研究成果，無法直接深入鑽研。此外，由於歷來研究《詩經》的著作很多，內容廣泛，所探討的觀點、重心不一，本文僅能選擇和論文有直接相關、具有參考價值的資料加以採用，或是在註解處註明其他不同說法，無法對所有疏訛舛誤之說一一加以辯正。由於本人仍是《詩經》領域的初學者，所以掛漏之處尚多，還請諸位博雅不吝予以指正和啓發。

〔註124〕林素娟：〈飲食禮儀的身心過渡意涵及文化象徵意義——以三《禮》齋戒、祭祖爲核心進行探討〉，《中國文哲研究期刊》第32期（2008年3月），頁171～216。

第二章　《詩經》中所見飲食成品

　　中華民族是一個講究飲食文化的族群，據經籍所載古代上層階級的飲食記錄，大略可分成食、飲、膳、羞四類。《周禮·天官·膳夫》云：「掌王之食、飲、膳、羞。」鄭注云：「食，飯也。飲，酒漿也。膳，牲肉也。羞，有滋味者。凡養之具，大略有四。」〔註1〕食指飯食，即穀食，指黍稷稻粱之屬；飲指飲料，用於祭祀和飲用；膳指膳牲，包括盛於鼎俎的肉類食品；羞指薦羞，其品類眾多，包含籩豆之實和鉶羹之屬。雖然《周禮》一書所載的理想制度，固非周禮原貌，但亦應保存部分周代生活史料，對於研究先秦制度文化而言，此書仍具參考價值。本章研究對象是《詩經》中所見飲食成品，文中先徵引飲食種類的相關說法，其次探討《詩經》文本所反映的食品、飲品及其盛裝器物，藉以窺探先秦飲食物質文化。至於一般庶民的飲食生活，則可透過飲食結構、食材種類及來源窺探其生活狀況。〔註2〕

〔註 1〕　〔漢〕鄭玄注、〔唐〕賈公彥疏：《周禮注疏》（臺北：藝文印書館，1997 年 8月，影印清嘉慶 20 年江西南昌府學重刊宋本《周禮注疏》本），卷 4，頁 57。錢玄《三禮通論》將古代飲食分爲飯食、酒漿、膳牲、薦羞，本文飲食成品分類參考錢氏分法，將食品分成飯食、膳牲、薦羞，並另立一節專論飲料。參閱錢玄：《三禮通論》（江蘇：南京師範大學出版社，1996 年 10 月），頁 119～138。

〔註 2〕　關於食材種類及其來源，將於第三章論述之。飲食結構是指一日三餐的主食、菜餚和飲料的搭配，即飲食配置方式，它直接受經濟條件和生產方式的制約，帶有地域性和民族性。《詩經》中所見的飲食結構，穀類是主食，蔬果類、魚肉類和飲料爲副食。見孟慶茹：〈《詩經》與飲食文化〉，《詩經研究叢刊》第 2 輯（2002 年 1 月），頁 220。另可參見徐日輝：〈淺析《詩經》中的食物結構〉，《中國飲食文化基金會會訊》第 10 卷第 1 期（2004 年 2 月），頁 9～15。

第一節　食物品類

一、食物種類

（一）飯　食

中國以農立國，長久以來也以穀類糧食作爲生活主食，古代有五穀、六穀、九穀的說法，《詩經》又有百穀之名，百穀指穀類的總稱，泛言穀類品種眾多。《周禮・天官・疾醫》云：「以五味、五穀、五藥養其病。」鄭注云：「五穀，麻、黍、稷、麥、豆也。」〔註3〕謂五穀爲麻、黍、稷、麥、豆，此說和《禮記・月令》所云「食麥與羊」、「食菽與雞」、「食稷與牛」、「食麻與犬」、「食黍與彘」說法相同。〔註4〕《孟子・滕文公上》云：「后稷教民稼穡，樹藝五穀，五穀熟而民人育。」〔漢〕趙岐（108～201）注云：「五穀謂稻、黍、稷、麥、菽也。」〔註5〕此說則和《周禮・夏官・職方氏》所載「其穀宜五種」鄭注相同。〔註6〕《周禮・天官・膳夫》云：「凡王之饋，食用六穀。」鄭注引鄭司農（鄭眾，?～83）云「六穀，稌、黍、稷、粱、麥、苽」的說法和《周禮・天官・食醫》「凡會膳之宜，牛宜稌，羊宜黍，豕宜稷，犬宜粱，鴈宜麥，魚宜苽」說法合，〔註7〕謂六穀指稻、黍、稷、粱、麥、苽。五穀、六穀諸說不同，或因時間、地域不同而異。按《儀禮》各篇言簋簠之實均爲黍、稷、稻、粱，可見此四者爲常食，則五穀應似〔清〕金鶚（?～1819）所言爲「黍、稷、稻、粱、麥」，〔註8〕六穀則五穀加苽或麻、菽，綜合各種穀類又成爲九穀。

《周禮・天官・冢宰》云：「以九職任萬民：一曰三農生九穀。」鄭司農謂九穀爲「黍、稷、秫、稻、麻、大小豆、大小麥」，鄭玄則謂九穀「無秫、

〔註3〕見《周禮注疏》，卷5，頁73。

〔註4〕〔漢〕鄭玄注、〔唐〕孔穎達疏：《禮記注疏》（臺北：藝文印書館，1997年8月，影印清嘉慶20年江西南昌府學重刊宋本《禮記注疏》本），卷15～17，頁299、306、322、323、341。

〔註5〕〔漢〕趙岐注、〔宋〕孫奭疏：《孟子注疏》（臺北：藝文印書館，1997年8月，影印清嘉慶20年江西南昌府學重刊宋本《孟子注疏》本），卷5下，頁98。

〔註6〕見《周禮注疏》，卷33，頁499。

〔註7〕見《周禮注疏》，卷4，頁57；卷5，頁73。

〔註8〕〔清〕孫詒讓《周禮正義・疾醫》疏引金鶚言。見〔清〕孫詒讓：《周禮正義》（臺北：臺灣中華書局，1968年，據清光緒乙巳本校刊），第1冊，卷9，頁6下。

大麥，而有粱、苽」，〔註9〕兩鄭於九穀注看法亦不同。〔清〕程瑤田（1725～1814）作《九穀考》即從後鄭之說，九穀爲黍、稷、稻、粱、麥、苽、麻、大小豆。〔註10〕文獻記載的先秦糧食品類名稱有黍、秬、秠、稷、秫、粱、糜、芑、麥、來、牟、稻、稌、麻、苴、菽、菰等十餘種之多，《詩經》中出現的穀食大致可分黍、稷、粱、麥、稻、麻、菽七類，其中黍、稷出現最多次。黍、稷皆爲小米，經籍常並稱，可推知黍、稷爲當時常見主食。貴族穀糧以黍、粱、稻爲珍貴，平民食物則以稷、麻、菽和蔬果爲主。詩文中所見的飯食有盛於簋簠之貴族穀糧，有用以祭祀之黍稷粢盛，有盛於筐筥饁彼農夫之饟食，有置於橐囊便於攜帶之乾糧餱等。

　　〈大雅‧泂酌〉云：「泂酌彼行潦，挹彼注茲，可以餴饎。」毛傳云：「饎，酒食也。」〔註11〕〈商頌‧玄鳥〉云：「龍旂十乘，大糦是承。」鄭箋云：「糦，黍稷也。」〔註12〕毛傳釋饎爲酒食，鄭箋釋糦爲黍稷，《儀禮‧特牲饋食禮》鄭注云「炊黍稷曰饎」，〔註13〕饎、糦相通，字又作饎，《說文》云：「酒食也。」段注云：「饎本酒食之偁，因之名炊曰饎，因之名黍稷曰饎，引伸之義也。」〔註14〕饎本指酒食，因黍稷爲常見的穀物，故黍稷亦可代指其他用以祭祀和飲食的粢盛穀糧。

　　〈周頌‧良耜〉云：「或來瞻女，載筐及筥，其饟伊黍。」鄭箋云：「瞻，視也。有來視女，謂婦子來饁者也。筐、筥，所以盛黍也。豐年之時，雖賤者猶食黍。」〔註15〕詩文描寫農婦送飯食給田裡工作的農夫，〈豳風‧七月〉、〈小雅‧甫田〉、〈小雅‧大田〉、〈周頌‧載芟〉均有饁者以食饟田之文。《爾雅‧釋詁》云：「饁，饟，饋也。」〔註16〕《說文》云：「饁，餉田也。」又

〔註9〕　見《周禮注疏》，卷2，頁29～30。

〔註10〕　〔清〕程瑤田：《九穀考》（臺北：復興書局，1959年，《皇清經解》本），卷548～550，頁6138～6167。

〔註11〕　〔漢〕毛亨傳、鄭玄箋、〔唐〕孔穎達疏：《毛詩正義》（臺北：藝文印書館，1997年8月，影印清嘉慶20年江西南昌府學重刊宋本《毛詩注疏》本），卷17之3，頁622。

〔註12〕　見《毛詩正義》，卷20之3，頁794。

〔註13〕　〔漢〕鄭玄注、〔唐〕賈公彥疏：《儀禮注疏》（臺北：藝文印書館，1997年8月，影印清嘉慶20年江西南昌府學重刊宋本《儀禮注疏》本），卷44，頁523。

〔註14〕　〔漢〕許慎撰、〔清〕段玉裁注：《說文解字注》（臺北：黎明文化公司，1993年7月，影印經韻樓藏版本），5篇下，頁222。

〔註15〕　見《毛詩正義》，卷19之4，頁749。

〔註16〕　〔晉〕郭璞注、〔宋〕刑昺疏：《爾雅注疏》（臺北：藝文印書館，1997年8

云：「周人謂餉曰饟。」〔註17〕饟有餉田、饋食之義。平民通常以稷爲主食，豐年時也有機會食黍，即〈小雅・甫田〉所云：「倬彼甫田，歲取十千。我取其陳，食我農人。自古有年。」〔註18〕豐年之時，發舊穀、存新穀。將蒸煮好的飯食以筐、筥盛之，便於運送。

〈大雅・公劉〉詩云：「迺裹餱糧，于橐于囊。」〔註19〕言裹糧食於囊橐之中，準備遷徙。毛傳云：「小曰橐，大曰囊。」朱傳云：「餱，食糧，糗也。無底曰橐，有底曰囊。」〔註20〕橐、囊，皆爲裹糧之袋，所裹的飯食爲乾糧，便於背負攜帶。〈小雅・無羊〉詩云：「爾牧來思，何簑何笠，或負其餱。」〔註21〕言牧人工作，飲食有備，負餱即背負乾糧，用以充飢。《說文》云：「餱，乾食也。」段注云：「凡乾者曰餱，故許曰：『乾食』。〈無羊〉：『或負其餱』，亦必乾者乃可負也。小徐曰：『今人謂飯乾爲餱』。」〔註22〕餱糧即乾糧，其保存期限可能較久，《左傳・宣公十一年》有「具餱糧」〔註23〕之文，亦爲準備糧食之意。

（二）膳牲

《周禮・天官・膳夫》云：「凡王之饋，食用六穀，膳用六牲，飲用六清。」〔註24〕膳指牲肉，六牲即六畜，始養之曰畜，將用之曰牲。〔註25〕六牲之說有二：鄭注云：「六牲，馬、牛、羊、豕、犬、雞也。」〔註26〕〔清〕王引之（1766～1834）《經義述聞》云：「此六牲與〈牧人〉不同。〈牧人〉之六牲，謂馬、牛、羊、豕、犬、雞；此六牲則牛、羊、豕、犬、鴈、魚也。

月，影印清嘉慶20年江西南昌府學重刊宋本《爾雅注疏》本），卷2，頁26。
〔註17〕見《說文解字注》，5篇下，頁223。
〔註18〕見《毛詩正義》，卷14之1，頁466。
〔註19〕見《毛詩正義》，卷17之3，頁617。
〔註20〕〔宋〕朱熹：《詩集傳》（臺北：臺灣中華書局，1973年3月），卷17，頁196。
〔註21〕見《毛詩正義》，卷11之2，頁389。
〔註22〕見《說文解字注》，5篇下，頁221～222。
〔註23〕〔晉〕杜預注、〔唐〕孔穎達疏：《春秋左傳正義》（臺北：藝文印書館，1997年8月，影印清嘉慶20年江西南昌府學重刊宋本《左傳注疏》本），卷22，頁383。
〔註24〕見《周禮注疏》，卷4，頁57。
〔註25〕《周禮・天官・庖人》云：「掌共六畜、六獸、六禽，辨其名物。」鄭注云：「六畜，六牲也。始養之曰畜，將用之曰牲。《春秋傳》曰：卜日曰牲。」見《周禮注疏》，卷4，頁59。
〔註26〕《周禮・地官・牧人》注和《周禮・天官・膳夫》注相同，均指馬、牛、羊、豕、犬、雞。見《周禮注疏》，卷13，頁195。

蓋〈膳夫〉之食、飲、膳、羞，與〈食醫〉之六食、六飲、六膳、百羞相應。」
〔註27〕《周禮・地官・牧人》所掌的六牲，主供祭祀之牲牷；《周禮・天官・
食醫》所掌的六膳，主供飲食膳羞之用。經籍所見之鴈，有時指鵝，用作摯
禮，屬畜養之家禽。魚牲之用，見昏禮、鄉飲酒禮、燕禮、饋食禮、宗廟時
享禮等祭祀、燕饗場合。〔註28〕常見的膳食，應當包括牛、羊、豕、犬、鴈、
魚，以及可作為腊肉的兔或田獸。

　　牛、羊是《詩經》中最常見的祭祀用牲，〈周頌・絲衣〉詩云：「自堂徂
基，自羊徂牛。鼐鼎及鼒。」〔註29〕〈周頌・我將〉詩云：「我將我享，維羊
維牛，維其天右之。」〔註30〕牛、羊、豕三牲，謂之太牢；二牲曰少牢，一
牲曰特。而常見鼎實除牛、羊、豕外，亦包括魚、兔、腊、膚。《儀禮・少牢
饋食禮》言陳設云：「羹定。雍人陳鼎五。三鼎在羊鑊之西，二鼎在豕鑊之西。」
鄭注云：「魚、腊從羊，膚從豕，統於牲。」〔註31〕諸侯之卿大夫祭祀有五鼎，
鼎實為羊、豕、魚、腊、膚，士之祭祀有三鼎，鼎實為豚、魚、兔。盛放膳
食的器具為鼎俎，〔清〕包世榮《毛詩禮徵》釋鼎俎之實云：「一鼎者，特豚
無配；三鼎者，豚、魚、腊；五鼎者，羊、豕、魚、腊、膚；七鼎者，牛、
羊、豕、魚、腊、腸、胃、膚，腸、胃同鼎。九鼎者，牛、羊、豕、魚、腊、
腸、胃、膚、鮮魚、鮮腊；十鼎者，正鼎七，陪鼎三，膷、臐、膮；十二鼎
者，正鼎九，陪鼎三。」〔註32〕牲體、腸、胃、肺、心、舌、肝、膚及魚、
腊均烹於鑊，升於鼎，載於俎。

　　用牲時須肆解牲肉，用牲時割裂牲體骨肉稱肆解，將牲體分成七體稱豚
解，將牲體分成二十一體稱體解。〔註33〕肆解牲體兩分之後，牲右體稱右胖，
左體稱左胖。牲體兩分之後，再肆解則為豚解，豚解將牲體分為七體：左肱、

〔註27〕〔清〕王引之：《經義述聞》（臺北：臺灣中華書局，1977 年 8 月），卷 8，頁
　　　　9 上。
〔註28〕魚牲之用，見〈大司馬〉、〈校人〉、〈漁人〉、〈士昏禮〉、〈聘禮〉、〈鄉飲酒禮〉、
　　　　〈燕禮〉、〈公食大夫禮〉、〈士喪禮〉、〈既夕禮〉、〈士虞禮〉、〈特牲饋食禮〉、〈少
　　　　牢饋食禮〉、〈有司徹〉、〈曲禮〉、〈王制〉、〈月令〉、〈喪大記〉、〈昏義〉諸篇。
〔註29〕見《毛詩正義》，卷 19 之 4，頁 751。
〔註30〕見《毛詩正義》，卷 19 之 2，頁 717。
〔註31〕見《儀禮注疏》，卷 47，頁 560。
〔註32〕〔清〕包世榮：《毛詩禮徵》（臺北：力行書局，1970 年 6 月，光緒丁亥木犀
　　　　軒叢本書），卷 10，頁 629。
〔註33〕〔清〕凌廷堪著、彭林點校：《禮經釋例》（臺北：中央研究院中國文哲研究
　　　　所，2002 年 12 月），卷 5，頁 273～276。

左脅、左股、右肱、右脅、右股、脊。將七體又一分為三,則謂之體解,體解將牲體分為二十一體。骨體盛裝於器皿,皆有一定之擺放方式,腸、胃、肺、心、舌、肝、膚等也有一定之擺法。〈小雅‧楚茨〉詩云:「絜爾牛羊,以往烝嘗,或剝或亨,或肆或將。」鄭箋云:「祭祀之禮,各有其事。有解剝其皮者,有煮熟之者,有肆其骨體於俎者,或奉持而進之者。」〔註34〕即寫肆解牲肉之事,詩又提及祭祀者準備祭物之情景云:「執爨踖踖,為俎孔碩,或燔或炙。」鄭箋云:「燔,燔肉也。炙,肝炙也。皆從獻之俎也。」〔註35〕肝炙和燔肉亦為俎實。

筵席間常見膳牲則有羊、豕,為飼養的牲畜。如〈豳風‧七月〉詩云:「日殺羔羊。」毛傳云:「饗者,鄉人以狗,大夫加以羔羊。」〔註36〕羔為俎實。〈小雅‧伐木〉詩云:「既有肥羜,以速諸父。」「既有肥牡,以速諸舅。」〔註37〕〈大雅‧公劉〉詩云:「執豕於牢,酌之用匏。」〔註38〕按《國語‧周語》云:「禘郊之事,則有全烝;王公立飫,則有房烝;親戚饗宴,則有殽烝。」韋注云:「全烝,全其牲體而升之。房,大俎也。謂半解其體升之房也。殽烝,升體解節折之俎也。」〔註39〕羊、豕亦當經過體解而後升於俎,以供人食用。

(三)薦 羞

《周禮‧天官‧籩人》云:「凡祭祀,共其籩薦羞之實。喪事及賓客之事,共其薦籩羞籩。」鄭注云:「薦、羞,皆進也。未食未飲曰薦,既食既飲曰羞。」〔註40〕薦羞品類最多,出現於貴族祭祀、宴客宴會等場合。據《周禮‧天官‧膳夫》所掌王之食飲膳羞,「羞用百二十品」,鄭注云:「羞出於牲及禽獸,以備滋味,謂之庶羞。〈公食大夫禮〉、〈內則〉下大夫十六,上大夫二十,其物數備焉。天子諸侯有其數,而物未得盡聞。」〔註41〕《禮記‧內則》所舉上大夫之禮二十豆,正式宴席除「飯食六穀」之外,還有「膷、臐、膮、牛炙、醢、牛胾、醢、牛膾、羊炙、羊胾、醢、豕炙、醢、豕胾、芥醬、魚膾、雉、

〔註34〕見《毛詩正義》,卷13之2,頁455。
〔註35〕見《毛詩正義》,卷13之2,頁456。
〔註36〕見《毛詩正義》,卷8之1,頁286。
〔註37〕見《毛詩正義》,卷9之3,頁328。
〔註38〕見《毛詩正義》,卷17之3,頁619。
〔註39〕〔吳〕韋昭注:《國語》(臺北:漢京文化公司,1983年12月),卷2,頁62。
〔註40〕見《周禮注疏》,卷5,頁83~84。
〔註41〕見《周禮注疏》,卷4,頁57。

兔、鶉、鷃」，羞則有「糗、餌、粉、酏」，包含牲畜及禽獸、果窳之屬，品類豐富，種類繁多，通常指籩豆之實。

籩主要盛裝乾果、脯脩、糗餌等乾物，亦用以盛形鹽。據《周禮》載籩人職掌四籩之實：「朝事之籩，其實麷，蕡，白，黑，形鹽，膴，鮑魚，鱐。饋食之籩，其實棗，栗，桃，乾䕩，榛實。加籩之實，菱，芡，栗，脯。羞籩之實，糗餌，粉餈。」〔註42〕四籩為祭祀時分四次進獻之籩，包括朝事之籩、饋食之籩、加籩和羞籩。其中乾果類包括棗、栗、桃、乾梅、榛實、菱角、芡實；脯脩類包括魚類、肉類加工製品，有脯、膴、鮑和鱐等；糗餌類包括麷、蕡、白、黑、糗餌、粉餈，即熬麥、熬麻實、熬稻米、熬黍米，以及用稻米、黍米所製成的糕餅。

豆主要盛裝菹醢濡物和醢實、糝食。《周禮》載醢人職掌四豆之實：「朝事之豆，其實韭菹，醓醢，昌本，麋臡，菁菹，鹿臡，茆菹，麇臡。饋食之豆，其實葵菹，蠃醢，脾析，蠯醢，蜃，蚳醢，豚拍，魚醢。加豆之實，芹菹，兔醢，深蒲，醓醢，箈菹，鴈醢，筍菹，魚醢。羞豆之實，酏食糝食。」〔註43〕四豆為朝事之豆、饋食之豆、加豆和羞豆，包括有「五齊、七醢、七菹、三臡」等。據鄭注云：「齊當為齏。五齏，昌本、脾析、蜃、豚拍、深蒲也。七醢，醓、蠃、蠯、蚳、魚、兔、鴈醢。七菹，韭、菁、茆、葵、芹、箈、筍菹。三臡，麋、鹿、麇臡也。凡醢醬所和，細切為齏，全物若牒肉為菹。」〔註44〕

醃製食物方面，脾析為碎切的牛胃，亦稱百葉，蜃為大蛤，豚拍為豚脅；水生植物有茆、葵、芹、昌蒲根、深蒲，陸生植蔬有韭、菁、茆、葵、箈、筍等，細切稱為齏，薄切稱為菹，齏較菹細。肉醬的材料則有田螺、蛤蚌、蟻卵、魚、兔、鴈、麋、鹿、麇等，又有用魚子所作的醬，即《禮記‧內則》所云：「濡魚，卵醬實蓼。」〔註45〕卵醬即魚子醬。無骨的肉醬稱為醢，帶骨的肉醬稱為臡，水產品、獸類、禽類皆可入味。

據《儀禮‧公食大夫禮》記加饌之豆有牛、羊、豕炙各一豆，牛、羊、豕胾各一豆，牛脀、羊臐、豕膮、牛鮨、魚膾各一豆，是豆又可盛裝脀、臐、

〔註42〕見《周禮注疏》，卷5，頁82～84。
〔註43〕見《周禮注疏》，卷6，頁89～90。
〔註44〕見《周禮注疏》，卷6，頁89～90。
〔註45〕見《禮記注疏》，卷27，頁523。

膮、炙、胾、膾、鮨等肉食。鄭注云：「臐、膮，今時臛也。牛曰臐，羊曰臐，豕曰膮，皆香美之名也。」〔註46〕肉有汁曰羹，羹中無菜曰臛，臛爲肉羹，臐爲牛肉羹，臐爲羊肉羹，膮爲豕肉羹，其質較乾，以豆盛之。炙爲烤肉，亦稱燔。胾爲大塊肉，亦稱臠。膾爲細切肉，膾之最細者爲鮨。此外，《周禮・天官・膳夫》有「珍用八物」文，〔註47〕八珍亦盛於豆。《禮記・內則》記八珍之饌爲淳熬、淳母、炮牂、炮豚、擣珍、漬、熬、肝膋，〔註48〕此爲當時高級美食。

《詩經》「籩豆」一詞出現七詩之中，大致說來，籩豆包含乾果類、乾肉類、菹醢類，以及羹、炙、膾等料理。〈大雅・既醉〉詩云：「其告維何？籩豆靜嘉。」毛傳云：「恆豆之菹，水草之和也。其醢，陸產之物也。加豆，陸產也。其醢，水物也。籩豆之薦，水土之品也。不敢用常藝味而貴多品，所以交於神明者，言道之偏至也。」〔註49〕籩豆之薦，爲祭祀的物品，亦爲燕賓的珍羞。

〈小雅・常棣〉詩云：「儐爾籩豆，飲酒之飫。」〔註50〕〈小雅・賓之初筵〉詩云：「籩豆有楚，殽核維旅。」毛傳云：「殽，豆實也。核，加籩也。」鄭箋云：「豆實，菹醢也。籩實，有桃梅之屬。」〔註51〕殽核爲籩豆之實，指菹醢、乾果之類。《禮記・曲禮上》云：「凡進食之禮，左殽右胾，食居人之左，羹居人之右。」鄭注云：「殽，骨體也。胾，切肉也。」〔註52〕謂肉帶骨爲殽，切肉爲胾，亦爲豆實。

〈大雅・鳧鷖〉詩云：「爾酒既湑，爾殽伊脯。」又云：「旨酒欣欣，燔炙芬芬。」〔註53〕寫薦旨美之酒、肉脯之殽和燔炙之羞。脯、腊皆爲乾肉，全而乾之曰腊，以俎盛之；析而乾之曰脯，以籩盛之。燔炙爲燒烤，〈小雅・瓠葉〉毛傳云：「加火曰燔。」「炕火曰炙。」〔註54〕〈小雅・楚茨〉鄭箋云：「燔，燔肉也。炙，肝炙也。」〔註55〕燔肉以豆盛之，肝炙則以俎盛之。

〔註46〕見《儀禮注疏》，卷25，頁305。
〔註47〕見《周禮注疏》，卷4，頁57。
〔註48〕見《禮記注疏》，卷28，頁532。
〔註49〕見《毛詩正義》，卷17之2，頁605。
〔註50〕見《毛詩正義》，卷9之2，頁322。
〔註51〕見《毛詩正義》，卷14之3，頁490。
〔註52〕見《禮記注疏》，卷2，頁39。
〔註53〕見《毛詩正義》，卷17之2，頁608、609。
〔註54〕見《毛詩正義》，卷15之3，頁522、523。
〔註55〕見《毛詩正義》，卷13之2，頁456。

　　〈大雅・行葦〉詩云：「醓醢以薦，或燔或炙。嘉殽脾臄，或歌或咢。」
毛傳云：「以肉曰醓醢。」鄭箋云：「薦之禮韭菹則醓醢也。燔用肉，炙用肝。」
〔註56〕朱傳云：「醓，醢之多汁者也。」〔註57〕以肉作醬曰醢，醓為肉汁，醓
醢謂多汁的肉醬。脾為脾析，即牛百葉，〔清〕陳奐（1786～1863）《詩毛氏
傳疏》云：「胃薄如葉，碎切之，謂之脾。」〔註58〕毛傳訓臄為函，細分則口
上曰臄，口下曰函，臄函皆指口邊之肉。〔註59〕將脾臄細切為齏，以豆盛之，
作為嘉殽。

　　〈大雅・韓奕〉詩云：「其蔌維何？維筍及蒲。」毛傳云：「蔌，菜殽也。
筍，竹也。蒲，蒲蒻也。」〔註60〕豆實所盛有筍菹、有深蒲，屬菹齏類食品，
古代的蔬菜食用方式，常做成菹齏和菜羹。如〈小雅・信南山〉詩云：「疆場
有瓜，是剝是菹。」毛傳云：「剝瓜為菹也。」〔註61〕〈小雅・瓠葉〉詩云：
「幡幡瓠葉，采之亨之。」鄭箋云：「熟瓠葉者，以為飲酒之菹也。」〔註62〕
〈小雅・采菽〉詩云：「觱沸檻泉，言采其芹。」鄭箋云：「芹，菜也，可以
為菹。亦所用待君子也。」〔註63〕皆菹齏之例也。

　　〈小雅・六月〉詩云：「飲御諸友，炰鱉膾鯉。」〔註64〕〈大雅・韓奕〉
詩云：「其殽維何？炰鱉鮮魚。」鄭箋云：「鮮魚，中膾者也。」孔疏云：「新
殺謂之鮮，魚餒則不任為膾，故云鮮魚中膾者。」〔註65〕膾鯉為宴飲盛饌，
特注重選料、刀工、調味。〈內則〉記上大夫之禮，庶羞二十豆中有魚膾，魚
膾正為宴享的珍美嘉殽。〈六月〉、〈韓奕〉二詩中出現另一水產嘉殽為「炰鱉」，
鄭箋云：「炰鱉，以火熟之也。」孔疏云：「以火熟之，謂蒸煮之也。」〔註66〕

〔註56〕見《毛詩正義》，卷17之2，頁601。
〔註57〕見〔宋〕朱熹：《詩集傳》，卷17，頁193。
〔註58〕〔清〕陳奐：《詩毛氏傳疏》（臺北：藝文印書館，1986年6月，《續經解毛詩
　　　　類彙編》本），第1冊，卷24，頁874。
〔註59〕馬瑞辰云：「臄與函對文則異，散文則通，故毛傳訓臄為臄函。」見〔清〕馬
　　　　瑞辰：《毛詩傳箋通釋》（臺北：藝文印書館，1986年6月，《續經解毛詩類彙
　　　　編》本），第2冊，卷25，頁1506。
〔註60〕見《毛詩正義》，卷18之4，頁681。
〔註61〕見《毛詩正義》，卷13之2，頁461。
〔註62〕見《毛詩正義》，卷15之3，頁522。
〔註63〕見《毛詩正義》，卷15之1，頁500。
〔註64〕見《毛詩正義》，卷10之2，頁360。
〔註65〕見《毛詩正義》，卷18之4，頁681。
〔註66〕見《毛詩正義》，卷18之4，頁681、682。

從《左傳》鄭公子宋食指大動、「染指於鼎」〔註67〕之事來看，鱉肉於烹煮器中煮熟後，即盛置於鼎內，以供食用。

〈魯頌・閟宮〉詩云：「毛炰胾羹。」毛傳云：「胾，肉也。羹，大羹、鉶羹也。」〔註68〕〈天官・亨人〉云：「祭祀共大羹、鉶羹。賓客亦如之。」鄭注云：「大羹，肉湆。鄭司農云：『大羹，不致五味也。鉶羹，加鹽菜矣。』」〔註69〕羹有大羹、鉶羹，大羹是肉汁不調鹽菜及五味，鉶羹是肉汁加鹽菜及調五味。〈商頌・烈祖〉詩云：「亦有和羹，既戒既平。」鄭箋云：「和羹者，五味調、腥熟得節。」〔註70〕朱傳云：「《儀禮》於祭祀、燕享之始，每言『羹定』，蓋以羹熟為節，然後行禮，定即戒平之謂也。」〔註71〕和羹，指五味調和之羹，以鉶盛之，又稱鉶羹。

二、盛食之器

（一）飯食盛裝之器

1、簋形器

《詩經》中所見飯食盛裝之器，主要是簋形器，以及便於運送的筐、筥等。《詩經》「簋」器凡三見，乃盛裝飯食的粢盛器。〈小雅・大東〉詩云：「有饛簋飧，有捄棘匕。」毛傳云：「飧，熟食，謂黍稷也。」〔註72〕〈秦風・權輿〉詩云：「於我乎每食四簋，今也每食不飽。」毛傳云：「四簋，黍稷稻粱。」〔註73〕依照禮制，天子八簋，諸侯六簋，大夫四簋。盛黍稷常用簋或敦，盛稻粱常用簠，簠、簋、敦都是粢盛器。〈小雅・伐木〉毛傳云：「圓曰簋。天子八簋。」〔註74〕《周禮・地官・舍人》「凡祭祀，共簠簋」鄭注云：「方曰簠，圓曰簋。盛黍稷稻粱器。」〔註75〕許慎則以為「簋，黍稷圓器也。」「簠，黍稷方器也。」〔註76〕鄭、許注解不同，師傳各異。據毛傳之說，簋形器圓者曰簋，方者曰簠。

〔註67〕見《春秋左傳正義》，卷21，頁368～369。
〔註68〕見《毛詩正義》，卷20之2，頁778。
〔註69〕見《周禮注疏》，卷4，頁63。
〔註70〕見《毛詩正義》，卷20之3，頁791。
〔註71〕見〔宋〕朱熹：《詩集傳》，卷20，頁244。
〔註72〕見《毛詩正義》，卷13之1，頁437。
〔註73〕見《毛詩正義》，卷6之4，頁246。
〔註74〕見《毛詩正義》，卷9之3，頁328。
〔註75〕見《周禮注疏》，卷16，頁252。
〔註76〕見《說文解字注》，5篇上，頁195、196。

簋的基本器形爲圓腹、圓足。簠的基本器形爲斜角方形器腹，下有圈足。

，甲骨文作　　（《殷虛書契》一・三五・六），金文作　　（叔向父簋），字原象器形作　　（《鐵雲藏龜》三八・三），《說文》云：「皀，穀之馨香也。象嘉穀在裹中之形。匕，所以扱之。」〔註77〕後又加　　，象手持勺於簋中取食之形，小篆始於原字加竹加皿爲意符作　　。〔註78〕簋之爲用，主要在盛放黍稷，天子至庶人各層級皆可用。二里岡時期文化遺址發現有多量陶簋殘片，故宮博物院所藏文簋，腹內有顆粒狀殘痕，應是盛放穀類所留的痕跡。證之金文，自名的「　　」字上常有「饋」字以形容其器用。〔註79〕圖 2-1-1 爲商代晚期執簋，侈口，束頸，雙耳，耳下沒有垂珥。器腹略爲鼓出，有矮圈足。〔註80〕圖 2-1-2 爲西周中期散車父簋，兩耳作獸首形，有珥，圈足下有三個小足。蓋上和器心有銘文三行，上有饋　字。〔註81〕圖 2-1-3 爲懿王時代癲簋，獸首耳，有珥，圓腹外鼓，圈足下有方座，座四面各有六個小方孔。〔註82〕

圖 2-1：簋圖

| 2-1-1 執簋 | 2-1-2 散車父簋 | 2-1-3 癲簋 |

西周中期新出現的簋形器還有盨，器內銘文自名爲盨，也有自稱爲簋。如叔專父盨銘文稱「作鄭季寶鐘六，金尊盨四，鼎七」，說明四盨和七鼎組合

〔註77〕見《說文解字注》，5 篇下，頁 219。
〔註78〕高鴻縉：《中國字例》（臺北：三民書局，1992 年 10 月），頁 156。
〔註79〕陳芳妹：〈商周青銅簋形器研究〉，國立故宮博物院編輯委員會編：《商周青銅粢盛器特藏圖錄》（臺北：國立故宮博物院，1985 年 3 月），頁 19。
〔註80〕馬承源：《青銅禮器》（臺北：幼獅文化事業公司，1996 年 3 月），頁 66，圖 60。
〔註81〕史言：〈扶風庄白大隊出土的一批西周銅器〉，《文物》1972 年第 6 期，頁 34，圖 4。
〔註82〕陝西周原考古隊：〈陝西扶風庄白一號西周青銅器窖藏發掘簡報〉，《文物》1978 年第 3 期，頁 15，圖版陸，圖 3。

使用，其作用和簋相同，也可說盨是方簋的專名。〔註83〕盨爲長方形圓角器腹，由簋的形狀變化而來，容器較深，下有圈足，上有蓋，蓋上有四個突起物，翻過來就成爲一件具有四足的長方形飯盤，兩側有附耳可執，蓋與器渾然成一體。另外還有自名爲匡的出土器物，匡器與載籍所言的簋實爲一器，係斗狀方形器，腹下有圈足的器皿。〔註84〕

圖2-2-1爲西周中期叔倉父盨，長方形圓角器，蓋上有四個突起物，兩側有附耳，圈足下更延展出四段小足。〔註85〕圖2-2-2爲西周晚期白公父簠，長方形，四壁斜直，底有圈足，器、蓋形狀相同，兩側都有半環狀耳，上下形體完全對稱。銘文說簠作用爲「用盛 稻糯粱」。〔註86〕圖2-2-3爲戰國時代陳侯午敦，器形圓成球狀，器與蓋各爲半圓，合成球形，蓋上有耳，可以反立當足。〔註87〕

圖2-2：簠、敦圖

| 2-2-1 叔倉父盨 | 2-2-2 白公父簠 | 2-2-3 陳侯午敦 |

2、筐、筥

〈周頌・良耜〉所云用以盛黍飯的筐、筥，是常見的盛裝竹器。筐器的用途廣泛，就詩文所見，如〈召南・采蘋〉所述可用以盛蘋、藻，〈小雅・采菽〉所述可用以盛菽藿，〈豳風・七月〉之懿筐可用以盛桑葉，〈小雅・鹿鳴〉之筐可用以盛幣帛，或如〈小雅・伐木〉毛傳所言可用筐漉酒，其功能之多，

〔註83〕見史言：〈扶風庄白大隊出土的一批西周銅器〉，頁119。

〔註84〕周聰俊：〈文獻與考古資料所見匡器考辨〉，《慶祝周一田先生七秩誕辰論文集》（臺北：萬卷樓圖書公司，2001年3月），頁76。有關簠的形制問題，本文主要參考周聰俊：〈簠簋爲黍稷圓器說質疑〉，《大陸雜誌》第100卷第3期（2000年3月），頁5～14。

〔註85〕上海博物館：《認識古代青銅器》（臺北：藝術家出版社，1995年8月），頁135，圖43。

〔註86〕見陳芳妹：〈商周青銅簋形器研究〉，頁74，圖89。

〔註87〕見陳芳妹：〈商周青銅簋形器研究〉，頁76，圖95。

實爲古人生活不可或缺的器物。〈召南・采蘋〉毛傳云:「方曰筐,圓曰筥。」
〔註88〕《說文》云:「匡,飯器也。筥也。筐,或从竹。」〔註89〕筐、筥屬竹
器,方底曰筐,圓底曰筥,一是盛物的方形竹器,一是盛物的圓形竹器。其
形大致如圖 2-3 所示:〔註90〕

圖 2-3:筐、筥圖

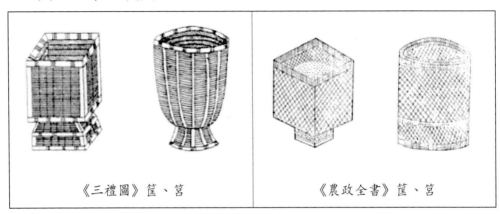

| 《三禮圖》筐、筥 | 《農政全書》筐、筥 |

　　筐、筥之用,亦用以盛黍稷稻粱。《儀禮・聘禮》云:「凡餼,大夫黍粱稷,
筐五斛」,《儀禮・公食大夫禮》云:「豆實實于鬲」、「簋實實于筐」,〔註91〕是
筐可盛糧食之證。《周禮・地官・舍人》云:「共其禮,車米筥米芻禾」,〔註92〕
《儀禮・聘禮》云:「米百筥,筥半斛,設于中庭」,〔註93〕是筥可盛糧食之證。
詩云「其饟伊黍」,所饟饟之食當爲熟食,筐、筥或用以盛煎穀,〔註94〕或用以
盛糗。〔註95〕

〔註88〕　見《毛詩正義》,卷 1 之 4,頁 52。
〔註89〕　見《說文解字注》,12 篇下,頁 642。
〔註90〕　〔宋〕聶崇義:《三禮圖》(臺北:臺灣商務印書館,1983 年,影印文淵閣《四
　　　　　庫全書》本),第 129 冊,卷 12,頁 174。〔明〕徐光啓著、石漢聲校注:《農
　　　　　政全書校注》(臺北:明文書局,1981 年),頁 602。
〔註91〕　見《儀禮注疏》,卷 24,頁 190;卷 26,頁 312。
〔註92〕　見《周禮注疏》,卷 16,頁 252。
〔註93〕　見《儀禮注疏》,卷 22,頁 261。
〔註94〕　《禮記・喪大記》云:「熬,君四種八筐,大夫三種六筐,士二種四筐,加魚
　　　　　腊焉。」鄭注云:「熬者,煎穀也。……大夫三種,加以粱。君四種,加以稻。
　　　　　四筐則手足皆一,其餘設於左右。」見《禮記注疏》,卷 45,頁 787。
〔註95〕　《國語・楚語下》云:「昔鬬子文三舍令尹,無一日之積,恤民之故也。成王
　　　　　聞子文之朝不及夕也,於是乎每朝設脯一束,糗一筐,以羞子文。」韋注云:
　　　　　「糗,寒粥也。」見《國語》,卷 18,頁 573。

（二）膳牲盛裝之器

1、鼎形器

鼎是烹煮牲盛、盛放肉食的飪食器，是青銅禮器中的主要器物。新石器時代即已廣泛使用陶鼎，新石器時代陶鼎的基本形制為侈口深腹，有扁足，多無耳。殷周時代青銅鼎在陶鼎基礎上發展而成，器物的基本特徵為三足，好立，深腹似罐，腹體下可用火加溫。在加厚的器口沿上或器壁附立兩個環耳，環孔較大，可以木橫貫鼎耳而舉之。舉鼎之具稱為鼏，又稱為鉉。〔註96〕商周時期出現獸面紋裝飾，表示其整個造型已顧及到實用和美化角度。最初陶器作成圓形要比矩形容易，三支腳的形式有助於平衡，也比四支腳有容納更多柴火的空間，〔註97〕這代表從燒烤的直接燒煮法進入到間接燒煮法的歷程。蕭兵指出「從日常使用的炊器可看出一個『文化群體』最重要的『物質性』特徵」，鼎、鬲一類「三足器」的發明，是中國人的特殊創造，應該是為了便於放置，並且升火、炊煮。〔註98〕蕭兵並參考徐嘉瑞《大理古代文化史稿》所記羌族的白雲石信仰和火塘崇拜，指出「這三點式的支撐物是很了不起的發明，所以曾被初民視為神聖或靈物」，「這跟後來『鼎』成為『神器』，成為社稷國家的象徵很有關係。誰都不能亂說亂問鼎的形制、組合和數量，『問鼎』就是覬覦最高權力，都源於這種器物和『火塘』之崇拜。」〔註99〕

鼎，甲骨文作 （《殷虛書契後編》上·六·四）、 （《殷虛書契》五·三·四），金文作 （父己鼎）、 （史獸鼎），象有耳有足之器物形。《易·鼎》象曰：「鼎，象也。以木巽火，亨飪也。」〔註100〕巽木於下者為鼎，象析木以炊。《說文》云：「鼎，三足兩耳，和五味之寶器也。」〔註101〕《中國字例》云：「按鼎字初形象刺蚌之殼。古人或原用刺蚌殼作食器。久之而以土器、陶器仿製之。又久之而以銅器仿製之。遂兼烹器、食器之用。」〔註102〕鼎之為器有二義，一

〔註96〕見《說文解字注》，7篇上，頁322。《易》謂之鉉，《禮》謂之鼏。

〔註97〕許進雄：《中國古代社會：文字與人類學的透視》（臺北：臺灣商務印書館，1995年2月），頁243。

〔註98〕蕭兵：《楚文化與美學》（臺北：文津出版社，1990年1月），頁10。

〔註99〕見蕭兵：《楚文化與美學》，頁12。

〔註100〕〔魏〕王弼、〔晉〕韓康伯注、〔唐〕孔穎達疏：《周易正義》（臺北：藝文印書館，1997年8月，影印清嘉慶20年江西南昌府學重刊宋本《周易注疏》本），卷5，頁112～113。

〔註101〕見《說文解字注》，7篇上，頁322。

〔註102〕見高鴻縉：《中國字例》，頁152。

有烹飪之用，化生爲熟；二有物象之法，代表古代統治者用以象徵權力的象器。若從文化符號的角度來看，生與熟正象徵著自然與文化。〔註103〕

〈周頌・絲衣〉所云烹煮器具有鼎、鼐、鼒，鼎爲烹煮器具的共名，而鼐、鼒爲鼎屬的專名，毛傳云：「大鼎謂之鼐，小鼎謂之鼒。」〔註104〕鼐、鼒有不同形制，均爲烹煮之器。《爾雅・釋器》云：「鼎絕大，謂之鼐，圓弇上，謂之鼒。附耳外，謂之釴。款足者，謂之鬲。」〔註105〕鼎銘中有自名爲鼒之器，所謂圓弇上指鼎斂上而小口。一九七五年陝西岐山縣董家村出土的西周銅器有三件一套的列鼎，其形制立耳，蹄足，圓底，口沿平向外折，其中甲、丙兩鼎作尊鼎，乙鼎作尊鼒，係圓腹三足器。〔註106〕目前尚未發現自名爲鼐的器物，據魯說鼐爲小鼎，據《爾雅》、毛傳的說法則鼐爲大鼎，《說文解字》注云：「絕大謂函牛之鼎也。」〔註107〕鼐鼎似屬大型器物。烹牲體之器又有鑊之名，《周禮・天官・內饔》云：「王舉則陳其鼎俎，以牲體實之。」鄭注云：「鑊所以煮肉及魚腊之器。既孰乃脀于鼎。」「取於鑊以實鼎，取於鼎以實俎。實鼎曰脀，實俎曰載。」〔註108〕烹煮肉及魚腊於鑊之中，煮熟後置於鼎內，既而載於俎上，鼎同時具備盛食器的功能。

據容庚、張維持《殷周青銅器通論》食器部烹煮器門分類，鼎類分有柱足鼎屬、扁足鼎屬、尖足鼎屬、馬蹄鼎屬、四足方鼎屬。〔註109〕其器物多圓形，亦有方形，大小皆有，其用途或作烹煮器，或作盛食器。圖 2-4-1 爲史前青蓮崗文化紅陶鼎，係三足器，經過磨光，有簡單紋飾。〔註110〕圖 2-4-2 爲

〔註103〕〔法〕李維斯陀（Claude Levi-Strauss,1908～）的結構人類學試圖分析人類心靈的思考模式，其《神話學》第一卷《生食和熟食》（Mythologiques Le cru et le cuit）即以「生／熟」對立組的主題，關注飲食活動「自然」與「文化」的深層意義。參閱〔法〕李維斯陀原著、周昌忠譯：《神話學：生食和熟食》（臺北：時報文化公司，1992 年 10 月）。

〔註104〕見《毛詩正義》，卷19之4，頁751。

〔註105〕見《爾雅注疏》，卷5，頁79。

〔註106〕岐山縣文化館等：〈陝西省岐山縣董家村西周銅器窖穴發掘簡報〉，《文物》1976年第 5 期，見陳溫菊：《詩經器物考釋》（臺北：文津出版社，2001 年 8 月），頁 30。

〔註107〕見《說文解字注》，7 篇上，頁 322。

〔註108〕見《周禮注疏》，卷 4，頁 62。

〔註109〕容庚、張維持：《殷周青銅器通論》（臺北：康橋出版公司，1986 年 5 月），頁 25。

〔註110〕譚旦冏：《中國陶瓷》（臺北：光復書局，1986 年 12 月），頁 152，插圖 21。

西周中期散伯車父鼎，兩耳三足，耳立在口沿上，口沿下飾夔紋，鼎足上部比較粗大，飾有獸頭，中段收束，足端放大成所謂獸蹄形。〔註111〕圖 2-4-3 為商晚期宁方鼎，兩耳四足，耳立在口沿上，形體近乎正方，腹身有獸面紋，鼎足較為細長。〔註112〕

圖 2-4：鼎圖

| 2-4-1 陶鼎 | 2-4-2 散伯車父鼎 | 2-4-3 宁方鼎 |

2、匕、俎

〈小雅・大東〉毛傳云：「匕，所以載鼎實。」孔疏云：「鼎實，煮肉也。煮肉必實之於鼎，必載之者，以古之祭祀享食，必體解，其肉之胖既大，故須以匕載之。載謂出之於鼎，升之於俎也。〈雜記〉亦言『匕所以載牲體』，牲體即鼎實也。」〔註113〕《易・震》云：「不喪匕鬯。」注云：「匕，所以載鼎實。」孔疏云：「祭祀之禮，先烹牢於鑊，既納諸鼎，而加冪焉，將薦乃舉冪而以匕出之，升于俎上，故曰：匕所以載鼎實也。」〔註114〕《儀禮・士昏禮》云：「匕俎從設。」鄭注云：「匕，所以別出牲體也。俎，所以載也。」〔註115〕鼎為盛牲體之器，而從鼎出牲體、載鼎實之器稱為匕，也就是挹取食物之匙，匕常和鼎、鬲、簋之器共出。〔註116〕

〔註111〕見史言：〈扶風庄白大隊出土的一批西周銅器〉，頁 34，圖 11。
〔註112〕陳夢家：《海外中國銅器圖錄》（臺北：台聯國風出版社，1946 年），頁 1。
〔註113〕見《毛詩正義》，卷 13 之 1，頁 286。
〔註114〕見《周易正義》，卷 5，頁 114。
〔註115〕見《儀禮注疏》，卷 5，頁 51。
〔註116〕如殷墟五號墓出土的一件玉簋內，就放有銅匕一、骨勺二。陝西永壽出土的西周枼父匕，發現時原在鼎內。安徽壽縣蔡侯墓出土的八件鬲內，出土時內各有一匕。參閱杜迺松：〈青銅匕、勺、斗考辨〉，《文物》1991 年第 3 期，頁 62。

　　三禮所記，周代的匕有飯匕、挑匕、牲匕、疏匕等種類，材料多用骨、角、木。王仁湘〈中國古代進食具匕箸叉研究〉云：匕，新石器時代晚期，出土非金屬的匕，以獸骨為主要製作材料，其形狀主要有匕形和勺形兩種。匕形一般呈長條形，末端有比較薄的邊口，勺形明顯分為勺和柄兩個部分，其中以匕形出土較多。圖 2-5-1 為王仁湘所整理之「商代至戰國的食匕」圖：〔註117〕

圖 2-5-1：商代至戰國的食匕

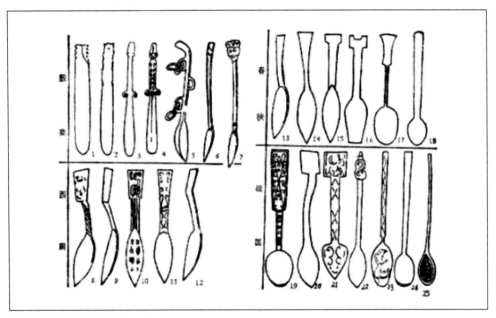

　　匕亦古人取飯之具，《儀禮‧少牢饋食禮》云：「廩人概甑甗匕與敦于廩爨。」鄭注云：「匕，所以匕黍稷者也。」〔註118〕《說文》云：「匙，匕也。」又云：「匕亦所以用比取飯。一名柶。」段注云：「比當作匕。漢人曰匕黍稷，匕牲體，凡用匕曰匕也。匕即今之飯匙也。〈少牢饋食禮〉注所謂飯橾也。」〔註119〕另有一種匕稱為柶，是匕類的一種，專用來扱羹或扱醴。《儀禮‧有司徹》有「以羊鉶之柶，挹羊鉶，遂以挹豕鉶」文，柶即用以扱羹，《儀禮‧士昏禮》載「贊者酌醴，加角柶，面葉出于房」，〔註120〕柶即用以扱醴。圖 2-5-2

〔註117〕王仁湘：〈中國古代進食具匕箸叉研究〉，《考古學報》1990 年第 3 期，頁 267、272。
〔註118〕見《儀禮注疏》，卷 47，頁 560。
〔註119〕見《說文解字注》，8 篇上，頁 389。
〔註120〕見《儀禮注疏》，卷 49，頁 586；卷 4，頁 41。

爲曾侯乙墓出土青銅匕，與鼎並出。大鼎是用以調理食物，附有鼎鉤，長柄匕用以盛食。長柄匕柄身細長，柄身爲長圓狀；短匕柄身扁平，匕首橢圓而尖。〔註121〕

圖 2-5-2：匕圖

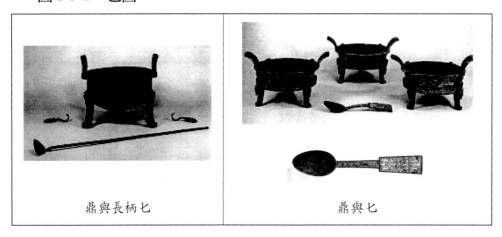

鼎與長柄匕　　　　　　　　　鼎與匕

　　出牲體之器稱爲匕，載牲體之器稱爲俎，亦稱房俎、大房。《說文》云：「俎，禮俎也。从半肉在且上。」段注云：「仌爲半肉字，如酋、谷有半水字。會意字也。〈魯頌〉傳曰『大房，半體之俎也』，按半體之俎者，〈少牢禮〉『上利升羊，載右胖，下利升豕，右胖載於俎』是也，故曰禮俎。半部曰胖，半體肉也。」〔註122〕仌爲牲半體之肉，且爲祭臺，〔註123〕以半牲之肉薦於祭臺，轉爲祭祀、燕饗時載物之臺。〔註124〕

　　〈小雅・楚茨〉詩云：「執爨踖踖，爲俎孔碩，或燔或炙。」毛傳云：「爨，饔爨，廩爨也。踖踖，言爨竈有容也。燔，取膟膋。炙，炙肉也。」鄭箋云：「燔，燔肉也。炙，肝炙也。皆從獻之俎也。」〔註125〕詩文述主持廚事敬慎，而俎中之牲體甚大。俎乃祭祀、燕饗用以載牲之器，常和鼎、豆相連記載，如《周禮・天官・膳夫》云：「王日一舉，鼎十有二，物皆有俎。」〔註126〕

〔註121〕鼎與匕圖見東京國立博物館編集：《特別展曾侯乙墓》（東京都：日本經濟新聞社，1992 年），頁 104、107，圖 37、38。
〔註122〕見《說文解字注》，14 篇上，頁 723。
〔註123〕《說文》云：「且，所以薦也。」見《說文解字注》，14 篇上，頁 723。
〔註124〕王國維：〈說俎〉，《觀堂集林》（臺北：藝文印書館，1958 年 5 月），卷 3，頁 37～38。
〔註125〕見《毛詩正義》，卷 13 之 2，頁 456。
〔註126〕見《周禮注疏》，卷 4，頁 57。

《禮記‧樂記》云：「簠簋俎豆，制度文章，禮之器也。」〔註127〕俎豆之事即謂禮儀之事。〔註128〕

〈秦風‧權輿〉詩云：「夏屋渠渠」毛傳云：「夏，大也。」鄭箋云：「屋，具也。」〔註129〕夏屋即大具，指食具而言。〈魯頌‧閟宮〉詩云：「毛炰胾羹，籩豆大房。」毛傳云：「大房，半體之俎也。」鄭箋云：「大房，玉飾俎也。其制足間有橫，下有柎，似乎堂後有房然。」〔註130〕毛傳以俎實釋大房，謂半體之俎；鄭箋則以俎器釋之，謂玉飾之俎，兩者說法不同，連孔穎達也謂古制難識不可得知。〔註131〕根據楚墓出土材料來看，可得知大房確為俎的一種。〔註132〕

俎的形制有二，一是俎面有鏤孔，似砧，作為解牲之用，於解牲時盛放牲體；一是完全成平板狀，似案，作為盛肉之用，乃直接就食之器。俎可分成兩足俎屬和四足俎屬，如圖2-6-1為商代饕餮蟬紋俎，兩足微彎，上面狹長而中間微凹，器身四周飾以蟬紋，兩端飾以夔紋，為載牲體之器。〔註133〕圖2-6-2為戰國時代十字紋俎，四足無花紋，中間作十字形孔四個，用以去肉汁。〔註134〕圖2-6-3為殷商獸面紋俎，中間微凹，器身有獸面紋飾，為載牲體之器，和鼎同出。〔註135〕

〔註127〕見《禮記注疏》，卷37，頁669。

〔註128〕《論語‧衛靈公》載孔子曰：「俎豆之事，則嘗聞之矣。軍旅之事，未之學也。」見〔魏〕何晏注、〔宋〕邢昺疏：《論語注疏》（臺北：藝文印書館，1997年8月，影印清嘉慶20年江西南昌府學重刊宋本《論語注疏》本），卷15，頁137。

〔註129〕見《毛詩正義》，卷6之4，頁246。

〔註130〕見《毛詩正義》，卷20之2，頁778。

〔註131〕見《禮記‧明堂位》「俎，有虞氏以梡，夏后氏以嶡，殷以椇，周以房俎」孔疏語。見《禮記注疏》，卷31，頁583。

〔註132〕1966年望山二號楚墓出土竹簡遣冊45號簡有「一尊梡，一大房」文，1991年公布之包山楚簡遣冊266號簡亦有「一大房，一小房」文，關於大房、小房形制，詳見李家浩：〈包山二六六號簡所記木器研究〉，收錄於《著名中年語言學家自選集‧李家浩卷》（合肥：安徽教育出版社，2002年12月），頁222～257。

〔註133〕見容庚、張維持：《殷周青銅器通論》，圖版肆捌，圖93。

〔註134〕見容庚、張維持：《殷周青銅器通論》，圖版肆捌，圖94。

〔註135〕中國文明史編輯委員會：《中國文明史》（臺北：地球出版社，1991年12月），第2卷，頁878，圖255。

圖 2-6：俎圖

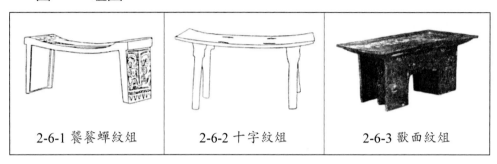

| 2-6-1 饕餮蟬紋俎 | 2-6-2 十字紋俎 | 2-6-3 獸面紋俎 |

（三）薦羞盛裝之器

《詩經》中所見薦羞盛裝之器為籩豆，《周禮・天官・籩人》鄭注云：「籩，竹器，如豆者，其容實皆四升。」〔註136〕籩以竹為之，形制如豆，豆實四升，籩亦受四升，所盛為棗栗桃梅、脯脩膴鮑，以及糗餌之屬。〈小雅・楚茨〉詩云：「君婦莫莫，為豆孔庶。」毛傳云：「豆謂肉羞、庶羞也。」〔註137〕豆主要盛裝肉食，用薦菹醢，而籩主要盛乾果肉脯之物。〈大雅・生民〉詩云：「卬盛于豆，于豆于登。」毛傳云：「木曰豆，瓦曰登。豆薦菹醢，登大羹也。」〔註138〕豆和登皆屬豆形器，細分則木曰豆，以薦菹醢；瓦曰登，以薦大羹。大羹，指不調五味之羹，又稱大羹湆。《儀禮・公食大夫禮》云：「大羹湆不和，實於登。宰右執鐙，左執蓋。」〔註139〕大羹湆是不以鹽菜調和的羹，以瓦器盛之，登則為盛大羹之器。

豆，金文作　（豆閉簋），象器物之形，扁圓形，上有蓋，下有足，如圖2-7。《禮記・祭統》云：「夫人薦豆執校，執醴授之執鐙。」鄭注云：「校，豆中央直者也。……鐙，豆下跗也。」〔註140〕豆器腹下直立的足謂之校，足下的跗謂之鐙。豆和皿最大不同，在於豆有蓋，皿有耳。《爾雅・釋器》云：「木豆，謂之豆。竹豆，謂之籩。瓦豆，謂之登。」〔註141〕豆、籩、登皆為豆形器，屬圈足器，半圓形器體，但製作材料不同，或木製、或竹製、或陶製，對文則木曰豆、竹曰籩、瓦曰登，散則皆稱之豆形器，而依其器物特性來盛

〔註136〕見《周禮注疏》，卷5，頁82。
〔註137〕見《毛詩正義》，卷13之2，頁456。
〔註138〕見《毛詩正義》，卷17之1，頁596。
〔註139〕見《儀禮注疏》，卷25，頁303。
〔註140〕見《禮記注疏》，卷49，頁836。
〔註141〕見《爾雅注疏》，卷5，頁75。

裝或保存食物。據考古發掘，殷代出土的豆器，其材質以陶質應用較爲廣泛，木質次之，青銅豆器則自西周開始流行，但爲數遠不及陶豆和木豆。圖 2-7 爲石璋如（1902～2004）〈殷代的豆〉所附之「豆的各部名稱」圖：〔註 142〕

圖 2-7：豆的各部名稱

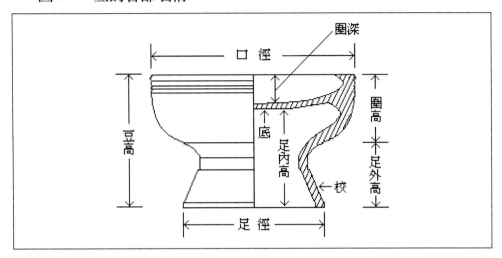

石璋如研究殷代的豆，指出殷商的銅質容器大都適合盛裝流質的物品，不宜放置固體的物品，而殷代和周代早期不用青銅做豆器，是否因豆的質地不宜用銅鑄造。〔註 143〕張光直提出另一個可能的解釋是商代在觀念上將飲食器皿分爲兩組，一組盛穀類食物（飯或發酵的穀即酒），一組盛肉肴。黏土、木和編籃可以用作兩種器皿，但是青銅只能作盛飯器皿而不能用作盛肉器皿。也許是因商周人將飲食器皿分入不同的範疇，而在祭祀場合，不同器皿的原料只能依照一定的規則與某種飲食物相接觸。穀類食物在周人的思想中是與土相聯繫的，而以熟肉爲主要成分的菜肴則是與火相聯繫的，土與金是相協的，而火與金是不相協的，〔註 144〕這可能是青銅器皿不用來盛放籩豆食品的原因。由於木質、竹質材料不易保存至今，故目前出土器物尚未發現有木豆和竹籩。圖 2-8-1、圖 2-8-2 爲宋人所繪製的籩圖，以竹爲之，形制與豆相似。〔註 145〕圖 2-8-3 爲西周

〔註 142〕石璋如：〈殷代的豆〉，《中央研究院歷史語言研究所集刊》第 39 本，上冊（1969年），頁 54，插圖一。

〔註 143〕見石璋如：〈殷代的豆〉，頁 79。

〔註 144〕參閱張光直：《中國青銅時代》（臺北：聯經出版公司，1983 年 4 月），頁 277～278。

〔註 145〕見〔宋〕聶崇義：《三禮圖》，卷 13，頁 193。〔宋〕陳祥道：《禮書》（臺北：

中期青銅器垂鱗紋豆，豆的上部爲一小盤，器腹飾圓渦紋，間以雲紋，盤下爲一較粗的柄，向下延展爲圈足，足飾鱗紋。〔註146〕

圖2-8：籩豆圖

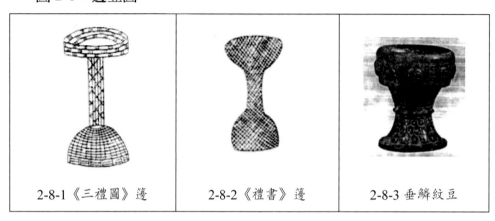

| 2-8-1《三禮圖》籩 | 2-8-2《禮書》籩 | 2-8-3 垂鱗紋豆 |

第二節　飲料品類

一、飲料種類

（一）水

　　水是人類最原始、也是最基本的飲料，同時也是動植物賴以生存的必要條件。先秦時代，貴族日常生活有多種飲品可供飲用，平民百姓飲料則以水爲主。根據《禮記‧玉藻》講天子諸侯居處之法，於飲食部分云：「五飲：上水、漿、酒、醴、酏。」鄭注云：「上水，水爲上，餘其次之。」〔註147〕表現出貴族生活對水的重視，此上水係指品質較好的水。又《禮記‧檀弓下》云：「啜菽飲水，盡其歡，斯爲之孝。」〔註148〕引孔子言事親之道，平民所飲以水爲主，故孔子曰：「飯疏食，飲水，曲肱而枕之，樂亦在其中矣。」〔註149〕所飲的水通常指冷開水，而熱開水則稱爲湯，即《孟子‧告子上》所云：「冬

臺灣商務印書館，1983年，影印文淵閣《四庫全書》本），第130冊，卷101，頁624。
〔註146〕見馬承源：《青銅禮器》，頁122，圖135。
〔註147〕見《禮記注疏》，卷29，頁545。
〔註148〕見《禮記注疏》，卷10，頁187。
〔註149〕見《論語注疏》，卷7，頁62。

日則飲湯，夏日則飲水。」〔註150〕

　　水無色無味，除冷飲、熱飲之外，亦可沖煮植物枝葉飲用。如《爾雅‧釋木》云：「檟，苦荼。」郭注云：「樹小如梔子，冬生葉，可煮作羹飲。今呼早采者爲荼，晚取者爲茗，一名荈。蜀人名之苦荼。」〔註151〕此荼和〈邶風‧谷風〉所云「誰謂荼苦？其甘如薺」〔註152〕之荼不同，詩文之荼爲苦菜，《爾雅》之荼指檟，似今日的茶樹，其葉可供飲用。《詩經》雖未提及茶，然亦可推知古時應有飲茶情形，此風氣至漢而盛。

　　水可供人飲用外，亦供祭祀之用，稱爲玄酒。《禮記‧郊特牲》云：「酒醴之美，玄酒明水之尙，貴五味之本也。」鄭注云：「尙質貴本，其至如是，乃得交於神明之宜也。」〔註153〕禮之所設，反本脩古，祭祀所用之物，皆取尙質貴本，故雖有酒醴之美，而不廢玄酒之尊，用水祭祀，以誠意交於神明。

（二）漿

　　漿，可說是飲料液汁的總稱。先秦典籍所見的漿液飲料有米漿、酒漿、梅漿、柘漿、椒漿等名稱。米漿爲米湯，乃蒸飯時的副產品；酒漿，乃略微發酵的酒；梅漿即醷，指梅子汁；柘漿指柘實果汁；椒漿，指用椒浸泡而成具有香味的美酒。〔註154〕《孟子‧梁惠王下》所云「簞食壺漿，以迎王師」〔註155〕之漿，則泛指飲料而言。漿之用途，或供渴時飲用，或用於食後漱口。《周禮‧天官‧漿人》云：「凡飲共之。」鄭注云：「謂非食時。」〔註156〕指渴時之飲，非食時漱口之用。《儀禮‧公食大夫禮》云：「宰夫執觶漿飲，與其豐以進。」鄭注云：「此進漱也。非爲卒食，爲將有事緣賓，意欲自絜清。」〔註157〕漿飲，指歃漿。此漿爲食後漱口，不爲渴時之飲。

　　先秦所見的飲品還有醫、酏、涼等。鄭注云：醫，「凡醴濁，釀酏爲之則少清矣。」〔註158〕酏，「今之粥。〈內則〉有黍酏。酏，飲粥稀者之清也。」

〔註150〕見《孟子注疏》，卷11上，頁194。
〔註151〕見《爾雅注疏》，卷9，頁160。
〔註152〕見《毛詩正義》，卷2之2，頁90。
〔註153〕見《禮記注疏》，卷26，頁502。。
〔註154〕柘漿見〈招魂〉文，椒漿見〈九歌‧東皇太一〉文。見〔漢〕王逸章句、〔宋〕洪興祖補注：《楚辭補注》（臺北：大安出版社，2004年1月），頁329、79。
〔註155〕見《孟子注疏》，卷2下，頁43。
〔註156〕見《周禮注疏》，卷5，頁81。
〔註157〕見《儀禮注疏》，卷25，頁306。
〔註158〕見《周禮注疏》，卷5，頁77、80。

〔註159〕饘爲厚粥，酏爲薄粥，釀粥爲醴則爲醫。醫，謂煮粥而入麴糵釀之成醴，粥較清而稀，故醫亦稍清於醴。六清之涼，〈內則〉名曰濫，鄭司農云：「涼，以水和酒也。」鄭玄謂「涼，今寒粥，若糗飯雜水也。」當屬涼飲之類。

〈小雅・大東〉詩云：「維北有斗，不可以挹酒漿。」〔註160〕此漿則專指酒漿，係屬《周禮・天官》「四飲」、「六清」之一。鄭注云：「漿，今之酨漿也。」賈疏云：「此漿亦是酒類，米汁相載，漢時名爲酨漿。」〔註161〕據《說文》云：「酨，酢漿也。」〔註162〕酢爲醋之本字，漿、酨、酢漿、酨漿同指一物，蓋亦釀糟爲之，但味微酢。酨漿是以穀物蒸釀而造的酒類，古又名酪。《禮記・禮運》云：「以爲醴酪。」鄭注云：「烝釀之也。酪，酢酨。」〔註163〕詩所云「或以其酒，不以其漿」，謂此人飲其酒，而不飲漿，蓋因酒味美於漿。《禮記・內則》載女子觀於祭祀，「納酒漿、籩豆、菹醢，禮相助奠」，〔註164〕酒漿即專指酒類。

（三）酒

1、酒之種類

「酒」，甲骨文或作　（《殷虛書契後編》上・二十・十），金文作　（《戊寅鼎》），篆文作　（《說文》）。酉爲盛酒之器，字倚酉畫酒點滴之形。《說文》云：「酒，就也。所　就人性之善惡。从水酉，酉亦聲。一曰造也。吉凶所造起也。」〔註165〕從字源學角度結合酒性與人性，爲酒的價值作最根本的詮釋。酒的種類和作法很多，就定義上來看，酒是包含乙醇的飲料，廣義來說，凡含有乙醇的飲料皆可稱作酒，包括醴、鬯、漿等，而狹義的酒則指禮書中用以祭祀和飲用的五齊、三酒。

《周禮・天官・酒正》云：「辨五齊之名：一曰泛齊，二曰醴齊，三曰盎齊，四曰緹齊，五曰沈齊。」鄭注云：「泛者，成而滓浮泛泛然，如今宜成醪矣。醴猶體也，成而汁滓相將，如今恬酒矣。盎猶翁也，成而翁翁然葱白色，如今酇白矣。緹者，成而紅赤，如今下酒矣。沈者，成而滓沈，如今造清矣。……

〔註159〕見《禮記注疏》，卷27，頁523。
〔註160〕見《毛詩正義》，卷13之1，頁441。
〔註161〕見《周禮注疏》，卷5，頁77。
〔註162〕見《說文解字注》，14篇下，頁758。
〔註163〕見《禮記注疏》，卷21，頁417。
〔註164〕見《禮記注疏》，卷28，頁539。
〔註165〕見《說文解字注》，14篇下，頁754。

玄謂齊者，每有祭祀，以度量節作之。」〔註166〕齊者，指造酒調米麴水火之數量，五齊爲祭祀所用造酒，分其清濁爲五等。泛齊，糟滓上浮的薄酒。醴齊，汁滓相將的薄酒，其味稍甜。盎齊，白色濁酒。緹齊，赤色濁酒。沈齊，謂糟滓下沈，稍清的酒。〔註167〕五齊均爲有滓未沛之酒，味薄，未經過濾，皆爲供祭祀之用。

《周禮・天官・酒正》又云：「辨三酒之物：一曰事酒，二曰昔酒，三曰清酒。」鄭注云：「事酒，酌有事者之酒，其酒則今之醳酒也。昔酒，今之酋久白酒，所謂舊醳者也。清酒，今中山冬釀接夏而成。」賈疏云：「五齊、三酒俱用秫稻麴蘗，又三酒味厚，人所飲者也。五齊味薄，所以祭者也。」事酒，謂有事而釀的酒，如《儀禮・少牢饋食禮》云「宰命爲酒」，此在筮祭日之後，則釀之時日較短可知。〔註168〕臨事而釀，以飲祭祀之執事者，以其隨時可釀，故爲新酒。昔酒，爲釀造時間較久之酒，冬釀春熟，其味較事酒爲厚，色亦較清。清酒，釀造時間更久於昔酒者，冬釀夏熟，較昔酒之味厚且清。〔註169〕三酒均爲已沛之酒，經過濾去滓，以供人飲用。

2、《詩經》所見之酒

（1）春　酒

〈豳風・七月〉詩云：「十月穫稻，爲此春酒，以介眉壽。」毛傳云：「春酒，凍醪也。」孔疏云：「醪是酒之別名，此酒凍時釀之，故稱凍醪。」〔註170〕〈月令〉孔疏云：「以十月穫稻，於此月漬米麴，至春而爲酒者，謂春成也，非春始釀。」〔註171〕醪是汁滓酒，因冬日釀之，故稱凍醪；新春飲之，故稱春酒。

〔漢〕高誘（～205～？）注《呂氏春秋・孟夏紀》云：「酎，春醪也。」〔註172〕以春酒即酎酒。《禮記・月令》記孟夏之月，「天子飲酎」，鄭注云：「酎之言醇也。謂重釀之酒也。春酒至此始成。」記仲冬之月，「乃命大酋，秫稻必齊，麴蘗必時」，鄭注引《詩》爲說云：「古者穫稻而漬米麴，至春而爲酒。」

〔註166〕見《周禮注疏》，卷5，頁76～77。

〔註167〕林尹：《周禮今註今譯》（臺北：臺灣商務印書館，1972年9月），頁50。

〔註168〕見錢玄：《三禮通論》，頁126。

〔註169〕見林尹：《周禮今註今譯》，頁50。

〔註170〕見《毛詩正義》，卷8之1，頁285。

〔註171〕見《禮記注疏》，卷15，頁308；卷17，頁345。

〔註172〕〔漢〕高誘注：《呂氏春秋》（臺北：臺灣中華書局，1979年2月，據畢氏靈巖山館校本校刊），卷4，頁2下。

〔註173〕酎爲重釀的醇酒，鄭意似謂春酒乃春時爲酒，至夏而成。〔註174〕〔清〕馬瑞辰（1782～1853）《毛詩傳箋通釋》云：「漢制以正月旦作酒，八月成，名酎酒，周制蓋以冬釀經春始成，因名春酒。《楚辭》『挫糟凍飲，酎清涼些』，凍飲蓋即凍醪，凍醪即酎也。」〔註175〕春酒一詞，或指春日所釀酒，或指春日所飲酒，同名異實，皆可稱春酒。《詩經》所見之春酒，當指新春飲酒，今俗稱新年宴會爲飲春酒，亦指新春飲酒而言。

（2）清　酒

《詩經》「清酒」一詞凡三見，〈大雅・韓奕〉詩云：「韓侯出祖，出宿于屠。顯父餞之，清酒百壺。」〔註176〕此清酒用於飲餞場合。〈小雅・信南山〉詩云：「祭以清酒，從以騂牡，享于祖考。」〔註177〕〈大雅・旱麓〉詩云：「清酒既載，騂牡既備。以享以祀，以介景福。」〔註178〕此清酒用於祭祀場合。〈商頌・烈祖〉又有清酤一詞，詩云：「既載清酤，賚我思成。」毛傳云：「酤，酒。」鄭箋云：「既載清酒於尊，酌以祼獻。」〔註179〕清酤即清酒，亦用於祭祀，此酒爲酒類的總稱。清酒又爲酒的專名，《周禮》三酒之名，三曰清酒，爲釀製時間較久、且已沛去滓的酒，主要供人飲用。

〈大雅・韓奕〉之清酒，孔疏釋爲清美之酒。〈大雅・旱麓〉之清酒，孔疏釋爲清潔之酒，其云：「有清潔之酒，既載而置之於尊中，其赤牡之牲，既擇而養之以充備，有此牲酒以獻之於宗廟，以祭祀其先祖，以得大大之福祿。」〔註180〕〈小雅・信南山〉「清酒」鄭箋云：「清謂玄酒也。酒，鬱鬯、五齊、三酒也。祭之禮，先以鬱鬯降神，然後迎牲，享于祖考，納亨時。」孔疏云：「玄酒，水也，故以當清。五齊三酒，則釀而爲之，故以當酒。……三酒乃是諸臣之所酢，不用之以獻神，故知《詩》之清酒非三酒之清酒也。」

〔註173〕見《禮記注疏》，卷15，頁308；卷17，頁345。

〔註174〕「春酒」一詞又見〔漢〕張衡〈東京賦〉，其云：「因休力以息勤，致歡忻於春酒。」〔唐〕李善注云：「春酒謂春時作，至冬始熟也。」則又謂春時爲酒，至冬乃成。見〔梁〕蕭統主編、〔唐〕李善注：《文選》（臺北：藝文印書館，1991年12月，影印宋淳熙本重雕鄱陽胡氏藏版），卷3，頁62。

〔註175〕見〔清〕馬瑞辰：《毛詩傳箋通釋》，卷16，頁1336。

〔註176〕見《毛詩正義》，卷18之4，頁681。

〔註177〕見《毛詩正義》，卷13之2，頁461。

〔註178〕見《毛詩正義》，卷16之3，頁560。

〔註179〕見《毛詩正義》，卷20之3，頁791。

〔註180〕見《毛詩正義》，卷16之3，頁560。

〔註181〕鄭箋將清酒分釋爲清和酒，清指玄酒，也就是水，水和酒皆用以祭祀。就祭祀儀節來看，鄭箋所述合於三《禮》所言，〔註182〕然將清、酒二字分釋，似有未當，詩蓋舉清酒以賅眾酒。〔註183〕此清酒當指祭祀所用的酒質清潔淨，可能包含玄酒、鬱鬯、五齊、三酒之屬。

清可形容水，亦可形容酒。《禮記・曲禮》云：「祭宗廟之禮，…水曰清滌，酒曰清酌。」〔註184〕如〈大雅・鳧鷖〉詩所云「爾酒既清」，〔註185〕清爲形容詞，用以描寫酒，如旨酒之旨，亦用以形容酒。《說文》云：「清，朖也。澂水之皃。」段注云：「朖者，明也。澂而後明，故云澂水之皃。引伸之凡潔曰清。」〔註186〕凡不濁謂之清，清有清澈、清潔之義，故清酒可指清澈、清潔之酒。

（3）釃　酒

〈小雅・伐木〉詩云：「伐木許許，釃酒有藇。」「伐木於阪，釃酒有衍。」毛傳云：「以筐曰釃。以藪曰湑。」孔疏云：「漉酒者，或用筐，或用草。」〔註187〕釃和湑有濾酒之義。據《說文》云：「釃，下酒也。从酉、麗聲。一曰：醇也。」〔註188〕下酒，謂去糟取清，也就是漉酒。馬瑞辰曰：「此詩『有藇』、『有衍』，傳皆訓爲美貌，釃酒正當从《說文》醇酒之訓。」釃酒指過濾過，味道較醇厚之酒。〔註189〕釃酒指過濾過，味道較醇厚的酒。

〔註181〕見《毛詩正義》，卷13之2，頁461。

〔註182〕胡承珙曰：「〈禮運〉又云『作其祝號，元酒以祭，薦其血毛』，與此詩『祭以清酒』在『執其鸞刀』之上正同，彼注謂『朝踐之時設此元酒於五齊之上，以致祭鬼神，此重古設之』云云，蓋元酒是水，言以祭者，即《周禮・大祝》所謂『執明水火而祝號也』，亦未始非祭事所用，不得謂與祭無涉。《箋》分別清爲元酒，酒爲鬱鬯、五齊、三酒，皆據三《禮》爲言，《正義》申之詳矣。」見〔清〕胡承珙：《毛詩後箋》（臺北：藝文印書館，1986年6月，《續經解毛詩類彙編》本），第2冊，卷20，頁2070。

〔註183〕馬瑞辰曰：「按《周官》酒正辨三酒之物，三曰清酒，鄭司農曰『清酒，祭祀之酒』，此詩及〈大雅・旱麓〉並以清酒與騂牡對言，騂牡爲一，則清酒即〈酒正〉三曰清酒，不得分清與酒爲二，詩蓋舉清酒以賅眾酒。箋分清酒爲元酒與五齊、三酒，失之。」見〔清〕馬瑞辰：《毛詩傳箋通釋》，卷21，頁1435。

〔註184〕見《禮記注疏》，卷5，頁98。

〔註185〕見《毛詩正義》，卷17之2，頁607。

〔註186〕見《說文解字注》，11篇上2，頁555。

〔註187〕見《毛詩正義》，卷9之3，頁328、329。

〔註188〕見《說文解字注》，14篇下，頁754。

〔註189〕見〔清〕馬瑞辰：《毛詩傳箋通釋》，卷17，頁1354。

另外，《詩經》「旨酒」一詞凡七見，而用旨字來形容酒者則有三首，或用於祭祀，或用於燕享，旨酒和嘉殽常並言。〈小雅‧頍弁〉鄭箋云：「旨、嘉，皆美也。」〔註190〕《說文》云：「旨，美也。从甘、匕聲。」〔註191〕旨、美和甘均有美之義，味甘爲美，旨酒即爲美酒。

（四）醴

1、醴之種類

「醴」，金文作 　、　 （《師遽方彝》），形符从酉，象酒器之形，聲符从豐，爲行禮之器。醴字始見於西周彝銘，其初文作豐，豐、醴爲古今字。豐字从珏从壴，以會「行禮」之意，其後則分化爲禮、醴二字，奉神祇之事謂之禮，奉神祇之酒醴謂之醴。〔註192〕《說文》云：「醴，酒一宿孰也。」段注云：「滓多，故酌醴者用柶。醴甘，如今恬酒。」〔註193〕醴爲速釀而成之甜酒，以其一宿而熟，糖化高、酒化低。中國以穀物釀酒，似以醴爲最古，據《禮記‧明堂位》云：「殷尚醴。」〔註194〕可見醴在殷商應是主要酒類。

《禮記‧內則》云：「飲：重醴，稻醴，清糟，黍醴，清糟，粱醴，清糟。」鄭注云：「重，陪也。糟，醇也。清，沛也。致飲有醇者，有沛者，陪設之也。」孔疏云：「此稻、黍、粱三醴，各有清糟，以其清糟相配重設，故云重醴。」〔註195〕醴是用穀類釀造的酒類，其原料有稻、黍、粱等。醴有清糟之別，沛者爲清，未沛者爲糟。清糟二者兼而有之，故謂之重醴。《周禮‧天官‧漿人》鄭注云：「飲醴用柶者，糟也。不用柶者，清也。」〔註196〕糟爲酒滓，清爲酒汁，醴糟可食用，醴清可飲用。

據凌純聲（1902～1981）〈匕鬯與醴柶考〉一文，醴之釀製，即「以穀米先蒸熟，加入麴糵，盛以凵器，使之醱酵，釀成尙是『眾粒各自分也』。即如今之酒釀，鬯稱鬱齊，醴曰醴齊，可以乾吃，用匕柶扱取食之。如以醴齊加水，即《周禮》的所謂『醴齊縮酌』，用茅沛之，使可酌，而曰明酌，即爲清

〔註190〕見《毛詩正義》，卷14之2，頁483。
〔註191〕見《說文解字注》，5篇上，頁204。
〔註192〕周聰俊：〈殷周禮制中醴及醴器研究〉，《大陸雜誌》第86卷第4期（1993年4月），頁3。
〔註193〕見《說文解字注》，14篇下，頁754。
〔註194〕見《禮記注疏》，卷31，頁584。
〔註195〕見《禮記注疏》，卷27，頁523。
〔註196〕見《周禮注疏》，卷5，頁81。

酒。」〔註197〕醴有清者，亦有糟者，隨人愛好而取用。清糟之別，在於醴是否沛去其滓。《周禮・天官》所記「五齊」有醴齊，醴齊釀成之時，汁滓相將，未經過濾，乃有糟未沛之酒，此酒入於五齊之中。若沛而去其滓，則爲醴清，入於四飲、六飲之列。四飲有清，鄭注云：「清謂醴之沛者。五齊止用醴爲飲者，取醴恬，與酒味異也。其餘四齊，味皆似酒。」六清有醴，鄭注云：「醴，醴清也。」〔註198〕醴清即五齊之醴經過濾而去其糟滓者。

2、《詩經》所見之醴

〈小雅・吉日〉詩云：「以御賓客，且以酌醴。」〔註199〕〈大雅・行葦〉詩云：「曾孫維主，酒醴維醹。」〔註200〕可知醴是燕饗場合用以招待賓客的重要飲料。以《左傳》考之，言「饗醴」者有三見，〔註201〕皆記饗有功、饗即位而朝之事，蓋醴與酒之用，有輕重貴賤之分，此由《左傳》所載王饗諸侯用醴之例可得知。而《儀禮》冠、昏、聘、喪諸篇，皆設醴不設酒，〔註202〕旨在禮之質者尙醴，亦即《儀禮・士冠禮》「乃醴賓」鄭注云：「凡醴，事質者用糟，文者用清」〔註203〕之意。〔宋〕陳祥道（1053～1093）謂「蓋禮之質者尙醴，文者尙酒。冠禮醴子，昏禮醴婦、禮賓，厚其親也；聘禮醴賓，厚其私覿也；士喪及虞醴神，存其養也；非此無所事醴，則用酒而已。」〔註204〕

〈周頌・豐年〉、〈周頌・載芟〉二詩並有「爲酒爲醴，烝畀祖妣，以洽百禮」句，〔註205〕可知醴用以祭祀，供作祭享。《禮記・禮運》云：「玄酒在室，醴醆在戶，粢醍在堂，澄酒在下。」〔註206〕酒清而味重，醴濁而味甜，

〔註197〕凌純聲：〈匕鬯與醴柶考〉，《中央研究院民族學研究所集刊》第 12 期（1961年），頁 182。

〔註198〕見《周禮注疏》，卷 5，頁 76、頁 77、頁 80。

〔註199〕見《毛詩正義》，卷 10 之 3，頁 370。

〔註200〕見《毛詩正義》，卷 17 之 2，頁 603。

〔註201〕《左傳・莊公十八年》云：「虢公、晉侯朝王。王饗醴，命之宥。」〈僖公二十五年〉云：「晉侯朝王。王饗醴，命之宥。」〈僖公二十八年〉云：「王享醴，命晉侯宥。」見《春秋左傳正義》，卷 9，頁 158；卷 16，頁 263；卷 16，頁 273。

〔註202〕《儀禮・士冠禮》云：「側尊一甒，醴在服北。」〈士昏禮〉云：「贊者酌醴，加角柶，面葉，出于房。主人受醴。」〈聘禮〉云：「宰夫實觶以醴，加柶于觶面枋。公側受醴。」〈士喪禮〉云：「奠脯醢醴酒。」見《儀禮注疏》，卷 2，頁 17；卷 4，頁 41；卷 21，頁 250；卷 35，頁 409。

〔註203〕見《儀禮注疏》，卷 2，22。

〔註204〕見〔宋〕陳祥道：《禮書》，卷 84，頁 130～533。

〔註205〕見《毛詩正義》，卷 19 之 3，頁 731；卷 19 之 4，頁 748。

〔註206〕見《禮記注疏》，卷 21，頁 417。

以酒醴祭饗祖妣、愼終追遠。而《周禮・天官・膳夫》掌王之食飲膳羞,「飲用六清」,〔註207〕王日常飲品包括醴清在內。《禮記・內則》記子事父母、婦事舅姑,提供「饘、酏、酒、醴」,〔註208〕順長輩所欲,以盡孝道。除待賓、祭祀外,醴之清者,亦供日常飲用,爲不同身分等級之人日常珍貴飲料。

(五)鬯

1、鬯之種類

「鬯」,甲骨文作 (《殷虛書契》五・一・五),或作 (《殷虛書契後編》上・二八・三),金文作 (《毛公鼎》),篆文作 (《說文》)。《易・震》云:「震驚百里,不喪匕鬯。」〔魏〕王弼(226~249)注云:「鬯,香酒,奉宗廟之盛也。」〔註209〕鬯爲當時祭宗廟、告先祖的重要祭品。觀經籍所載,裸禮所用之鬯,有秬鬯,如《尚書・洛誥》所云「予以秬鬯二卣,曰明禋,拜手稽首休享」;〔註210〕有鬱鬯,如《禮記・郊特牲》所云「周人尙臭,灌用鬯臭。鬱合鬯,臭陰達於淵泉」。〔註211〕據鬯人職「掌共秬鬯而飾之」,鬱人職「掌裸器,凡祭祀、賓客之裸事,和鬱鬯以實彝而陳之」,〔註212〕其職掌畫然分明,知秬鬯、鬱鬯二者應非一物。

〈大雅・江漢〉毛傳云:「秬,黑黍也。鬯,香草也。築煮合而鬱之曰鬯。」鄭箋云:「秬鬯,黑黍酒也。謂之鬯者,芬香條鬯也。」孔疏云:「禮有鬱鬯者,築鬱金之草而煮之,以和秬黍之酒,使之芬香條鬯,故謂之鬱鬯。鬯非草名,而傳言鬯草者,蓋亦謂鬱爲鬯草。」〔註213〕毛傳、鄭箋對鬯和秬鬯之說法不一。毛傳謂黑黍爲秬,香草爲鬯,而以黑黍築煮香草爲秬鬯。鄭箋謂黑黍釀酒爲秬鬯,鄭注〈序官〉鬱人云:「鬱,鬱金香草,宜以和鬯。」注鬯人云:「鬯,釀秬爲酒,芬芳條暢於上下也。」又云「築鬱金煮之以和鬯酒」、「秬鬯不和鬱者」,〔註214〕是秬釀爲鬯,芳草築煮爲鬱,二者攪和之爲鬱鬯。

〔註207〕見《周禮注疏》,卷4,頁57。

〔註208〕見《禮記注疏》,卷27,頁518。

〔註209〕見《周易正義》,卷5,頁114。

〔註210〕〔漢〕孔安國傳、〔唐〕孔穎達疏:《尚書注疏》(臺北:藝文印書館,1997年8月,影印清嘉慶20年江西南昌府學重刊宋本《尚書注疏》本),卷15,頁230。

〔註211〕見《禮記注疏》,卷26,頁507。

〔註212〕見《周禮注疏》,卷19,頁299、300。

〔註213〕見《毛詩正義》,卷18之4,頁687。

〔註214〕見《周禮注疏》,卷17,頁260;卷19,頁299、300。

據孔疏引〔晉〕孫毓（～276～？）《毛詩異同評》亦云：「鬱是草名，今之鬱金煮以和酒者也。鬯是酒名，以黑黍秬一秠二米作之，芬香條鬯，故名爲鬯。」〔註215〕

綜合以上諸說，可知秬鬯乃黑黍釀造之穀物酒，屬黃酒類。築芳草以煮曰鬱，以鬱合鬯爲鬱鬯。此香草名曰鬱金，漢人亦稱鬯草。凌純聲〈中國酒之起源〉以民族學材料印證古代文獻，認爲「鬯酒是以麴造，鬯以草麴，秬鬯或以麥麴，鬱鬯或以藥麴。」〔註216〕以草麴、麥麴、藥麴釀酒，鬯的種類不一，所用的原料和釀造方法也不同。秬鬯爲黑黍釀酒，鬱爲香草，築鬱草和秬鬯爲酒，謂之鬱鬯。

2、《詩經》所見之鬯

〈大雅·江漢〉詩云：「釐爾圭瓚，秬鬯一卣，告于文人。」鄭箋云：「王賜召虎以鬯酒一罇，使以祭宗廟，告其先祖。」〔註217〕《尚書·文侯之命》載「平王錫晉文侯秬鬯圭瓚」，有「用賚爾秬鬯一卣」文，〔註218〕《左傳·僖公二十八年》記「王享醴，命晉侯宥」，寫襄王賜晉文公「秬鬯一卣」，〔註219〕可知秬鬯常與卣連言，用於賜命、賞賜有功。〔清〕黃以周（1828～1899）《禮書通故》云：「鬱人和鬱鬯以實彝，是祼酒也。《書》、《詩》、《左傳》言秬鬯一卣，是享酒也。鬯以鬱爲上，秬次之，尊以彝爲上，卣次之。祼用上尊彝，享用中尊卣，此尊卑之差也。」〔註220〕蓋祼以鬱鬯，獻以五齊，而秬鬯則爲享酒。〔註221〕祼有宗廟之祼，有賓客之祼。鬯酒於祭祀及賓客行祼禮時用之。

〈大雅·旱麓〉描寫祼禮場合，詩二、四章述君子備禮器、酒牲，寫祭祀求福之事。詩云：「瑟彼玉瓚，黃流在中。」毛傳云：「黃金所以飾流鬯也。」鄭箋云：「黃流，秬鬯也。」〔註222〕朱傳云：「黃流，鬱鬯也。釀秬黍爲酒，築鬱金煮而和之，使芬芳條鬯，以瓚酌而祼之也。」〔註223〕鄭箋說黃流爲秬

〔註215〕見《毛詩正義》，卷18之4，頁687。

〔註216〕參閱凌純聲：〈中國酒之起源〉，《中央研究院歷史語言研究所集刊》第29本下冊（1958年11月），頁883～907。

〔註217〕見《毛詩正義》，卷18之4，頁687。

〔註218〕見《尚書注疏》，卷20，頁309～310。

〔註219〕見《春秋左傳正義》，卷16，頁273。

〔註220〕〔清〕黃以周：《禮書通故》（臺北：華世出版社，1976年12月），上冊，頁484。

〔註221〕周聰俊：〈鬯器考〉，《大陸雜誌》，第89卷第1期（1994年7月），頁10。

〔註222〕見《毛詩正義》，卷16之3，頁559。

〔註223〕見〔宋〕朱熹：《詩集傳》，卷16，頁182。

鬯，朱傳說黃流為鬱鬯，因酒本身為黃色，故稱黃流。本文依毛傳之說，認為黃流並非玉瓚所盛之物，而是指玉瓚之流口，亦即流鬯之處，黃流即黃金勺之流。〔註224〕至於祭祀所用的酒，可能即為文獻所載祭祀用以灌地降神的鬱鬯。周代祭祀以黑黍和香草釀成的香酒灌地，以芳草浸酒。著眼於酒的氣味，係取芬芳條暢，以通於神明之意。因周人尚臭，祭祀鬱合鬯以灌，其氣芬芳條暢，祭時先酌鬱鬯灌地，使香氣通達於淵泉，以求形魄於陰，此灌用鬱鬯之意。

二、盛飲之器

（一）飲用器具

1、爵

〈邶風·簡兮〉詩云：「公言錫爵。」〔註225〕詩寫公庭萬舞，衛公賜舞者杯酒，以示尊寵。〔註226〕〈小雅·賓之初筵〉一章詩云：「發彼有的，以祈爾爵。」二章詩云：「酌彼康爵，以奏爾時。」鄭箋云：「爵，射爵也。射之禮，勝者飲不勝。」〔註227〕詩寫射禮之事，祈求己能中的而使不勝者飲酒，〔註228〕康爵即大爵。〈大雅·行葦〉詩云：「或獻或酢，洗爵奠斝。」毛傳云：「斝，爵也。夏曰醆，殷曰斝，周曰爵。」鄭箋云：「進酒於客曰獻，客答之曰酢，主人又洗爵醻客，客受而奠之，不舉也。」〔註229〕詩三章寫祭畢而燕飲之事，所洗所奠，當是一物，爵、斝同指飲酒器具而言。〔註230〕

〔註224〕歷來對「黃流」解釋歧義紛淆，一說以黃流為鬯酒，一說以黃流指稱玉瓚之黃色流口，一說謂鬯酒流經黃色之勺鼻。相關探討詳見江雅茹：〈《詩經》「黃流」研究〉，《思辨集》第四集（臺北：臺灣師範大學國文系，2000年4月），頁222～239。

〔註225〕見《毛詩正義》，卷2之3，頁100。

〔註226〕賜爵以示尊寵之例又見《左傳·莊公二十一年》記載：「鄭伯之享王也，王以后之鞶鑑予之；虢公請器，王予之爵。鄭伯由是始惡於王。」孔疏云：「服虔云：『鞶鑑，王后婦人之物，非所以賜有功。』爵，飲酒器。玉爵也。一升曰爵。爵，人之所貴者。」見《春秋左傳正義》，卷九，頁162。

〔註227〕見《毛詩正義》，卷14之3，頁490、493。

〔註228〕屈萬里：《詩經詮釋》（臺北：聯經出版公司，1983年2月），頁426。

〔註229〕見《毛詩正義》，卷17之2，頁600。

〔註230〕歷來學者對飲酒器具之分類看法不一，如陳夢家《殷虛卜辭綜述》分成溫酒器、貯酒器、盛酒器；容庚《商周彝器通考》分成煮酒器、盛酒器、承酒器、挹酒器；錢玄《三禮通論》分成盛酒之器、盛秬鬯之器、飲酒之器、承尊彝

　　爵為飲酒器的總名，凡酌酒而飲之器曰爵，其別曰爵、曰觚、曰觶、曰角、曰散。〔註231〕據〈周南・卷耳〉孔疏引《五經異義》韓詩說：一升曰爵，二升曰觚，三升曰觶，四升曰角，五升曰散。〔註232〕廣義的爵包括爵、觚、觶、角、散等，均為飲用器具，而狹義的爵容量較小。今出土器物名曰爵者，器名定自宋人。其基本特徵為卵圓形器腹，腹小而口侈，口沿上有雙柱，前有流，後有尾，腹側有把手鋬，腹下有三個錐狀足。由爵器衍生出來的角器，則無柱和流，器口前後都是尖形尾。部分學者認為爵為三足器，適宜置於火上以加熱，又發現實物腹下有煙炱痕跡，因而將爵歸類於溫酒器，但有煙炱痕只能說溫酒是爵的功用之一，廣義的爵和狹義的爵當皆屬飲酒器具。

圖 2-9：爵圖

| 2-9-1 管流爵 | 2-9-2 獸面紋爵 | 2-9-3 乍父辛爵 |

　　目前發現最早的青銅器是二里頭文化遺址一件殘破的管流爵，相當於夏代時期，見圖 2-9-1。酒器形體似角，口前後呈尖瓣狀，前面尖瓣下端有一斜插管流。器身扁體，束腰，平底，下部似分段形，腹部無底，開數個圓孔，腹下三條錐形足已殘。〔註233〕圖 2-9-2 為商代獸面紋爵，口部的流呈弧曲形，另端有尖瓣狀尾，器口上立有雙柱，器身有鋬，腹下有三足。〔註234〕圖 2-9-3

　　　　之器、扱醴之器、挹鬯之器；陳芳妹〈商周青銅酒器析論〉分成飲酒器、注酒器、盛酒器、挹酒器。各家依器物之用途來細分，亦實難劃分清楚，故本文僅從飲用、盛裝和挹注三類別來探討。

〔註231〕見〔清〕凌廷堪著、彭林點校：《禮經釋例》，卷 11，頁 556。
〔註232〕見《毛詩正義》，卷 1 之 2，頁 34。
〔註233〕見上海博物館：《認識古代青銅器》，頁 53，圖 2。
〔註234〕見上海博物館：《認識古代青銅器》，頁 65，圖 8。

爲西周乍父辛爵，其形制大略承襲前代，腹飾直棱和鳥紋，流下爲鳥紋，尾與口沿下飾蕉葉紋。〔註235〕

2、斝

據〈大雅・行葦〉毛傳所云，斝亦爲爵，即飲用之器。斝，甲骨文作（《殷虛書契後編》下・七・十），上象柱，下象足，或加　作　，象以手持器之形。禮經言及酒器，每以散與角連文，或斝與角連文。《五經異義》引韓詩說五爵，有散而無斝，今傳世古酒器，有斝而無散，故羅振玉（1866～1940）根據殷虛刻辭以訂正《說文》及經典散字之形誤，《殷虛書契考釋》云：「古散字作　，與　字形頗相近，故後人誤認斝爲散。韓詩說諸飲器有散無斝，今傳世古酒器有斝無散，大於角者惟斝而已。諸經中散字，疑皆斝之訛。」〔註236〕王國維〈說斝〉一文，列舉五證以說明三禮中的散即爲斝，〔註237〕是經籍所見散、斝實爲一器。

斝的名稱屢見於三禮，但出土器物中並無自名爲斝者，今日通稱的斝，其形制與甲骨文字形相似，器物似爵而體高大，平口圓而敞，無流及尾，口沿上立雙柱，下具三足，亦有四足者，足作錐形或袋形，器身有一鋬，其中空的三足亦可作溫酒之用。〔註238〕據文獻資料所見，斝或爲飲酒之器，或爲盛酒之器。《禮記・祭統》云：「尸飲九，以散爵獻士及群有司。」〔註239〕斝用以獻酒飲客，是飲酒器。《周禮・春官・司尊彝》云：「秋嘗，冬烝，裸用斝彝黃彝，皆有舟。」〔註240〕《禮記・明堂位》云：「灌尊：夏后氏以雞夷，殷以斝，周以黃目。」〔註241〕斝用以盛鬱鬯祭祀，是盛酒器。

圖 2-10-1 是接近二里頭文化遺址所出土陶斝形式的青銅斝，有闊而略微外侈的頸部，腹部扁圓，上口前沿有一對釘狀柱，下有三條粗大的圓錐足。〔註241〕

〔註235〕見陝西周原考古隊：〈陝西扶風庄白一號西周青銅器窖藏發掘簡報〉，頁13，圖版肆，圖2。

〔註236〕羅振玉：《殷虛書契考釋》（臺北：藝文印書館，1981年3月），卷上，頁37～38。

〔註237〕見王國維：〈說斝〉，《觀堂集林》，卷3，頁34～35。

〔註238〕李濟：〈斝的形制及其原始〉，《中央研究院歷史語言研究所集刊》第39本（1969年1月），頁335～349。

〔註239〕見《禮記注疏》，卷49，頁835。

〔註240〕見《周禮注疏》，卷20，頁305。

〔註241〕見《禮記注疏》，卷31，頁581。

〔註241〕見馬承源：《青銅禮器》，頁17，圖7。

圖 2-10-2 為商代早期獸面紋斝，頸、腹、足已有明確分界，三角形足略向外張，腹呈圓形鼓出，雙立柱作傘形造型。〔註243〕圖 2-10-3 為西周早期折斝，侈口，高頸，腹部肥大，呈鬲腹形，三實足呈柱狀，兩柱呈傘狀，蓋上有雙首蛇形半環鈕。〔註244〕

圖 2-10：斝圖

2-10-1 乳釘紋斝	2-10-2 獸面紋斝	2-10-3 折斝

3、兕觥

〈周南・卷耳〉詩云：「我姑酌彼兕觥，維以不永傷。」毛傳云：「兕觥，角爵也。」〔註245〕朱傳云：「以兕角為爵也。」〔註246〕兕觥是以兕角為爵，亦即以犀牛角製成的酒器，如圖 2-11-1 為〔宋〕陳祥道《禮書》所錄的角爵圖。〈豳風・七月〉詩云：「躋彼公堂，稱彼兕觥：萬壽無疆。」毛傳云：「觥，所以誓眾也。」〔註247〕詩寫歲暮飲酒，眾人舉觥祝福豳公。〈小雅・桑扈〉詩云：「兕觥其觩，旨酒思柔。」〔註248〕二句又見〈周頌・絲衣〉。朱傳云：「觩，角上曲貌。」〔註249〕觩然形容角形曲長貌。據詩文描述酒器和旨酒，係寫飲酒之事，兕觥為飲酒器具。

觥，字又作觵，《說文》云：「觵，兕牛角可以　者也。」〔註250〕其器即象

〔註243〕見上海博物館：《認識古代青銅器》，頁 67，圖 9。
〔註244〕見陝西周原考古隊：〈陝西扶風庄白一號西周青銅器窖藏發掘簡報〉，頁 12，圖版參，圖 3。
〔註245〕見《毛詩正義》，卷 1 之 2，頁 34。
〔註246〕見〔宋〕朱熹：《詩集傳》，卷 1，頁 4。
〔註247〕見《毛詩正義》，卷 8 之 1，頁 286。
〔註248〕見《毛詩正義》，卷 14 之 2，頁 481。
〔註249〕見〔宋〕朱熹：《詩集傳》，卷 14，頁 160。
〔註250〕見《說文解字注》，4 篇下，頁 189。

兕牛角之形。中央研究院史語所發掘河南安陽殷虛得一角形器，見圖 2-11-2，形似牛角，材質係銅製，有蓋，口下附一穿孔。此器定名爲兕觥，〔註251〕爲飲器，甲骨文有象角形酒器者，其文作　　，徐中舒（1898～1991）認爲其形與目字形似，故禮經又謂之黃目，黃彝之黃疑爲觵省，其器即象兕牛角之形。〔註252〕

毛傳以形制解釋兕觥爲角爵，鄭箋以用途解釋兕觥爲罰爵。據《周禮》載閻胥掌「觵撻罰之事」，小胥掌「觵其不敬者」，鄭注云：「觵撻者，失禮之罰也。觵用酒，其爵以兕角爲之。」〔註253〕並引《詩》「兕觵其觩」，以兕觵爲罰爵，其說有值得商榷之處。〔清〕姚際恆（1647～1715?）《詩經通論》云：「兕性剛好觸，故以其角製爲觥飲酒，所以寓鑒戒之意，使人不敢剛而傲也。觩，角曲貌。故曰：持此兕觥之觩，飲此甘美之酒，當思所以柔和其德性。……鄭氏釋兕觥爲罰爵，非也。罰爵偶用兕觥，非兕觥爲罰爵也。」〔註254〕兕觥是以兕角爲爵，作飲酒器，罰爵偶用兕觥，不代表兕觥只用於罰爵。

兕觥一名，春秋典籍已有記載，對兕觥的研究始於宋。今傳世觥器有二類，一種爲角形器，一種似匜而有蓋。匜是水器，用以沃盥，其形制爲敞口，圈足，前有流。王國維〈說觥〉一文謂自宋以來，所謂匜者有二種，其一器淺而鉅，有足而無蓋，其流狹而長，此爲匜；其一器稍小而深，或有足，或無足，而皆有蓋，其流侈而短，蓋皆作牛首形，此爲觥，並舉出六種證據證明其說。〔註255〕王說觥蓋作牛首形，但牛首和兕首不同，二者之角有差異。此觥器和《詩經》所見兕觥當非一物。然目前出土器物均將似匜類而有蓋、稍小而深者的器定名爲觥，以和水器的匜作區分。此類器物常自名寶彝、障彝、寶障彝，應是盛酒器具。如圖 2-11-3 爲商代晚期鳳紋犧觥，器作獸形，前有短流，後有小垂尾，腹下有四蹄足，整個器物的形式似牛，故稱犧觥。觥蓋前端爲一牛頭，與器的流部正好吻合，蓋中間飾一立體小虎，便於開啓。〔註256〕圖 2-11-4 爲西周早期賣引觥，深腹鼓出，前有流，後有尾，蓋前端有一獸頭，有一對長頸鹿角，吻

〔註251〕孔德成：〈說兕觥〉，《東海學報》第 6 卷第 1 期（1964 年 6 月），頁 19。屈萬里：〈兕觥問題重探〉，《中央研究院歷史語言研究所集刊》第 43 本第 4 分（1971年 12 月），頁 533～538。

〔註252〕徐中舒：〈說尊彝〉，《上古史論》（臺北：天山出版社，1986 年 2 月），頁 83。

〔註253〕見《周禮注疏》，卷 23，頁 353；卷 12，頁 186～187。

〔註254〕〔清〕姚際恆：《詩經通論》（臺北：廣文書局，1961 年 10 月），卷 11，頁238。

〔註255〕見王國維：〈說觥〉，《觀堂集林》，卷 3，頁 35～36。

〔註256〕見上海博物館：《認識古代青銅器》，頁 89，圖 20。

部似虎，又有長耳與獸目相連。此器附有一斗，可挹酒，當爲容酒器，銘文稱醆彝。〔註257〕

圖 2-11：觥圖

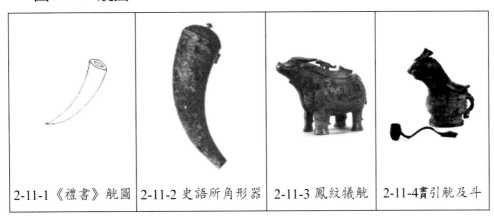

2-11-1《禮書》觥圖	2-11-2 史語所角形器	2-11-3 鳳紋犧觥	2-11-4賣引觥及斗

4、匏

〈大雅・公劉〉詩云：「執豕于牢，酌之用匏。」鄭箋云：「以匏爲爵。」〔註258〕詩寫燕飲之事，以匏爲爵。〔清〕陳奐《詩毛氏傳疏》云：「蓋以一匏離爲二，酌酒於其中，是曰匏爵，亦謂之瓢。」〔註259〕也就是用匏爲爵，作爲飲酒器。古代生活用品取之於自然，樹葉、果實的外殼，獸角和動物的內臟均可物盡其用，作爲盛裝器物。匏是瓠果，其果皮成熟後成堅硬的木質，剖半後其形似杓，可作容器使用，用以舀水、舀酒。匏在婚姻禮俗中被賦予象徵意義，《儀禮・士昏禮》「合卺」鄭注云：「合卺，破匏也。」〔註260〕古代新婚夫妻「合卺」禮儀破匏爲之，以線連兩端，可能與婚禮「著纓」儀式相似，其意多取自繩索連綿不斷的象徵意義。〔註261〕而匏本身的形狀與多子的特性，亦與女性形象類似，〔註262〕婚禮中的匏爵具有繁衍意象。圖 2-12-1 爲

〔註257〕見上海博物館：《認識古代青銅器》，頁 109，圖 30。

〔註258〕見《毛詩正義》，卷 17 之 3，頁 619。

〔註259〕見〔清〕陳奐：《詩毛氏傳疏》，卷 24，頁 880。

〔註260〕見《儀禮注疏》，卷 4，頁 43。

〔註261〕何根海：〈繩化母題的文化解構和衍繹〉，《鵝湖月刊》第 24 卷第 5 期（1998年 11 月），頁 14～24。

〔註262〕林素娟探討祭禮中陶匏的象徵意義時，提到「匏屬性多子，亦與母神關係密切，緯書對此曾加以闡述，如《黃帝占》說：『匏瓜星主後宮』『匏瓜星明……後宮宮多子孫；星不明，后失勢』。……以匏瓜作爲後宮的象徵，母性及繁育意象十分明顯。」見林素娟：〈飲食禮儀的身心過渡意涵及文化象徵意義——

聶崇義《三禮圖》所錄匏爵圖。〔註263〕

圖 2-12：匏爵、觚、觶圖

2-12-1 匏爵	2-12-2 旅父乙觚	2-12-3 父庚觶

禮經屢見觚、觶二器，如《儀禮・特牲饋食禮》云：「實二爵、二觚、四觶、一角、一散。」〔註264〕觚和觶也是商周主要的飲酒器，形狀似今日酒杯，屬圈足器。觚的形制上有敞開的喇叭形口部，器腹向下逐漸收縮，下有侈張的高圈足，中間頸部最細，可把手。觶的基本器形呈橢圓形，侈口，束頸，腹部鼓出，下承圈足，有的有蓋。圖 2-12-2 爲西周時期旅父乙觚，侈口，細腹，圈足，器壁較薄，腹部素面，圈足飾目雲紋。〔註265〕圖 2-12-3 爲西周早期父庚觶，侈口，器身細長，長頸連腹，下有圈足，腹部飾對稱鳳紋。〔註266〕

（二）盛裝器具

1、尊、犧尊

尊爲盛酒器具，自其廣義言之，尊爲飲器中盛酒器的共名，見於禮經者，曰甒，曰壺，曰方壺，曰瓦大，曰圜壺；〔註267〕自其狹義言之，尊則代表某一器物，今出土器物名曰尊者，器名定自宋人。宋人以飲器之較大而又無別名可稱者，皆統名之曰尊。《說文》尊字从酋从廾，象雙手捧酒尊之形。已箸

以三《禮》齋戒、祭祖爲核心進行探討〉，《中國文哲研究期刊》第 32 期（2008年 3 月），頁 195～196。

〔註263〕見〔宋〕聶崇義：《三禮圖》，卷 12，頁 157。

〔註264〕見《儀禮注疏》，卷 46，頁 547。

〔註265〕見陝西周原考古隊：〈陝西扶風庄白一號西周青銅器窖藏發掘簡報〉，頁 13，圖版肆，圖 1。

〔註266〕見上海博物館：《認識古代青銅器》，頁 105，圖 28。

〔註267〕見〔清〕淩廷堪著、彭林點校：《禮經釋例》，卷 11，頁 553。

錄之銅器中，尊的形制最爲複雜，就尊之字形言之，惟甒足以當之。〔註268〕

　　尊有圓形、有方形，基本特徵爲口部開闊，腹部鼓張，底部圈形，器身有肩，是一種大口而圈足的大型盛酒器。又有一種鳥獸尊，用動物形態設計成酒器尊的外形。《周禮・春官・司尊彝》所記六尊六彝，有雞彝、鳥彝、虎彝、蜼彝、獻（犧）尊、象尊，今出土器物中，有作鴞形者，謂之鴞尊；有作鳥形者，謂之鳥尊；有作梟形者，謂之梟尊；有作象形者，謂之象尊；有作羊形者，謂之羊尊；有作牛形者，謂之牛尊；有作虎形者，謂之虎尊；有鳥首而獸身者，謂之獸尊；有作獸形者，謂之犧尊。〔註269〕

　　〈魯頌・閟宮〉詩云：「白牡騂剛，犧尊將將。」毛傳云：「犧尊，有沙飾也。」〔註270〕《周禮》「六尊」鄭司農注云：「有獻尊、象尊」，「獻讀爲犧，犧尊飾以翡翠，象尊以象鳳皇，或曰以象骨飾。」〔註271〕《禮記・明堂位》「尊用犧象」鄭注云：「犧尊以沙羽爲畫飾，象骨飾之。」〔註272〕毛傳、鄭注解釋爲刻畫沙羽之飾，鄭司農注解釋爲飾以翡翠，孔疏云：「此傳言犧尊者沙羽飾，與司農飾以翡翠意同，則皆讀爲娑，傳言沙即娑之字也。」〔註273〕謂犧尊乃尊上刻畫鳳皇沙羽之飾，言盛酒之器有犧羽所飾之尊。

　　孔疏又引〔漢〕阮諶（～180？～？）《禮圖》云：犧尊飾以牛，象尊飾以象，於尊腹之上畫爲牛象之形。《禮圖》又引〔魏〕王肅（195～256）云：大和中魯郡於地中得齊大夫子尾送女器，有犧尊，以犧牛爲尊。此據當時地下所發現的新材料以訂正毛鄭之說，謂犧尊作犧牛形，象尊作象形，鑿其背以爲尊，故謂之犧象，犧尊、象尊同屬獸形尊。宋人言禮圖制度多從之，如聶崇義（～948～？）《三禮圖》、朱熹（1130～1200）《詩集傳》。朱傳云：「犧尊，畫牛於尊腹也。或曰：尊作牛形，鑿其背以受酒也。」〔註274〕《詩經》所見犧尊形制究竟爲何，孔穎達認爲此二說未知孰是，〔清〕王念孫（1744～1832）《廣雅疏證・釋器》特伸毛鄭而駁斥其餘諸說，而徐中舒對此課題討論甚詳，亦無法定出結論。〔註275〕觀商周青銅器紋飾，有作鳳紋，也有作獸紋，

〔註268〕見徐中舒：〈說尊彝〉，頁73。
〔註269〕容庚：《商周彝器通考》（臺北：文史哲出版社，1985年1月），頁430。
〔註270〕見《毛詩正義》，卷20之2，頁778。
〔註271〕見《周禮注疏》，卷20，頁305。
〔註272〕見《禮記注疏》，卷31，頁578。
〔註273〕見《毛詩正義》，卷20之2，頁780。
〔註274〕見〔宋〕朱熹：《詩集傳》，卷20，頁241。
〔註275〕見徐中舒：〈說尊彝〉，頁79～81。

種類不限於尊器。今出土器物有作牛形、象形者，定名為犧尊、象尊，詩文言犧尊，似為獸形尊。

圖 2-13：尊、犧尊圖

2-13-1 獸面紋尊

2-13-2 夔鳳紋方尊

2-13-3 春秋時代犧尊

2-13-4 戰國時代犧尊

圖 2-13-1 為商代晚期獸面紋尊，此尊大口，長頸，折肩，短腹，高圈足，肩上有四個立體的牛頭，圈足上部有三個十字形孔。〔註 276〕圖 2-13-2 為西周早期夔鳳紋方尊，敞口，折肩，鼓腹，方圈足，飾以鳳紋，所繪鳳鳥頭有長翎，垂尾，填以雷紋。〔註 277〕圖 2-13-3 為春秋晚期犧尊，器身作牛形，牛背上開三穴，容三鍋，器各部分均飾獸面紋。此器主要在於實用而不求肖似，但在牛頭部分保持真實感，使犧尊在工藝美術和實用方面完美地結合起來。〔註 278〕圖 2-14-4 為戰國時代鑲嵌金石犧尊，全器作犧牛穩立狀，以口為流，鑿背安蓋，可掀開，有環與器身相連。頭部鑲嵌松綠石及銀絲，器身飾銅絲，反映戰國時風行的鑲嵌技術。〔註 279〕

〔註 276〕見上海博物館：《認識古代青銅器》，頁 81，圖 16。
〔註 277〕見陳夢家：《海外中國銅器圖錄》，頁 86。
〔註 278〕見上海博物館：《認識古代青銅器》，頁 149，圖 50。
〔註 279〕國立故宮博物院編輯委員會編：《商周青銅酒器》（臺北：國立故宮博物院，

2、罍、缾

〈周南・卷耳〉詩云：「我姑酌彼金罍，維以不永懷。」〔註280〕詩寫酌酒於罍，借以銷愁。罍爲酒罇，屬大型容器。字又作櫑，一从缶、一从木，《說文》云：「櫑，龜目酒尊。刻木作雲靁象，象施不窮也。」〔註281〕《釋文》云：「其形似壺，容一斛，刻而畫之，爲雲雷之形。」蓋始以木爲材質，後以陶爲材質，之後又以銅爲之，故謂金罍。〔註282〕毛詩說金罍爲人君器，見《儀禮・燕禮》「罍水在東，篚在洗西南肆」；韓詩說金罍爲大夫器，見《儀禮・少牢饋食禮》「司宮設罍水于洗東」。〔註283〕〈周南・卷耳〉之金罍，於此處借代爲酒，已非盛裝器之本義。

〈大雅・泂酌〉詩云：「泂酌彼行潦，挹彼注茲，可以濯罍。」毛傳云：「罍，祭器。」〔註284〕《周禮》司尊彝掌六尊六彝之位，春祠、夏禴、秋嘗、冬烝四時之祭，皆有罍。〔註285〕罍是祭禮之用器，用以盛酒，亦作爲盛水器，禮經常見「設罍水」之文，用於祭祀饗燕場合。其基本特徵爲縮口，短頸，器腹較深，有蓋，器形有圓、有方。容庚《商周彝器通考》云：「壺，巨腹而斂口，或以盛酒，或以盛水漿。罍，壺之斂口廣肩者歸之。缾，壺、罍之無足者歸之。」〔註286〕對壺、罍、缾作區分，三者相同處爲縮口、深腹，皆用以盛酒、盛水。相異處在罍之器肩較廣，壺之器肩較窄，罍、壺爲圈足器，缾爲平底器。

〈小雅・蓼莪〉詩云：「缾之罄矣，維罍之恥。」〔註287〕詩以罍、缾爲喻，罍、缾皆是盛裝器具，罍較大，缾較小，均可用以盛酒和盛水。缾，字又从瓦作瓶，屬口小頸長而腹大的容器。《說文》云：「缾，甕也。从缶、并聲。缾或从瓦。」又云：「鉼，似鐘而長頸。」〔註288〕缾、鉼、瓶爲同一類型器具，从缶、从瓦、从金代表其製作材質不同。缾的製作起源於新石器時代，

1989 年 2 月），頁 265，圖 66:2。

〔註280〕見《毛詩正義》，卷 1 之 2，頁 33。

〔註281〕見《說文解字注》，6 篇上，頁 263～264。

〔註282〕見屈萬里：《詩經詮釋》，頁 9。

〔註283〕見《儀禮注疏》，卷 14，頁 158；卷 47，頁 561。

〔註284〕見《毛詩正義》，卷 17 之 3，頁 622。

〔註285〕見《周禮注疏》，卷 20，頁 305。

〔註286〕見容庚：《商周彝器通考》，頁 22。

〔註287〕見《毛詩正義》，卷 13 之 1，頁 436。

〔註288〕見《說文解字注》，5 篇下，頁 227；14 篇上，頁 710。

至今仍是非常普遍的盛裝器具。圖 2-14-1、圖 2-14-2 爲新石器時代晚期仰韶文化彩陶龍紋缾和半坡犁拍紋陶尖底缾。〔註 289〕圖 2-14-3 爲小屯出土白陶罍，口微張，高頸，細肩，縮腹，圈足，有蓋，在一面腹下部有一獸首裝飾。〔註 290〕圖 2-14-4 爲西周中期火龍紋罍，器的比例偏矮偏寬，口部和圈足也相應放大，更在肩上的雙耳套鑄大環。〔註 291〕

圖 2-14：罍、缾圖

2-14-1 白陶罍

2-14-2 火龍紋罍

2-14-3 龍紋缾

2-14-4 尖底缾

3、壺

〈大雅・韓奕〉詩云：「顯父餞之，清酒百壺。」〔註 292〕詩寫顯父替韓侯餞行，備清酒百壺以燕飲，壺爲盛裝器具，可用以盛酒、盛水，用途和罍相同。其用以盛酒，見《儀禮・聘禮》云：「八壺設于西序。」鄭注云：「壺，酒尊也。酒蓋稻酒、梁酒。」〔註 293〕其用以盛水，見《周禮・夏官・挈壺

〔註 289〕劉良佑：《陶瓷》（臺北：幼獅文化公司，1987 年 4 月），頁 4。
〔註 290〕見譚旦冏：《中國陶瓷》，頁 118。
〔註 291〕見馬承源：《青銅禮器》，頁 109，圖 114。
〔註 292〕見《毛詩正義》，卷 18 之 4，頁 681。
〔註 293〕見《儀禮注疏》，卷 21，頁 256。

氏》云：「掌挈壺以令軍井。」鄭注云：「壺，盛水器也。」〔註294〕壺爲宗廟禮器，《儀禮》中鄉飲酒禮、鄉射禮、燕禮、大射、聘禮、特牲饋食禮等儀節皆用之。

圖 2-15：壺圖

| 2-15-1 渦旋紋壺 | 2-15-2 乂壺 | 2-15-3 象鼻紋方壺 |

壺，《說文》作　　，字象其形。其器形有圓壺、方壺和扁壺，基本特徵爲束頸，鼓腹，圈足，旁有耳，多數有蓋。圖 2-15-1 爲史前仰韶半山式渦旋紋壺，壺張口，伸頸，闊肩，縮腹，平底，腹上左右各有大環形耳。〔註295〕商代壺器多爲貫耳，西周前期略承其制，西周後期貫耳者罕見，多獸耳銜環。戰國以後，有一種大腹型圓壺自名爲鍾，漢代之時，方壺自稱鈁，扁壺則自名爲鉀。〔註296〕壺類器還包括缶，皆口小腹大之器。圖 2-15-2 爲商代中期乂壺，小口，長頸，有蓋，斜肩，鼓腹，肩上左右各有半環形小繫，可穿繩提攜，下承圈足，圈足上有對稱四個方孔。〔註297〕圖 2-15-3 爲象鼻紋方壺，約當西周晚期至春秋早期，器身略方，侈口，鼓腹，下有圈足，雙耳飾捲鼻錐狀耳獸首。〔註298〕

4、卣

〈大雅·江漢〉詩云：「釐爾圭瓚，秬鬯一卣。」〔註299〕詩寫周宣王賞賜召虎之事，卣是盛秬鬯之器，作爲賞賜之用，常見於古經籍和銘文，如《左傳·僖公二十八年》載：「內史叔興父策命晉侯爲侯伯，賜之大輅之服，戎輅之服，

〔註294〕見《周禮注疏》，卷30，頁461。
〔註295〕見譚旦同：《中國陶瓷》，頁150，圖16。
〔註296〕見陳溫菊：《詩經器物考釋》，頁44。
〔註297〕見上海博物館：《認識古代青銅器》，頁71，圖11。
〔註298〕見國立故宮博物院編輯委員會編：《商周青銅酒器》，頁173，圖55。
〔註299〕見《毛詩正義》，卷18之4，頁687。

形弓一，彤矢百，玈弓矢千，秬鬯一卣，虎賁三百人。」〔註300〕卣，金文作（虢叔鐘），象形。器名定自宋人，文獻中或作攸、脩。《周禮・春官・鬯人》「廟用脩」鄭注云：「脩讀曰卣。卣，中尊。」〔註301〕卣的基本特徵爲大腹，細頸，斂口，上有蓋，蓋有紐，下有圈足，側有提梁。器身造型有方腹、圓腹、扁腹等形式，也有作筒形。西周早中期之際使用的卣形式比較一致，器體橫截面呈長方形圓角，整體比例較矮。此期卣多鑄銘，有其歷史價值。

圖 2-16：卣圖

| 2-16-1　斿卣 | 2-16-2　丰卣 | 2-16-3 直筒形卣 |

圖 2-16-1 爲商代晚期　斿卣，器形剖面作橢圓形，蓋套在器口之外，連接頸部兩側有一提梁，作縱向相連，和一般左右相連不同。〔註302〕圖 2-16-2 爲西周時期丰卣，橢圓形腹，下腹外鼓，圈足，有蓋，上有圈狀握手，提梁兩端飾獸首。〔註303〕圖 2-16-3 爲西周早期鳳紋直筒形卣，器體作直筒形，和一般作橢圓形的完全不同，有一插入式的蓋，口沿兩側設提梁。出土時成對，組合是一大一小。〔註304〕

5、缶

〈陳風・宛丘〉詩云：「坎其擊缶，宛丘之道。」〔註305〕缶在詩中作爲打節拍的樂器。因缶亦爲盛裝器具，故一併討論。缶爲盛裝器又見《易・坎》

〔註300〕見《春秋左傳正義》，卷 16，頁 273～274。
〔註301〕見《周禮注疏》，卷 19，頁 300。
〔註302〕見上海博物館：《認識古代青銅器》，頁 83，圖 17。
〔註303〕見陝西周原考古隊：〈陝西扶風庄白一號西周青銅器窖藏發掘簡報〉，頁 11，圖版貳，圖 4。
〔註304〕見馬承源：《青銅禮器》，頁 97，圖 91。
〔註305〕見《毛詩正義》，卷 7 之 1，頁 250。

六四云：「樽酒簋貳，用缶。」〔註306〕《左傳・襄公九年》載「具綆缶，備水器。」杜注云：「缶，汲器。」〔註307〕圖 2-17 是戰國曾侯乙墓出土銅器有大尊缶、方尊缶和盥缶，尊缶用於盛酒，盥缶用於盛水。其中大尊缶高 126 公分，腹徑 100 公分，重達 327.5 公斤，在目前出土中國青銅器中僅次於商代之司母戊鼎。〔註308〕

圖 2-17：缶圖

| 2-17-1 大尊缶 | 2-17-2 方尊缶 | 2-17-3 盥缶 |

（三）挹注器具

1、斗

〈大雅・行葦〉詩云：「曾孫維主，酒醴維醹。酌以大斗，以祈黃耇。」〔註309〕此爲燕飲頌禱之辭。鄭箋云：「有醇厚之酒醴，以大斗酌而嘗之。」謂以斗酌取酒醴，以祈壽介福，此處酌以大斗亦借代爲飲酒。〈小雅・大東〉詩云：「維北有斗，不可以挹酒漿。」毛傳云：「挹，斟也。」〔註310〕詩寫北斗星之形雖似斗，但不具有斗器的用途。斗，金文作　（秦公簋），象形，由杓和柄組成，其柄出自斗首腰際，屬挹注之器。《說文》解釋作量名，乃後世叚借之義，挹取之斗則又另加木旁造新字科，以和升斗之斗區分，科和斗實爲一物。《說文》科、勺二字互訓，其云：「勺，科也。所以挹取也。」〔註311〕科和勺同爲挹注之器。斗爲酒器，用以挹酒。《儀禮・士冠禮》云：「有篚實，

〔註306〕見《周易正義》，卷3，頁73。

〔註307〕見《春秋左傳正義》，卷30，頁523。

〔註308〕曾侯乙墓大尊缶、盥缶見東京國立博物館編集：《特別展曾侯乙墓》，頁95、118、101，圖34、51、37。

〔註309〕見《毛詩正義》，卷17之2，頁603。

〔註310〕見《毛詩正義》，卷13之1，頁441。

〔註311〕見《說文解字注》，14篇上，頁722。

勺觶，角柶。」鄭注云：「勺，尊斗，所以㪺酒也。」〔註312〕勺爲尊斗，爲㪺酒之器。禮經所記挹酒之器皆稱爲勺，舀酒用器常和罍、尊、卣、壺之器共出。

〔清〕淩廷堪《禮經釋例》區分枓、勺用途，以㪺水之器爲枓，㪺酒之器爲勺。〔註313〕故考古實物中有杓有柄之器，學者或以其酒器的用途定名爲勺，而以水器的用途者定名爲斗，〔註314〕或斗、勺不分，或難下判斷。〔註315〕馬承源（1927～2004）《中國青銅器》一書以器柄的曲直作爲斗、勺二器形制的區分，〔註316〕勺爲直柄，而斗爲曲柄。斗、勺形制略有不同，若細分之，則凡柄直，或柄與口緣相連者，包括柄曲而與口緣相連者，悉當歸屬勺類。〔註317〕觀《詩經》詩文，斗確爲㪺酒之器。斗亦可作㪺水之器，用以沃盥。《儀禮·少牢饋食禮》云：「司宮設罍水于洗東，有枓。」鄭注云：「枓，㪺水器也。凡設水用罍，沃盥用枓。」〔註318〕斗兼有酒器和水器的用途。

2、瓚

〈大雅·旱麓〉詩云：「瑟彼玉瓚，黃流在中。」毛傳云：「玉瓚，圭瓚也。黃金所以飾流鬯也。」〔註319〕詩詠君子備瓚器以裸禮降神，瓚爲裸鬯所用的祭器，於祭祀中灌酒時用之。其義冀神明聞之，而來格來享，福祿攸降。周人廟祭，鬯實於彝，行裸時，則以勺挹之，注之於瓚以裸神。其柄用玉，有勺，有流前注，黃流即黃金勺之流。《詩經》中出現的瓚，除了〈旱麓〉「玉瓚」一詞，尚有〈大雅·江漢〉所云「圭瓚」和〈大雅·棫樸〉「濟濟辟王，左右奉璋」的「璋瓚」。〔註320〕鄭箋云：「璋，璋瓚也。祭祀之禮，王裸以圭瓚，諸臣助之，亞裸以璋瓚。」圭瓚、璋瓚俱爲玉瓚。圭、璋指玉的類型，圭瓚以圭爲杓柄，璋瓚以璋爲杓柄，總名稱之玉瓚。玉瓚爲裸禮所用之祭器，所盛之酒雖非用於飲用，但以其亦爲挹注器具，故列於此一併討論之。

〔註312〕見《儀禮注疏》，卷2，頁17。
〔註313〕見〔清〕淩廷堪著、彭林點校：《禮經釋例》，卷11，頁552～553。
〔註314〕見容庚、張維持：《殷周青銅器通論》，頁64～65。
〔註315〕陳芳妹：〈商周青銅酒器析論〉，國立故宮博物院編輯委員會編：《商周青銅酒器特展圖錄》（臺北：國立故宮博物院，1989年2月），頁32。
〔註316〕見馬承源：《中國青銅器》，頁258。
〔註317〕參閱周聰俊：《裸禮考辨》（臺北：文史哲出版社，1994年12月），頁164～166。
〔註318〕見《儀禮注疏》，卷47，頁561。
〔註319〕見《毛詩正義》，卷16之3，頁559。
〔註320〕見《毛詩正義》，卷18之4，頁687；卷16之3，頁556。

小　結

　　《詩經》中所見的食物有飯食、膳牲、薦羞，包括穀食、肉食、蔬食和加工類食品，有時亦以食器借代食物。《詩經》中的穀糧以黍、稷出現最多次，黍、粱、稻屬貴族珍貴食糧，平民則以稷、麻、菽和蔬果爲常食。膳牲部分，以牛、羊、豕、犬、鴈、魚和狩獵所得的田獸爲主要肉食來源。薦羞品類最多，包括加工類食品和羹、炙、膾等珍羞。《詩經》中所見的飲料有水、漿、酒、醴、鬯，水供飲用，亦供祭祀，稱爲玄酒；漿是飲料液汁的總稱，或供渴時飲用，或供食後漱口；酒有春酒、清酒、釃酒之稱，還有五齊、三酒之說；醴，爲甜酒，有清、濁之分；鬯乃以香草所釀的酒，用於祭祀和賞賜。《詩經》中所見的飲料多指酒而言，或以酒器借代酒，主要供飲用和祭祀之用。當時酒類原料以黍、稷、稻、粱爲主，以麴釀酒，以糵釀醴。從《詩經》所反映的飲食文化資料來看，可從飲食品類的豐富與擴大，顯示當時經濟生產與飲食文明的發展程度。

　　飲食品類和飲食器物密不可分，由於器物的銘文、斷代、紋飾、器形、器用屬於專門金石學研究領域，本文僅能就盛裝功能概述其形制，以作爲飲食器具的佐證。《詩經》中所見的食器包括烹煮的釜屬器、鼎屬器和蒸煮用的器具，以及盛食所用的豆形器、簋形器和匕、俎等。飲器方面，詩文所提到的飲用器物有爵、斝、兕觥和匏，盛裝器物有盛酒和盛水的尊、卣、缾、罍、壺、缶，挹注用器物有斗和瓚。飲食器物是日常生活的必備所需，也同時是祭祀活動和燕饗場合中的禮器，陳溫菊《詩經器物考釋》云：「詩中禮器最常見用於祭祀和燕飲，祭祀所用食器、酒器，是取其在禮制上所象徵的意義，而宴飲中使用禮器，則表現出器物本身的實用性，同時也透露了周代禮器兼具實用與禮制雙重功能的訊息。」〔註321〕正說明名物器用受到飲食禮儀的規範，形成「禮以儀成，儀以物顯」的禮器文化。

〔註321〕見陳溫菊：《詩經器物考釋》，頁64。

第三章 《詩經》中所見食材與食物製作

　　先秦飲食品類走向多樣化與精緻化，首先是以農業進步爲基礎。中國古代飲食主要以穀類爲主食，以肉類、果類、菜類爲輔助性副食，傳統飲食保健觀念注重「五穀爲養」、「五畜爲益」、「五果爲助」、「五菜爲充」和「五味調和」的「食醫同源」養生之道，這就是飲食文化追求「和」的意義。〔註1〕穀糧食物富含營養價值，是日常生活中醣類、蛋白質和必需能量的主要來源；魚、肉類食品中含有豐富的蛋白質、脂質及足量而平衡的維生素B群，可促進人體生長發育；蔬菜和果類有豐富維生素、食物纖維和部分植物蛋白，可補充營養、幫助消化，有益身體健康。本章研究對象爲《詩經》中所見食材與食物製作，先敘述食材來源及食材種類，其次探討詩文所呈現有關生食、熟食、加工、調味的食物製作方式。

第一節　食材種類

一、穀類食材

（一）食材來源

　　《詩經》時代的產業結構以農業爲主，漁獵、畜養爲輔，詩中保存不少

〔註 1〕　參閱劉儀初：〈論中國食醫同源的產生及其營養學價值〉，《第三屆中國飲食文化學術研討會論文集》（臺北：中國飲食文化基金會，1994 年 12 月），頁 482～483。

有關農業經濟生產的記錄，包括種植於園圃場圃的果樹蔬菜，以及種植於田畝農地的穀類、豆類等糧食作物，也反映出從原始農業演進到傳統農業的發展狀況，可說是精耕細作農業的萌芽期。〔註2〕穀物糧食的主要來源是農業耕種的收成，農業活動大致上是依耕、耘、穫、祭的工作歷程循環著。如〈豳風・七月〉寫豳地農人之生活，全詩八章，和農事有關之敘述，除農田耕作外，尚有穀類作物和收穫時節。四章詩云「八月其穫」，〔註3〕所穫者為禾、蔬、果；六章詩云「十月穫稻」，〔註4〕所穫者為稻，可用以釀酒。七章詩云：「九月築場圃，十月納禾稼。黍稷重穋，禾麻菽麥。」毛傳云：「後熟曰重，先熟曰穋。」〔註5〕詩文提及的農作物有黍、稷、禾、麻、菽、麥、稻等，眾穀類尚可細分為重、穋之別。據《周禮・天官・內宰》鄭司農注云：「先種後熟謂之重，後種先熟謂之穋。」〔註6〕重、穋蓋指各穀物早熟、晚熟之品種。〈小雅・甫田〉、〈小雅・大田〉亦有描寫耕種、收穫、祭祀、祈年之事，〈小雅・信南山〉、〈周頌・豐年〉、〈周頌・載芟〉、〈周頌・良耜〉等詩中也有相關敘述。

（二）穀物種類

1、黍　類

黍是卜辭和先秦典籍中最常見的穀物，出現於《詩經》十五篇詩文中，可見黍是商、周時期重要的農作物。黍的品種有黃、白、赤、黑數種，以黃色最多，又稱黃米。黍之黑者稱為秬，〈大雅・生民〉六章詩云：「誕降嘉種，維秬維秠，維穈維芑。」毛傳云：「秬，黑黍也。秠，一稃二米也。」〔註7〕言天降

〔註2〕 參閱李根蟠：《中國農業史》（臺北：文津出版社，1997年6月），頁4、28。在糧食作物方面，由於古今異名和同類異屬的歸類問題學術界至今仍未有定論，故僅能就穀物釋名和植物形態部分作初步探討，主要參考〔明〕李時珍《本草綱目》卷22～23、〔清〕程瑤田《九穀考》、〔清〕吳其濬《植物名實圖考》卷1～2、齊思和《〈毛詩〉穀名考》、于景讓〈黍稷粟粱與高粱〉、〈黍〉、何炳棣《黃土與中國農業的起源》等資料。

〔註3〕 〔漢〕毛亨傳、鄭玄箋、〔唐〕孔穎達疏：《毛詩正義》（臺北：藝文印書館，1997年8月，影印清嘉慶20年江西南昌府學重刊宋本《毛詩注疏》本），卷8之1，頁283。

〔註4〕 見《毛詩正義》，卷8之1，頁285。

〔註5〕 見《毛詩正義》，卷8之1，頁285。

〔註6〕 〔漢〕鄭玄注、〔唐〕賈公彥疏：《周禮注疏》（臺北：藝文印書館，1997年8月，影印清嘉慶20年江西南昌府學重刊宋本《周禮注疏》本），卷7，頁113。

〔註7〕 見《毛詩正義》，卷17之1，頁593～594。

下美善之穀種，此嘉穀包括秬、秠、穈、芑，秬即黑黍，是黍的良種，而黍的另一個改良品種稱為秠，意指一稃二米，也就是雙粒黍，亦為嘉穀。黍的果實為球形穎果，胚乳長為穀粒的一半，穀粒營養價值高，含有醣類、蛋白質和脂肪等。作物原生於亞洲北部，生長期短，能耐旱，適合生長於華北平原。據〈周頌・良耜〉孔疏云：「〈少牢〉、〈特牲〉大夫、士之祭禮食有黍，明黍是貴也。〈玉藻〉云：子卯，稷食菜羹，為忌日貶而用稷，是為賤也。賤者當食稷耳，故云豐年之時，雖賤者猶食黍。」〔註8〕黍飯平常是貴族特享的糧食，而平民日常的飯食則以稷飯為疏食。黍可蒸煮做黍飯，也可煎熬做點心，也可以做為釀酒原料。〈周頌・豐年〉詩云：「豐年多黍多稌，亦有高廩，萬億及秭，為酒為醴，烝畀祖妣。」〔註9〕豐收的黍、稌皆可釀酒，供祭祀和飲用。〈大雅・江漢〉所云「秬鬯」，即黑黍所釀之酒，作為祭祀和賞賜有功之用。

2、稷　類

稷出現於《詩經》十篇詩文中，皆和黍並稱，或稱黍稷，或稱稷黍，由於古籍中黍稷常連用，因此名稱常被混淆，或認為稷是黍之不黏者，或認為稷是高粱，或認為稷是粟。〔註10〕從貴族所食四簋包含「黍、稷、稻、粱」來看，黍、稷應當不同類。據〔唐〕慧琳（737～820）《一切經音義》「雜穀」條：「《字統》云：穀，續也。穀名百數，惣歸於五，所謂稷、黍、豆、麥、麻也，稷屬謂之穗穀，黍屬謂之散穀，豆屬謂之角穀，麥屬謂之芒穀，麻屬謂之樹穀，故謂五穀。」〔註11〕可推知黍、稷一為散穗，一為垂穗。黍和稷是相近的穀類，都屬小米類，均有黏與不黏之分。本文根據于景讓（1907～1977）的看法，採用以稷為粟之說。〈小雅・黃鳥〉一章詩云：「黃鳥黃鳥，無集于穀，無啄我粟。」二章詩云「無啄我粱」，三章詩云「無啄我黍」，〔註12〕詩中粟、粱、黍分別為三種不同的作物，粟當指稷而言。

〔註 8〕見《毛詩正義》，卷 19 之 4，頁 749。

〔註 9〕見《毛詩正義》，卷 19 之 3，頁 731。

〔註10〕以稷是黍之不黏者，見蘇恭、李時珍；以稷是高粱，見程瑤田、段玉裁；以稷是粟，見吳其濬、于景讓。詳見于景讓：〈黍稷粟粱與高粱〉，《大陸雜誌》第 13 卷第 3 期（1956 年 8 月），頁 1～10；于景讓：〈黍〉，《大陸雜誌》第 13 卷第 7 期（1956 年 10 月），頁 1～5。

〔註11〕〔唐〕慧琳：《一切經音義》（朝鮮海印寺藏版，京城帝國大學 1931 年刻本），卷 16，頁 3。見許倬雲：《求古編》（臺北：聯經出版公司，1982 年 6 月），頁 152。

〔註12〕見《毛詩正義》，卷 11 之 1，頁 379。

　　《說文》云：「粟，嘉穀實也。」〔註13〕嘉穀曰禾，穀實曰粟，粟實曰米。粟本指禾本科植物未去殼的果實或種子，莊萬壽（1939～）謂：粟是共名，共名常會變成某時代通行一物的專名，這是語言流變史上必有現象。稷之名稱流變：殷曰粢；周曰稷；東周、漢曰粟；之後稷衰微。〔註14〕周朝以穀粒之粟字代稱當時最普遍的作物——稷，東漢以後，穀粒之粟字改而代稱當時普遍栽培的作物——粱。由於稷在周朝是普遍種植的作物，是人民主食，栽培廣泛，產量眾多，在諸穀類之中具有代表性，故被稱作五穀之長，又是穀神的代表，穀神和土地神合稱社稷，變成統治政權的象徵。但因為稷太過普遍，因此無人記載其形態，中古之後受良種穀類的影響而漸被淘汰。

　　3、粱　類

　　粱出現於《詩經》三篇詩文中，《說文》云：「粱，禾米也。」又云：「禾，嘉穀也。」〔註15〕〔清〕馬瑞辰謂：「禾有為諸穀通稱者，有專指一穀者。是粱者，粟之米也；粟者，禾之實也。此詩以禾與麻、菽、麥竝言者，禾即粱也。」〔註16〕禾本來是指禾本科植物中的嘉穀，也可以代稱某一種穀類，專名的禾也就是粱。果實為球形，黃色，極小，結實後，果穗下垂。黃河中上游為其主要栽培區，是中國北方重要的糧食作物。粱屬小米類，種類多，有赤粱、白粱、黃粱、青粱，除青粱較差外，其餘都是美穀。〈大雅‧生民〉詩文中有穈、芑品種，毛傳云：「穈，赤苗也。芑，白苗也。」〔註17〕赤苗的粱稱為穈，苗帶紅褐色；白苗的粱稱為芑，苗色淡綠，都是嘉種。粱可做飯食，亦可釀酒，平時是貴族享用的穀物。

　　4、稻　類

　　稻類出現於《詩經》六篇詩文中，〈周頌‧豐年〉毛傳云：「稌，稻也。」〔註18〕《本草綱目》云：「稻稌者，粳、糯之通稱。《物理論》所謂稻者灌溉

〔註13〕　〔漢〕許慎撰、〔清〕段玉裁注：《說文解字注》（臺北：黎明文化公司，1993年7月，影印經韵樓藏版本），7篇上，頁320。

〔註14〕　參閱莊萬壽：〈中國上古時代的飲食〉（上），《中國學術年刊》第1期（1972年4月），頁8～11。

〔註15〕　見《說文解字注》，7篇上，頁333、323。

〔註16〕　〔清〕馬瑞辰：《毛詩傳箋通釋》（臺北：藝文印書館，1986年6月，《續經解毛詩類彙編》本），第2冊，卷16，頁1337。

〔註17〕　見《毛詩正義》，卷17之1，頁594。

〔註18〕　見《毛詩正義》，卷19之3，頁731。

之總稱是矣。《本草》則專指糯以為稻也。稻从舀，象人在臼上治稻之義。稌
則方言稻音之轉爾。其性黏軟，故謂之糯。」〔註19〕稻、稌皆指稻，細分則
黏者曰糯，不黏者曰粳。果實為扁橢圓形穎果，包藏於兩枚船形的堅硬內穎
之中，外穎極小，宿存於內穎的基部。農作收割後，必先舂去稻穀果實外的
硬殼，才可烹煮食用。稻米含有豐富的蛋白質，在植物性食品中，僅次於黃
豆，此外還包括醣類、脂肪、礦物質、維生素 B、維生素 E 等多樣營養素，
營養價值非常高。〔註20〕稻的種類很多，可以釀酒，可以為粢，可以蒸糕，
可以熬餳，可以炒食。稻是貴族享用的穀物，金文每以「稻粱」並稱，用稻
所釀成的酒為上品。水稻原生南方，〔註21〕生長需要水分，而北方缺水，故
栽培面積不廣、收穫有限。

5、麥　類

麥類出現於《詩經》九篇詩文中，麥，初文作來，甲骨文作 𡴎（《殷契佚
存》四二六）、𡴎（《殷虛文字外編》九三）。麥、來二字象麥類植株之形，又
稱來牟，是外來品種，屬芒穀，在中國栽培時間長久。麥有小麥、大麥品種，
小麥的粉較黏，不適合粒食，而大麥穀皮軟而不黏，宜於粒食。〔魏〕張揖（～
227～？）《廣雅・釋草》云：「大麥，麰也。小麥，　也。」〔註22〕以　指小
麥，麰指大麥。只言麥者，可能並無大麥、小麥之分。〈夏小正〉三月載：「祈
麥實——麥實者，五穀之先見者，故急祈而記之也。」〔註23〕反映出麥類收
穫期早。麥可做麥飯、也可熬麥做饘，是先民主要的糧食作物。

6、麻　類

麻是古代重要的纖維作物，也是常見的糧食作物。麻的種類很多，詩文
的麻應專指大麻而言。麻是雌雄花異株，雄株稱為「枲」，枲不結子，其表皮
加工後可作衣服原料；雌株稱為「苴」，苴麻結子，其實叫「蕡」，可供食用，

〔註19〕〔明〕李時珍：《本草綱目》（北京：人民衛生出版社，1993 年 12 月），卷 22，
　　　　頁 1462～1463。
〔註20〕稻米相關敘述參閱漢聲雜誌社：《中國米食》（臺北：英文漢聲出版公司，1983
　　　　年 9 月），頁 24。
〔註21〕參閱李潤權：〈試論我國稻作的起源〉，《農史研究》第 5 輯（北京：農業出版
　　　　社，1985 年），頁 161～169。
〔註22〕〔魏〕張揖撰、〔清〕王念孫疏：《廣雅疏證》（臺北：臺灣中華書局，1970
　　　　年 1 月），卷 10 上，頁 35 下～36 上。
〔註23〕高明：《大戴禮記今註今譯》（臺北：臺灣商務印書館，1975 年 4 月），頁 78。

可以搾油，亦可製香料。《周禮》作蕡，《詩經》作苴，《說文》作秠。麻子大多和穀米一起煮粥，〈豳風・七月〉詩云：「九月叔苴。」毛傳云：「叔，拾也。苴，麻子也。」鄭箋云：「麻實之糝。」孔疏云：「叔苴謂拾取麻實以供食也。……言叔苴者，以麻九月初熟，拾取以供羹菜。其在田收穫者，猶納倉以供常食也。」〔註24〕《禮記・月令》食麻與麥、菽、稷、黍四穀並列，麻實可和米煮粥，亦可煎熬做蕡。

7、菽　類

菽，初文作　，《說文》云：「　，豆也。　，象豆生之形也。」段注云：「豆之生也，所種之豆必爲兩瓣，而戴於莖之頂，故以一象地，下象其根，上象其戴生之形。」〔註25〕豆是古食肉器的象形字，漢人以豆字代　字。菽原爲豆類總稱，但因其中大豆最具經濟價值，故菽常專指大豆而言，荏菽、戎菽均指大豆。自古即爲重要栽培作物之一，栽種地域廣泛。菽葉稱爲藿，其苗、葉嫩者可供蔬用，屬陸生蔬菜類，而豆實可作糧食，古稱爲九穀，亦可歸屬於穀糧類。

大豆可煮豆飯、豆糜，還可磨粉，如《周禮・籩人》鄭司農注云：「糗，熬大豆與米也。粉，豆屑也。」〔註26〕豆可作糗餌粉餈。菽屬蝶形花科，果實爲扁平莢果，內有球形至卵形種子。由於根部根瘤菌的關係，種豆不但不會過分消耗土壤肥力，反而可以增加土壤的含氮量。由於古代供肉用的牲畜與獸禽有限，一般人民除祭祀、宴客和特殊節日之外，平日很少食肉，大抵以蔬菜爲主。大豆營養豐富，含有豐富的蛋白質、醣類、脂肪、維生素和礦物質如磷、鐵之類，因此成爲蛋白質主要來源之一。〔註27〕

〔註24〕見《毛詩正義》，卷8之1，頁285。
〔註25〕見《說文解字注》，7篇下，頁339～340。
〔註26〕見《周禮注疏》，卷5，頁83。
〔註27〕大豆的相關敘述參閱耿煊：《詩經中的經濟作物》（臺北：臺灣商務印書館，1996年3月），頁32。

圖 3-1：穀類圖〔註28〕

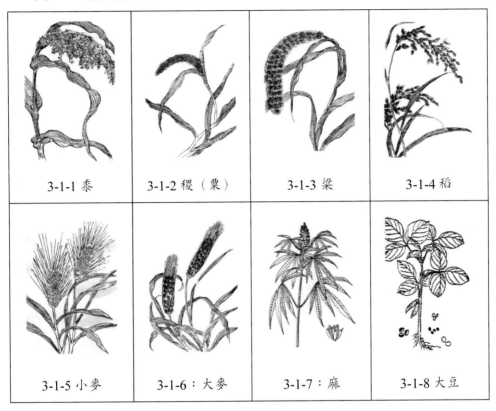

3-1-1 黍	3-1-2 稷（粟）	3-1-3 粱	3-1-4 稻
3-1-5 小麥	3-1-6：大麥	3-1-7：麻	3-1-8 大豆

　　除上述七類外，《詩經》中未提及的糧食作物還有「六穀」之稱的苽〔註29〕和當時尚未普遍種植的高粱。〔註30〕《說文》云：「苽，雕苽，一名蔣。」〔註31〕苽生淺水中，春月生新芽，秋天結實。原本在北方是食其穀實，稱作苽米、苽粱，後來移到南方改食其嫩白莖部，稱作苽首、茭白筍。

〔註28〕所附穀類圖片出自〔清〕吳其濬《植物名實圖考》（臺北：臺灣商務印書館，1965年），卷1。

〔註29〕《周禮·天官·膳夫》「六穀」注引鄭司農文：「稌、黍、稷、粱、麥、苽」。見《周禮注疏》，卷4，頁57。

〔註30〕據考古資料顯示在山西萬泉縣荊村新石器時代遺址有高粱穀類遺灰，而三里墩殷周文化層中有高粱稈及高粱葉的遺跡，但高粱在中國普遍種植是在宋元之際。見南京博物院：〈江蘇新沂縣三里墩古文化遺址第二次發掘簡報〉，《考古》1960年第7期，頁21～22。參閱何炳棣：《黃土與中國農業的起源》（香港：香港中文大學，1969年4月），頁137～139。

〔註31〕見《說文解字注》，1篇下，頁36。

二、肉類食材

（一）食材來源

1、畜　養

　　肉類食物的主要來源是畜養和漁獵所得，早在新石器時代，人類就開始飼養畜禽，主要目的是作爲食物的儲備，而其附加價值則是可役使利用牲畜。除供肉食外，牲畜的乳、皮、毛、卵、羽、角等副產品亦爲重要的生活資源。詩文中出現所畜養的動物有牛、羊、馬、豕、犬、雞等六畜，畜養的方式有放牧、圈養等。其中馬主要是提供坐騎和車駕，交通、軍事之用甚於飲食，而牛、羊則屬貴族階層祭祀牲盛和飲食嘉殽。《禮記・曲禮下》云：「問庶人之富，數畜以對。」孔疏云：「謂雞豚之屬。」〔註32〕一般平民所飼養的牲畜以雞、豕爲主，除祭祀、宴客或節日外，平日仍以穀食和蔬食爲主要食物。《詩經》中所見雞畜，多和雞鳴有關，著眼於報曉功用。〈大雅・公劉〉詩云：「篤公劉，于京斯依。蹌蹌濟濟，俾筵俾几。既登乃依，乃造其曹，執豕于牢，酌之用匏。食之飲之，君之宗之。」〔註33〕此詩追溯先周時代公劉之事蹟，四章述公劉依居於京，設宴飲食而爲君爲宗。言公劉宮室既已落成，遂與群臣飲食以樂之。筵中以豕爲食，詩云「執豕于牢」，謂執豕以爲飲酒之殽。

　　〈小雅・無羊〉首章詩云：「誰謂爾無羊？三百維群。誰謂爾無牛？九十其犉。爾羊來思，其角濈濈；爾牛來思，其耳濕濕。二章詩云：「或降于阿，或飲于池，或寢或訛。爾牧來思，何蓑何笠，或負其餱。三十維物，爾牲則具。」〔註34〕此詩寫牧人牧牛羊之盛，藉以反映周宣王時代中興局面。詩中可見牧場之大，牲畜之多，而所養牧之牛羊當用以供祭祀之牲牷。首章描寫牛羊數目繁盛、牲畜各適其性。二章寫牛羊生態、牧人辛勤及畜牧用途，指出有三十頭不同色之牛，表示祭祀要用之牲口已備齊，而牧人所牧之牛羊足以供祭祀之用。

　　牛羊是古代主要牲畜，貴族膳羞肉食即以牛羊肉爲主，祭社、祭廟的牲品也以牛羊爲尊貴。《國語・楚語下》記觀射父論祀牲云：「天子舉以大牢，祀以會；諸侯舉以特牛，祀以太牢；卿舉以少牢，祀以特牛；大夫舉以特牲，

〔註32〕〔漢〕鄭玄注、〔唐〕孔穎達疏：《禮記注疏》（臺北：藝文印書館，1997年8月，影印清嘉慶20年江西南昌府學重刊宋本《禮記注疏》本），卷5，頁96～97。
〔註33〕見《毛詩正義》，卷17之3，頁619。
〔註34〕見《毛詩正義》，卷11之2，頁388～389。

祀以少牢；士食魚炙，祀以特牲；庶人食菜，祀以魚。上下有序，則民不慢。」〔註35〕牛羊豕三牲具曰太牢，羊豕二牲曰少牢，豕牲曰特牲。《詩經》詩文中所出現的羊有羜、羖、牂、羔、羝、羍等稱呼，羝、羖為牡羊，牂為牝羊，羔指小羊，或說羔生五月為羜，羔生七月為羍，羔、羜、羍均可指未成年的小羊。〈豳風·七月〉詩云：「朋酒斯饗，曰殺羔羊。」毛傳云：「鄉人以狗，大夫加以羔羊。」〔註36〕〈小雅·伐木〉詩云：「既有肥羜，以速諸父。」「既有肥牡，以速諸舅。」〔註37〕小羊的皮可做羔裘，屬於貴族服飾，其肉質鮮嫩，為筵席間的美味嘉殽，而太牢、少牢祀牲也會用到羊牲。

2、漁　獵

庶民日常飲食以菜饌為主，魚類為盛食。除羹食外，只有魚類食物是各個階層都有機會享用的美味。〔註38〕漁獵為人類基本謀生方式，透過漁撈、狩獵，可獲得魚、肉類食材補充。田狩所得，可炙烤、可煮羹，可作成乾肉食品如脯腊，亦可作成肉醬、肉汁醓醢之類。而《詩經》中和捕捉魚類有關的詩篇，多以漁撈器具作為興喻。如〈邶風·谷風〉三章詩云：「涇以渭濁，湜湜其沚。宴爾新昏，不我屑以。毋逝我梁，毋發我笱。我躬不閱，遑恤我後？」毛傳云：「逝，之也。梁，魚梁。笱，所以捕魚也。」鄭箋云：「毋者，諭禁新昏也。女毋之我家，取我為室家之道。」〔註39〕詩表達棄婦之心聲，棄婦今既遭離棄，乃以維持生計所必需之梁、笱為言，自述心中複雜情緒。《周禮》鄭司農注云：「梁，水堰也。堰水為關空，以笱承其空。」〔註40〕在河上堰石障水，便於行人過河稱為河梁，梁有空障以流水，可置笱於其中以捕魚，故亦稱魚梁。笱為捕魚用之竹籠，口有逆刺，魚入而不可出。棄婦囑託不要動到自己的魚梁和捕魚笱，隨後又想到今已不能見容，又何憂去後之事？表現出難捨難別之情與不得不別之情。梁、笱為生活工具，亦可代表室家之道。

在狩獵活動方面，〈鄭風·女曰雞鳴〉詩云：「將翱將翔，弋鳧與雁。」

〔註35〕〔吳〕韋昭注：《國語》（臺北：漢京文化公司，1983年12月），卷18，頁564～565。
〔註36〕見《毛詩正義》，卷8之1，頁286。
〔註37〕見《毛詩正義》，卷9之3，頁328。
〔註38〕參閱許倬雲：《西周史》（臺北：聯經出版公司，1984年10月），頁239～242。
〔註39〕見《毛詩正義》，卷2之2，頁90。
〔註40〕見《周禮注疏》，卷4，頁66。

又云：「弋言加之，與子宜之。宜言飲酒，與子偕老。」〔註41〕此詠夫婦相敬愛之詩，詩中出現射獵活動，射獵對象爲鳧和鴈，射獵方式爲弋射，以及射獵飛鳥可作爲飲酒之饌。宜，有治肴之義，聞一多《爾雅新義》云：「金文宜、俎同字，名詞之宜即俎，則動詞之宜即咀矣。」〔註42〕詩謂弋射而中鳧、鴈，則將做成肴羞，食用而飲酒。〈魏風·伐檀〉詩云：「不狩不獵，胡瞻爾庭有縣特兮？」「不狩不獵，胡瞻爾庭有縣鶉兮？」〔註43〕此刺在位者貪鄙之詩。狛、鶉均屬當時常見野味，爲肉食原料之補充。

〈小雅·吉日〉詩云：「既張我弓，既挾我矢。發彼小豝，殪此大兕。以御賓客，且以酌醴。」鄭箋云：「酌醴，酌而飲群臣，以爲俎實也。」〔註44〕此寫周天子田獵之詩，四章寫天子親射，並宴請賓客而酌醴。所獲得之禽獸，可作爲殽饌招待賓客。〈豳風·七月〉四章詩云：「一之日于貉，取彼狐狸，爲公子裘。二之日其同，載纘武功，言私其豵，獻豜于公。」毛傳云：「豕一歲曰豵，三歲曰豜。大獸公之，小獸私之。」〔註45〕詩寫田獵和習武之事，言自夏曆十一月之後，天氣變涼，君民亦開始服裘以禦寒。于貉，義指往獵，所獵者當不限於一物。至十二月之時，會合眾人，於農閒之際舉行多獵，以繼續習武之事，使臣民習武而不忘戰。田獵所得，豵謂獸之小者，豜謂獸之大者，小獸自留，而大獸則獻於公。田獵所以習武事，亦可補充動物性食物原料。

（二）肉食種類

1、牲類

《周禮·天官·庖人》云：「掌共六畜、六獸、六禽，辨其名物。」鄭注云：「六畜，六牲也。始養之曰畜，將用之曰牲。」〔註46〕六畜指的是飼養的家畜、家禽，據《爾雅·釋畜》文，六畜指的是馬、牛、羊、豕、犬、雞，〔註47〕其中主要提供肉食之用的是牛、羊、豕三牲。

〔註41〕見《毛詩正義》，卷4之3，頁169。

〔註42〕聞一多：《古典新義·爾雅新義》，《聞一多全集》（二）（臺北：里仁書局，1996年2月），頁218。

〔註43〕見《毛詩正義》，卷5之3，頁210～211。

〔註44〕見《毛詩正義》，卷10之3，頁370。

〔註45〕見《毛詩正義》，卷8之1，頁283。

〔註46〕見《周禮注疏》，卷4，頁59。

〔註47〕〔晉〕郭璞注、〔宋〕刑昺疏：《爾雅注疏》（臺北：藝文印書館，1997年8月，影印清嘉慶20年江西南昌府學重刊宋本《爾雅注疏》本），卷10，頁195。

（1）牛

牛肉的食用方法，可漬食，可煮食，可炙食。烤牛肉曰牛炙，烹煮肉羹曰臐、曰牛臛，雜以豆葉爲羹者曰牛藿，切大塊牛肉曰牛胾，牛百葉曰脾析，牛筋曰牛腱。其乳汁可飲，內臟可加工食用，屎可作燃料，骨可爲器，皮可作革，利用價值極高。

（2）羊

羊的利用價值高，其肉可食，乳可飲，脂可用，毛皮可爲衣裘，乃祭祀、膳羞的珍品。體薦全烝曰羊肆，體解節折曰羊殽，〔註48〕切塊的肉曰羊胾，烹煮肉羹曰臐、曰羊臛，肉醬曰羊醢，羊乳曰羊酪，羊脂曰膏羶。

（3）豕

豬有家養及野生兩種，豕、豜、豚都用以指稱豬，豢養於牢圈和狩獵捕獲的豬都是肉食來源。炮烤豬肉曰豕炙，切塊之豚肉曰豕胾，烹煮肉羹曰膮、曰豕臛，肉醬曰豕醢，豬油曰豕膏，腊肉曰豕腊，豕折骨曰豕折，豚脅肉曰豚拍。

另外，狗除供助獵、祭祀之用外，古亦有食用狗肉者。如《禮記·內則》講主食與肉類調配提到「犬宜粱」，肉羹食品有犬羹，八珍之一的肝膋則取狗肝爲素材，飲食禁忌則有「狗去腎」、「狗赤股而躁，臊」之說，〔註49〕可見在當時狗亦可供食用。雞爲最普遍飼養的家禽，養雞有報曉之用，亦供祭祀之用，而雞肉和卵均可食用。

2、獸 類

狩獵所得的獸類可作爲肉食補充，詩中常見的獵物有鹿、麕、兔、豝、狼、狐、貁等。

（1）鹿

鹿出現於《詩經》七篇詩文中，雄鹿又稱麚，雌鹿又稱麀，鹿的皮、角、骨、肉都有利用價值。鹿類繁殖快，性喜水草，生活環境與人類最接近，爲最近人類生活的野生動物，加以牠們沒有致命的攻擊力，所以成爲人類最喜捕獵及最易捕獲的野獸。〔註50〕

〔註48〕見《周禮注疏》，卷4，頁61；卷30，頁457。
〔註49〕見《禮記注疏》，卷27，頁523、529、533。
〔註50〕許進雄：《中國古代社會：文字與人類學的透視》（臺北：臺灣商務印書館，1995年2月），頁53～54。

（2）麕

麕見於〈召南・野有死麕〉詩云：「野有死麕，白茅包之。有女懷春，吉士誘之。」〔註51〕麕，亦作麇、𪋐、獐。雄麕又稱麚，雌麕又稱麜。形似鹿而小，頭無角，陂澤淺草中多有之，常成爲狩獵對象。

（3）兔

兔出現於《詩經》五篇詩文中，〈小雅・瓠葉〉詩云：「有兔斯首，炮之燔之。君子有酒，酌言獻之。」〔註52〕兔體形小，爲常見野味，羹食、炙食均佳。《本草綱目》集解引〔宋〕蘇頌（1020～1101）《圖經本草》曰：「兔處處有之，爲食品之上味。」〔註53〕

（4）豝

豝出現於《詩經》兩篇詩文中，〈召南・騶虞〉詩云：「彼茁者葭，壹發五豝。」「彼茁者蓬，壹發五豵。」毛傳云：「豕牝曰豝。」「一歲曰豵。」〔註54〕豝是母豬，豵是小豬，狩獵所得的豬應指野生的豬而言。野豬是田獵的對象，其肉也可作爲殽羞，可羹食、可炙食，亦可作脯腊。

（5）狼

狼出現於〈齊風・還〉，詩和狩獵之事有關。《本草綱目》引《禮記》「小切狼臅膏，與稻米爲酏」云：「謂以狼胸臆中膏，和米作粥糜也。古人多食狼肉，以膏煎和飲食。」〔註55〕《周禮・天官・獸人》云：「冬獻狼，夏獻麋。」〔註56〕獻狼謂取狼膏脂，可調理食物，而其肉亦可供食用。

（6）狐

狐出現於《詩經》九篇詩文中，是詩文中出現最多次的野生獸類，其中有五篇都和衣裘有關。據《本草綱目》記載，狐肉可作羹臛，作膾生食，或煮、或炙食均可。〔註57〕

（7）貆

〔註51〕見《毛詩正義》，卷1之5，頁65。
〔註52〕見《毛詩正義》，卷15之3，頁522。
〔註53〕見〔明〕李時珍：《本草綱目》，卷51，頁2879。
〔註54〕見《毛詩正義》，卷1之5，頁68～69。
〔註55〕見〔明〕李時珍：《本草綱目》，卷51，頁2885。
〔註56〕見《周禮注疏》，卷4，頁65。
〔註57〕見〔明〕李時珍：《本草綱目》，卷51，頁2878。

貆出現於〈魏風・伐檀〉，又名獾、貛。形如小狐，又似貍。《本草綱目》云：「其肉味甚甘美，皮可爲裘。」〔註58〕其毛深厚溫滑，可作珍貴裘服，其肉亦是野味來源之一。

3、禽 類

部分禽類亦可供食用，肉量多、肉質美的禽鳥常成爲人類動物性食物原料來源之一，尤以游禽類、鶉雞類和鳩鴿類爲多，《周禮・庖人》所云「六禽」即包含「鴈、鶉、鷃、雉、鳩、鴿」，〔註59〕而猛禽類常是狩獵對象，狩獵所得亦可充作庖廚。《詩經》鳥類意象多用以比喻和句首起興，〔註60〕明言弋射禽鳥作爲餚食的只有〈鄭風・女曰雞鳴〉所云「弋鳧與雁」〔註61〕一詩。詩中常見的野生禽類有雉、鴞、鶉、雁、鴻、鳧、鴇〔註62〕等。其他如雀、伯勞、鳩鴿類等禽鳥，亦可供炙食和羹食。

（1）雉

雉出現於《詩經》九篇詩文中，屬鳥綱，雞形目，雉科。雉是鶉雞類，形似雞，種類繁多，常成爲狩獵對象。古用作摯禮，尾羽亦可作裝飾品。《詩經》中除雉之外，還有翬、鷮亦屬雉類。山雉之長尾者曰翬，即五色雉，雉羽多用於舞，用於飾，用於服。鷮爲長尾雉，〔吳〕陸璣《毛詩草木鳥獸蟲魚疏》云：「鷮，微小於翟也，走而且鳴曰鷮鷮。其尾長，肉甚美。」〔註63〕

（2）鴞

鴞出現於《詩經》四篇詩文中，屬鳥綱，鴞形目，鴟鴞科。鴞是猛禽類，又稱鴟鴞、鴟鴞、貓頭鷹。陸璣《詩》疏云：「其肉甚美，可爲羹臛，又可爲炙。」〔註64〕《莊子・齊物論》所云「見彈而求鴞炙」，〔註65〕謂以鴞爲羹炙；《禮記・

〔註58〕 見〔明〕李時珍：《本草綱目》，卷51，頁2881。
〔註59〕 見《周禮注疏》，卷4，頁59。
〔註60〕 參閱林佳珍：《詩經鳥類意象及其原型研究》（臺北：臺灣師範大學國文系碩士論文，1993年）。
〔註61〕 見《毛詩正義》，卷4之3，頁169。
〔註62〕 鳥類分類和形態參閱高緯：《鳥類分類學》（臺中：中台科學技術出版社，1995年11月），雉見頁117，鴞見頁181，鶉見頁120，雁、鴻、鳧見頁86，鴇見頁142。
〔註63〕 見〔吳〕陸璣：《毛詩草木鳥獸蟲魚疏》（臺北：藝文印書館，1967年，影印《百部叢書集成》），卷下，頁2上。以下簡稱陸璣《詩》疏。
〔註64〕 見〔吳〕陸璣：《毛詩草木鳥獸蟲魚疏》，卷下，頁5下。
〔註65〕 〔清〕郭慶藩集釋：《莊子集釋》（臺北：臺灣中華書局，1973年3月），卷1

內則》云：不食「鵜胖」，[註66] 指不食鵜脅側薄肉，是鵜肉可食之證。

（3）鶉

鶉出現於《詩經》三篇詩文中，屬鳥綱，雞形目，雉科。鶉是鶉雞類，形似雞，俗稱鵪鶉，實則鵪與鶉並非一物。《儀禮·公食大夫禮》云：「上大夫庶羞二十加於下大夫，以雉兔鶉鴽。」[註67]《周禮·天官·掌畜》云：「歲時貢鳥物共膳獻之鳥。」鄭注云：「雉及鶉鴽之屬。」[註68] 鶉鴽即指鶉與鵪，鶉也是當時常見狩獵鳥類，肉可食，《本草綱目》引《交州記》云「以鹽炙食甚肥美」。[註69]

（4）雁

雁出現於《詩經》兩篇詩文中，屬鳥綱，雁形目，雁鴨科。雁是游禽類，體形似鵝。有經濟價值，常成為狩獵對象。肉多，味美，可作為肉食補充來源。古用作摯禮，〈邶風·匏有苦葉〉毛傳云「納采用鴈」，[註70] 於婚姻禮俗中具有象徵意義。

（5）鴻

鴻出現於《詩經》兩篇詩文中，屬鳥綱，雁形目，雁鴨科。鴻是游禽類，為鴈之最大者，又稱鴻鴈，鴻鵠，今俗稱天鵝。鴻鵠肉多可食，《楚辭·招魂》所云「鵠酸臇鳧，煎鴻鶬些」，[註71] 即以酸酢烹鵠為羹食。

（6）鳧

鳧出現於《詩經》兩篇詩文中，屬鳥綱，雁形目，雁鴨科。鳧是游禽類，又稱野鴨，為鴨科中最小的一類。從《楚辭·招魂》所云「臇鳧」，[註72] 以及《晏子春秋》所云「菽粟食鳧鴈」，[註73] 可知鳧與鴈都是古代常見禽類殽食。

下，頁 56 下。

[註66] 見《禮記注疏》，卷 28，頁 529。

[註67] 〔漢〕鄭玄注、〔唐〕賈公彥疏：《儀禮注疏》（臺北：藝文印書館，1997 年 8 月，影印清嘉慶 20 年江西南昌府學重刊宋本《儀禮注疏》本），卷 26，頁 312。

[註68] 見《周禮注疏》，卷 4，頁 65。

[註69] 見〔明〕李時珍：《本草綱目》，卷 47，頁 2568。

[註70] 見《毛詩正義》，卷 2 之 2，頁 88。

[註71] 〔漢〕王逸章句、〔宋〕洪興祖補注：《楚辭補注》（臺北：大安出版社，2004 年 1 月），頁 330。

[註72] 見《楚辭補注》，頁 330。

[註73] 吳則虞著：《晏子春秋集釋》（臺北：鼎文書局，1972 年），卷 7，頁 450。

（7）鴇

鴇見於〈唐風・鴇羽〉，屬鳥綱，鶴形目，鴇科。鴇是涉禽類，比鴈略大，一名野雁，亦名鴻豹。《說文》云：「鴇，鴇鳥也。肉出尺骴。」段注云：「此云出尺骴者，蓋謂去此尺骴不食，其餘可食。」〔註74〕《周禮・夏官・射鳥氏》「掌射鳥」鄭注云：「鳥謂中膳羞者鳧雁鴇鴰之屬。」〔註75〕《本草綱目》稱其「肥腯多脂，肉粗味美」。〔註76〕其肉美，羽毛可用，是經濟鳥類。

4、水產類

《詩經》中提到的魚共有魴、鯉、鱣、鰥、鮪、鱨、鰋、鰷、鱒、鰋、鯊、鱧等十二種魚類，〔註77〕魚類營養豐富，是提供動物性蛋白質的重要食物。魚類除烹煮、膾生等新鮮吃法外，還可作成魚製品。此外，鱉在詩中亦屬水產嘉殽。

（1）魴

魴魚是《詩經》中出現次數最多的魚類，和鯉同為魚中名品。《說文》云：「魴，赤尾魚也。」〔註78〕陸璣《詩》疏云：「魴，今伊、洛、濟、潁魴魚也。廣而薄肥，恬而少力，細鱗。魚之美者。」〔註79〕《爾雅》郭注云：「江東呼魴魚為鯾。一名魾。」〔註80〕其狀方，其身扁也。小頭縮項，穹脊闊腹，肩身細鱗，其色青白。又有一種火燒鯾，頭尾俱似魴，而脊骨更隆，上有赤鬣連尾，如蝙蝠之翼，黑質赤章，色如煙熏，故名。其大有至二三十斤者，《本草綱目》對魴評價很高。其云：「腹內有肪，味最腴美。其性宜活水。故《詩》云：『豈其食魚，必河之魴。』俚語云：伊洛鯉魴，美如牛羊。……調胃氣，利五臟。和芥食之，能助肺氣，去胃風，消穀。作鱠食之，助脾氣，令人能食。作羹臛食，宜人，功與鯽同。」〔註81〕

〔註74〕見《說文解字注》，4篇上，頁155。

〔註75〕見《周禮注疏》，卷30，頁465。

〔註76〕見〔明〕李時珍：《本草綱目》，卷47，頁2568。

〔註77〕《詩經》中的魚多具有比喻、象徵的作用，而本文則是以食材角度探討魚類名稱，主要參考〔漢〕許慎：《說文解字》、〔晉〕郭璞：《爾雅注》、〔吳〕陸璣：《毛詩草木鳥獸蟲魚疏》、〔明〕李時珍：《本草綱目》，並參閱坊間食譜。

〔註78〕見《說文解字注》，11篇下，頁582。

〔註79〕見〔吳〕陸璣：《毛詩草木鳥獸蟲魚疏》，卷下，頁8上。

〔註80〕見《爾雅注疏》，卷9，頁166。

〔註81〕見〔明〕李時珍：《本草綱目》，卷44，頁2444。

（2）鯉

〈陳風・衡門〉詩云：「豈其食魚，必河之魴？」「豈其食魚，必河之鯉？」
〔註82〕詩人以魴、鯉爲喻，表達食魚何必一定要魴、鯉的想法，但亦顯示當時
黃河出產的魴、鯉爲魚中名品。〈小雅・六月〉詩云：「飲御諸友，炰鱉膾鯉。」
〔註83〕周宣王歡迎吉甫北征而歸的勝利宴，特地準備鯉魚膾此一珍美之饌。鯉
魚生九江池澤，按生長地可分爲河鯉魚、江鯉魚和池鯉魚。四季均有，以二、
三月間最肥美，《本草綱目》集解引蘇頌曰：「諸魚惟此最佳，故爲食品上味。」
〔註84〕鯉魚作法很多，整條燒或加工成片、塊、條、丁烹製均可。

（3）鱣

〈衛風・碩人〉詩云：「施罛濊濊，鱣鮪發發。」〔註85〕詩和婚姻有關，
藉撒網捕魚，透過撒網觸水的聲音和魚在網中跳躍的聲音，表現出旺盛、動
態感，以襯托婚姻和樂美滿。毛傳、鄭箋、《說文》皆謂鱣即鯉，以鱣、鯉爲
一魚之二名，段注指出「蓋鯉與鱣同類而別異」，〔註86〕統名爲鯉，細分則鯉
爲鯉，大鯉爲鱣。據陸璣《詩》疏云：「鱣身形似龍，銳頭，口在頷下，背上
腹下皆有甲，縱廣四五尺。今于盟津東石磧上釣取之，大者千餘斤。可蒸爲
臛，又可爲鮓，子可爲醬。」〔註87〕

郭璞注《爾雅》乃分鱣、鯉爲二，其云：「鱣，大魚，似鱏而短鼻，口在頷
下。體有邪行，甲無鱗，肉黃。大者長二三丈。今江東呼爲黃魚。」〔註88〕將
鱣、鯉視爲二魚。〔唐〕陸德明（550？～630）於〈小雅・魚麗〉釋文曰：「今
目驗毛解與世不協，或恐古今名異，逐世移耳。」〔註89〕漢儒舊說認爲鱣、鯉
是同一物，陸璣之後則明確分爲二種魚，或因漢時分類未細，或由於古今殊異。
本文採用陸疏之說，亦分鱣、鯉爲二，鱣魚又稱黃魚、蠟魚、玉版魚。

據《本草綱目》記載，鱣爲無鱗大魚，肥而不善游，有遭如之象。曰黃
曰蠟，言其脂色也。玉版，言其肉色也。《異物志》名含光，言其脂肉夜有光

〔註82〕見《毛詩正義》，卷7之1，頁252。
〔註83〕見《毛詩正義》，卷10之2，頁360。
〔註84〕見〔明〕李時珍：《本草綱目》，卷44，頁2423。
〔註85〕見《毛詩正義》，卷3之2，頁130。
〔註86〕見《說文解字注》，11篇下，頁582。
〔註87〕見〔吳〕陸璣：《毛詩草木鳥獸蟲魚疏》，卷下，頁7下。
〔註88〕見《爾雅注疏》，卷9，頁165。
〔註89〕見《毛詩正義》，卷9之4，頁342。

也。鱘出江淮、黃河、遼海深水處，其居在磯石湍流之間。其小者近百斤，其大者長二三丈，至一二千斤。其氣甚腥。其脂與肉層層相間，肉色白，脂色黃如蠟。其脊骨及鼻，并鬐與鰓，皆脆軟可食。其肚及子，鹽藏亦佳。其肉骨煮炙及作鮓皆美。〔註90〕

（4）鰥

〈齊風・敝笱〉詩云：「敝笱在梁，其魚魴鰥。」毛傳云：「魴、鰥，大魚。」鄭箋云：「鰥似魴而弱鱗。」〔註91〕詩中所言捕魚並非實指其事，魴、鰥、鰥屬於大魚，為破舊之捕魚簍所無法制住，故魚群可在破笱之中唯唯而行，用以比喻魯桓公微弱，不能制服強盛的齊國之女。陸璣《詩》疏云：「鰥似魴，厚而頭大。魚之不美者，故里語曰網魚得鰥，不如啗茹。」〔註92〕《本草綱目》言「魚之美者曰鰥」，〔註93〕可能為口味喜好之差異。觀詩文之鰥皆與魴並舉，應當屬美味之魚。又稱鱧魚，處處有之。而頭小形扁，細鱗肥腹。此魚紅燒、乾燒、燉、清蒸均可。

（5）鮪

〈周頌・潛〉毛傳云：「鮪，鮥也。」〔註94〕《爾雅・釋魚》云：「鮥，鮛鮪。」郭注云：「鮪，鱘屬也。大者名王鮪，小者名鮛鮪。」〔註95〕陸璣《詩》疏云：「鮪魚形似鱘而青黑，頭小而尖，似鐵兜鍪，口亦在頷下，其甲可以摩薑。大者不過七八尺。益州人謂之鱘鮪。大者為王鮪，小者為鮛鮪，一名鮥。肉色白，味不如鱘也。」〔註96〕《本草綱目》記鱘魚，又名鱏魚、鮪魚、王鮪、碧魚。出江淮、黃河、遼海深水處，亦鱘屬也。岫居，長者丈餘。其狀如鱘，而背上無甲。其色青碧，腹下色白。其鼻長與身等，口在頷下，食而不飲。頰下有青斑紋，如梅花狀。尾歧如丙。肉色純白，味亞于鱘，鬐骨不脆。〔註97〕

（6）鱣

〔註90〕見〔明〕李時珍：《本草綱目》，卷44，頁2457～2458。
〔註91〕見《毛詩正義》，卷5之2，頁199。
〔註92〕見〔吳〕陸璣：《毛詩草木鳥獸蟲魚疏》，卷下，頁8上。
〔註93〕見〔明〕李時珍：《本草綱目》，卷44，頁2428。
〔註94〕見《毛詩正義》，卷19之3，頁733。
〔註95〕見《爾雅注疏》，卷9，頁165。
〔註96〕見〔吳〕陸璣：《毛詩草木鳥獸蟲魚疏》，卷下，頁7下。
〔註97〕見〔明〕李時珍：《本草綱目》，卷44，頁2458～2459。

〈小雅・魚麗〉毛傳云：「鱨，楊也。」〔註98〕《爾雅・釋魚》無記載。陸璣《詩》疏云：「鱨，一名揚，今黃頰魚。似燕頭，魚身，形厚而長，骨正黃。」〔註99〕《本草綱目》記黃顙魚，又名黃鱨魚、黃頰魚、黃魚，為無鱗魚也。身尾俱似小鮎，腹下黃，背上青黃，腮下有二橫骨。鰭有刺，能傷人，上下顎和口蓋也有刺。鼻旁和上下顎各有一對觸鬚。〔註100〕

（7）鰋

〈小雅・魚麗〉毛傳云：「鰋，鮎也。」〔註101〕《爾雅》郭注云：「今鰋額白魚。」〔註102〕《本草綱目》稱鮧魚，又稱鯷魚、鰋魚、鮎魚。魚額平夷低偃，其涎黏滑。乃無鱗之魚，大首偃額，大口大腹，鮠身鱧尾，有齒、有胃、有鬚。生流水者，色青白；生止水者，色青黃。大者亦至三四十斤，俱是大口大腹。一年四季均有，以九、十月最肥。凡食鮎、鮠，先割翅下懸之，則涎自流盡，不黏滑也。〔註103〕此魚一般適宜於紅燒。

（8）鰷

〈周頌・潛〉鄭箋云：「鰷，白鰷也。」〔註104〕《爾雅・釋魚》謂之鮂，郭注云言「即白鯈」。〔註105〕《本草綱目》載鰷又稱白鰷、鮂魚，生江湖中小魚也。長僅數寸，形狹而扁，狀如柳葉，鱗細而整，肉多細骨，潔白可愛，性好群游。最宜鮓菹。〔註106〕

（9）鱒

〈豳風・九罭〉毛傳云：「鱒、魴，大魚也。」〔註107〕《說文》云：「赤目魚也。」〔註108〕《爾雅》郭注云「鱒似鯶，赤眼」，〔註109〕又稱鮅魚、赤眼魚。《本草綱目》言狀似鯶而小，赤脈貫瞳，身圓而長，鱗細于鯶，青質赤

〔註98〕見《毛詩正義》，卷9之4，頁341。
〔註99〕見〔吳〕陸璣：《毛詩草木鳥獸蟲魚疏》，卷下，頁8下。
〔註100〕見〔明〕李時珍：《本草綱目》，卷44，頁2463～2464。
〔註101〕見《毛詩正義》，卷9之4，頁342。
〔註102〕見《爾雅注疏》，卷9，頁165。
〔註103〕見〔明〕李時珍：《本草綱目》，卷44，頁2460～2461。
〔註104〕見《毛詩正義》，卷19之3，頁733。
〔註105〕見《爾雅注疏》，卷9，頁165。
〔註106〕見〔明〕李時珍：《本草綱目》，卷44，頁2448～2449。
〔註107〕見《毛詩正義》，卷8之3，頁302。
〔註108〕見《說文解字注》，11篇下，頁581。
〔註109〕見《爾雅注疏》，卷9，頁166。

章。處處有之。好食螺、蚌，善于遁網，常棲海中。〔註110〕

（10）鰥

〈齊風・敝笱〉毛傳云：「鰥，大魚。」鄭箋云：「鰥，魚子也。」〔註111〕
《爾雅・釋魚》云：「鯤，魚子。」郭注云：「凡魚之子摠名鯤。」刑疏云：「《詩》
云『其魚魴鰥』，鄭云『鰥，魚子』，鯤鰥字異，蓋古字通用也。」〔註112〕以
鰥爲小魚之稱。《說文》云：「鰥，鰥魚也。」以鰥爲魚名。段注云：「見〈齊
風〉毛傳曰『大魚也』，謂鰥與魴皆大魚之名也。鄭箋乃讀爲《爾雅》『鯤，
魚子』之鯤，殆非是。」〔註113〕就詩文上下章來看，本文從毛傳、段注之說，
視鰥爲大魚之屬。《本草綱目》有鱤魚，又稱黃頰魚、鰥魚。生江湖中，體似
鰻而腹平，頭似鯇而口大，頰似鮎而色黃，鱗似鱒而稍細。〔註114〕

（11）鯊

〈小雅・魚麗〉毛傳云：「鯊，鮀也。」〔註115〕《爾雅》郭注云：「今吹
沙小魚。體員而有點文。」〔註116〕陸璣《詩》疏云：「魦，吹沙也。似鯽魚，
狹而小，體圓而有黑點。」〔註117〕據《本草綱目》所記，又稱鮀魚、吹沙、
沙溝魚、沙鰛。此非海中沙魚，乃南方溪澗中小魚也。居沙溝中，吹沙而游，
咂沙而食。頭狀似鱒，體圓似鱔，厚肉重唇。細鱗，黃白色，有黑斑點文。
背有鬐刺甚硬，其尾不歧。味道頗鮮美。〔註118〕

（12）鱧

〈小雅・魚麗〉毛傳云：「鱧，鮦也。」《爾雅・釋魚》云：「鱧，鯇。」
郭注云：「鮦也。」〔註119〕《本草綱目》言其又稱蠡魚、黑鱧、玄鱧、烏鱧、
鮦魚、文魚，俗呼火柴頭魚，其小者名鮦魚。生九江池澤，大江南北均產，
一年四季都有，以多季所產最肥。形長體圓，頭尾相等，細鱗玄色，有斑點

〔註110〕見〔明〕李時珍：《本草綱目》，卷44，頁2429。
〔註111〕見《毛詩正義》，卷5之2，頁199。
〔註112〕見《爾雅注疏》，卷9，頁165。
〔註113〕見《說文解字注》，11篇下，頁581～582。
〔註114〕見〔明〕李時珍：《本草綱目》，卷44，頁2433～2434。
〔註115〕見《毛詩正義》，卷9之4，頁341。
〔註116〕見《爾雅注疏》，卷9，頁166。
〔註117〕見〔吳〕陸璣：《毛詩草木鳥獸蟲魚疏》，卷下，頁9上。
〔註118〕見〔明〕李時珍：《本草綱目》，卷44，頁2446。
〔註119〕見《爾雅注疏》，卷9，頁165。

花文，頗類蝮蛇，有舌有齒有肚，背腹有鱗連尾，尾無歧。肉味美、皮厚，適於割製魚片、魚條、魚丁。〔註120〕

（13）鱉

〈小雅·六月〉、〈大雅·韓奕〉二詩中所記宴會美食有「炰鱉」。鱉，字又作鼈，又稱甲魚。卵生，有甲殼，四足，形圓。古代即爲餚宴美食，今日亦爲餐飲食物。可燒煮、作鱉臛。《禮記·內則》有「不食雛鱉」、「鱉去醜」之說。〔註121〕有一種大鱉名黿，亦屬珍貴殽羞，《左傳·宣公四年》載楚人獻黿於鄭靈公，〔註122〕黿即爲外交貴重禮品和諸侯宴饗盛食。《本草綱目》載黿生南方江湖中，大者圍一二丈，南人捕食之。其卵圓大如雞、鴨子，一產一二百枚，人亦掘取以鹽淹食。〔註123〕《楚辭·招魂》有「胹鱉」、「鮮蠵」、「臛蠵」美食，〔註124〕蠵是一種大海龜，和鱉同爲楚人眼中的珍羞嘉殽。另外，《詩經》中雖不見蝦、蟹等甲殼類節足動物，但蝦、蟹和龜、鱉、貝類一樣，同爲當時可食用的水產品。

三、蔬果類食材

（一）食材來源

在人類尋求可食之物的過程中，採集野生草木之籽、實、根、莖、枝、葉、花等來充飢可說是初民最原始的生產方式，直至今日，採集仍舊是獲取植物性食物原料的途徑之一。人類學裡的「採食」和「產食」是相對的概念，〔註125〕採集對象係指非人工栽培之作物。廣義來看，凡摘採拾取艸荣、木實作爲食物來源皆可屬於採集活動。然而單就《詩經》詩文描述，只有〈魏風·園有桃〉、〈豳風·七月〉、〈小雅·信南山〉三詩可確知詩中所言採集對象應爲人工栽培外，其餘實不易辨別是否爲野生草木，抑或是種植作物。據耿煊從《詩經》中所記載的經濟作物推測周代的民生概況，當時供蔬荣用的植物

〔註120〕見〔明〕李時珍：《本草綱目》，卷44，頁2451～2452。
〔註121〕見《禮記注疏》，卷28，頁529。
〔註122〕〔晉〕杜預注、〔唐〕孔穎達疏：《春秋左傳正義》（臺北：藝文印書館，1997年8月，影印清嘉慶20年江西南昌府學重刊宋本《左傳注疏》本），卷21，頁368～369。
〔註123〕見〔明〕李時珍：《本草綱目》，卷45，頁2509。
〔註124〕見《楚辭補注》，頁329。
〔註125〕林惠祥：《文化人類學》（臺北：臺灣商務印書館，1966年2月），頁79、123。

種類可能極多，只要是無毒、無刺、無毛及無特別不愉快氣味的綠色植物，似均可作蔬菜食用，而某些樹木的嫩葉和嫩芽，似亦供食用。至於具有大而柔軟葉片、美味可口的蔬菜，在《詩經》時代似尚未出現。〔註 126〕

　　先秦的植物性食物大略包括幾種類型：一類是介於糧食和蔬菜之間，營養成份主要爲澱粉的根莖類，可補糧食的不足；另一類是含大量液汁，富有維生素和礦質營養的瓜瓠、葉菜和菌類，功兼助食和佐餐；還有一類是含特殊芳香氣味的韭、芥、蓼等，主要作用是佐餐和開胃，但偏於調味。〔註 127〕《詩經》中所見的蔬類由其生長地域的不同，可細分爲田野常蔬、山野時蔬，及水生蔬菜三類，其中除瓜、瓠等少數種類有栽培外，仍以採擷野生植物爲主，一般日常時蔬以田野間陸生草本爲主，因其較近食糧耕種區，方便取得，而採菜活動爲女子專職，若男子因征戰外地，摘採野菜補充食糧，其採菜的種類多是就地取材的野菜，至於祭祀所用菹菜則以水生蔬菜，如蘩、藻、蘋、芹、茆、荇菜六種爲代表。〔註 128〕雖然採集並非當時獲取飲食資源的主要生產方式，但仍可藉此一探周代人民日常飲食的概況，尤其三百篇中屢見以采摘爲題材的篇章，更顯示出採集和生活、禮俗息息相關。

　　《詩經》言及采摘的詩篇有二十餘首，從詩文記載來看，當時的採集活動頗多，採集範圍也很廣，除了傳統農業栽培作物的收穫外，詩文所見的采摘對象有佐食和藥用的蔬果草木，祭祀用的菹菜，還有作爲衣著原料和染料的植物，養蠶用的桑葉，以及燃料用的柴薪等，品類很多，但主要蔬食來源仍以採擷野菜爲主。蔬類、果類爲常年時的主食輔佐，亦爲凶年時的救荒食品，故《爾雅·釋天》云：「穀不熟爲饑，蔬不熟爲饉，果不熟爲荒。」〔註 129〕《詩經》內關於園圃種植的描述，有菜圃、果園、庭院等場地，種植蔬菜、花果和樹木，如〈小雅·信南山〉言「疆場有瓜」、〈鄘風·定之方中〉言「樹之榛栗」，〈衛風·伯兮〉有諼草、〈魏風·園有桃〉有桃、棘，田圃之瓜果和榛、栗、桃、棘樹之果實皆可供食用。

〔註 126〕見耿煊：《詩經中的經濟作物》，頁 42。

〔註 127〕羅桂環：〈從歷史上植物性食物的變化看我國飲食文化的發展〉，《第三屆中國飲食文化學術研討會論文集》（臺北：中國飲食文化基金會，1994 年 12 月），頁 135。

〔註 128〕陳靜俐：《詩經草木意象》（臺北：臺灣師範大學國文系碩士論文，1997 年），頁 112。

〔註 129〕見《爾雅注疏》，卷 6，頁 95。

1、採集與食材

《詩經》言及采摘的詩篇，有些直書其事，指食物原料而言，采摘植物作爲飲食材料，如〈小雅‧瓠葉〉詩云：「幡幡瓠葉，采之亨之。君子有酒，酌言嘗之。」〔註130〕詩一章涉及採集之事，敘述采瓠爲菜，此菜甚薄，然君子有酒，亦可藉此薄菜，酌獻賓客而嘗之，以燕賓客。〈小雅‧我行其野〉詩云：「我行其野，言采其蓫。昏姻之故，言就爾宿。爾不我畜，言歸斯復。」〔註131〕寫遊盪郊野採惡菜以爲食，蓫、葍雖惡菜，猶可裹腹禦飢，而婚姻之親，反不我畜，竟另求新婚。

《詩經》或藉采事寫時節變化和歲時活動，〈小雅‧采薇〉前三章寫薇菜初生、柔弱到剛強，寫出物候變化；〈豳風‧七月〉六章描寫豳地六月至十月之飲食生活，詩云：「六月食鬱及薁，七月亨葵及菽，八月剝棗，十月穫稻。爲此春酒，以介眉壽。七月食瓜，八月斷壺，九月叔苴。采荼薪樗，食我農夫。」孔疏云：「此鬱、薁言食，則葵、菽及棗皆食之也，但鬱、薁生可食，故以食言之；葵、菽當亨煮乃食；棗當剝擊取之，各從所宜而言之，其實皆是食也。」〔註132〕內容賦陳果酒嘉蔬和日用常食，記載採集活動有蔬類苴、壺和果類鬱、薁、棗、瓜等。食鬱、薁，謂以果實爲食，剝棗謂扑擊採取棗子，採集果實作爲食物補充。

有的用以起興，於字面之外又寄託另外一層涵義，如〈周南‧卷耳〉、〈小雅‧采綠〉、〈召南‧草蟲〉和〈小雅‧杕杜〉託言采摘以寄思念之意；〈小雅‧采菽〉、〈小雅‧采芑〉、〈魏風‧汾沮洳〉以採集活動即事起興。有的用以比喻，如〈邶風‧谷風〉詩云：「采葑采菲，無以下體。德音莫違，及爾同死。」〔註133〕以采葑、采菲爲喻，比擬夫婦當有始有終，不當愛華年而棄衰老。以蔬菜爲喻還見〈小雅‧蓼莪〉詩云：「蓼蓼者莪，匪莪伊蒿，哀哀父母，生我劬勞。」〔註134〕寫孝子不得終養之情，作者以莪喻美材，以蒿、蔚喻劣材，用來比喻自己的不才，不能孝養父母。

2、採集與祭祀

《詩經》中有些採集活動可從禮俗層面切入分析，據〈周南‧關雎〉、〈召

〔註130〕見《毛詩正義》，卷15之3，頁522。
〔註131〕見《毛詩正義》，卷11之2，頁383。
〔註132〕見《毛詩正義》，卷8之1，頁285。
〔註133〕見《毛詩正義》，卷2之2，頁89。
〔註134〕見《毛詩正義》，卷13之1，頁436。

南‧采蘩〉毛傳之說，后夫人有采菜以供祭祀之事；〔註135〕〈魯頌‧泮水〉
所採水生植蔬和古代釋菜之禮有關；〈小雅‧信南山〉寫祭祀求福，以所種之
瓜爲祭品；〈召南‧采蘋〉所見蘋、藻，主祭者則爲未嫁女子。

　　〈召南‧采蘩〉詩云：「于以采蘩？于沼于沚。于以用之？公侯之事。」《詩
序》云：「〈采蘩〉，夫人不失職也。夫人可以奉祭祀，則不失職矣。」毛傳云：
「蘩，皤蒿。之事，祭事也。公侯夫人執蘩菜以助祭，神饗德與信。不求備焉，
沼沚谿澗之草，猶可以薦。王后則荇菜也。」鄭箋云：「執蘩菜者，以豆薦蘩菹。
言夫人於君祭祀而薦此豆也。」〔註136〕傳、箋皆以此詩述君夫人采蘩菜以供祭
祀，此詠采蘩以供祭祀，而嘆日夜爲公辛勞之詩。〔註137〕或謂蘩所以生蠶，采
蘩之用爲養蠶，蓋古者后夫人有親蠶之禮，公侯之宮即公桑蠶室，〔註138〕此說
解釋雖可通，然就《左傳》引《詩》、賦《詩》來看，〔註139〕仍以祭祀之說較
佳，和詩義章旨較爲切合。詩寫出采蘩之處所及其用途，所採集之蘩草，亦即
〈夏小正〉二月所記「榮菫、采蘩」，「皆豆實也，故記之」，〔註140〕都是祭祀
時豆裡裝的菹菜。

　　〈魯頌‧泮水〉三章詩云：「思樂泮水，薄采其茆。魯侯戾止，在泮飲酒。
既飲旨酒，永錫難老。順彼長道，屈此群醜。」《詩序》云：「〈泮水〉，頌僖公

〔註135〕毛傳云：「荇，接余也。流，求也。后妃有關雎之德，乃能共荇菜，備庶物，
　　　　以事宗廟也。」鄭箋云：「言后妃將共荇菜之菹，必有助而求之者。」孔疏云：
　　　　「此經序無言祭事，知事宗廟者，以言左右流之，助后妃求荇菜，若非祭菜，
　　　　后不親采。」周代宗廟之祭，天子必親耕以供粢盛，王后必親蠶以供祭服。
　　　　依毛傳、鄭箋之說，后夫人有采菜以供祭祀之事，所采荇菜作爲祭祀豆實之
　　　　菹菜。見《毛詩正義》，卷1之1，頁21～22。
〔註136〕見《毛詩正義》，卷1之3，頁46～47。
〔註137〕屈萬里以〈采蘩〉詠諸侯夫人祭祀之詩。王靜芝以此爲采蘩之工作歌，采者
　　　　可以爲任何婦女，將用此蘩於公侯祭祀之事。見屈萬里：《詩經詮釋》（臺北：
　　　　聯經出版公司，1983年2月），頁23。見王靜芝：《詩經通釋》（臺北：輔仁
　　　　大學文學院，1968年7月），頁58～59。
〔註138〕〔宋〕朱熹：《詩集傳》（臺北：臺灣中華書局，1973年3月），卷1，頁8。
〔註139〕《左傳‧文公三年》引《詩》曰「于以采蘩？于沼于沚。于以用之？公侯之
　　　　事」，君子是以知秦穆公之爲君也，舉人之周也，與人之壹也。言沼沚之蘩至
　　　　薄，猶采以供公侯，以喻秦穆公不遺小善。又見〈昭公元年〉鄭伯燕趙孟，
　　　　穆叔賦〈采蘩〉，曰：「小國爲蘩，大國省穡而用之，其何實非命？」義取蘩
　　　　菜薄物可以薦公侯，享其信，不求其厚。見《春秋左傳正義》，卷18，頁305；
　　　　卷41，頁701。
〔註140〕《夏小正》傳云：「蘩，由胡；由胡者，蘩母也；蘩母者，旁勃也。」見高明：
　　　　《大戴禮記今註今譯》，頁71。

能修泮宮也。」〔註141〕此頌魯僖公征服淮夷之詩，詩藉泮水歌頌僖公之德，並藉征服淮夷頌詠僖公之功。前三章首二句和採集活動有關，皆以「思樂泮水」起興，一章言僖公車服之美，二章言其德化之教，三章言在泮飲酒之事，並預伏征淮夷之事。采芹、采藻、采茆，書其事以起興，繼而引出歌功頌德之文。〔清〕惠周惕（～1679～？）《詩說》云：「此詩始終言魯侯在泮事，是克淮夷之後，釋菜而儐賓也。釋奠釋菜，祭之略者也。釋奠釋菜不舞，詩言不及樂，故知為釋菜也。禮釋菜，退儐於東序，一獻，無介語。《詩》言『永錫難老』，故知為儐賓也。芹藻之類，釋菜之用也。祭先聖先師貴誠不貴物，故曰禮之略者也。三者出水泥而不滓，取潔己以進聽先聖先師之教也。」〔註142〕〔清〕馬瑞辰認為此詩在泮獻馘，在泮獻囚，與《禮記・王制》所云「出征，執有罪反，釋奠於學，以訊馘告」正合，〔註143〕鄭注云：「釋菜奠幣，禮先師也。」〔註144〕則詩言采芹、采藻、采茆，點明釋菜之禮。

3、採集與藥用

〈周南・芣苢〉詩云：「采采芣苢，薄言采之；采采芣苢，薄言有之。采采芣苢，薄言掇之；采采芣苢，薄言捋之。采采芣苢，薄言袺之；采采芣苢，薄言襭之。」毛傳云：「芣苢，馬舄。馬舄，車前也。宜懷任焉。」〔註145〕此詠婦人採芣苢之詩，以節奏緊湊的采事活動為題材。芣苢籽實如李，令人宜子，詳見《說文》引《周書》說。〔註146〕各家論說詩中本事，或傷無子，或樂有子，皆緣芣苢宜子以立說。〔註147〕聞一多《詩經通義》云：芣胚並「不」之孳乳字，苢（苡）胎並「以」之孳乳字，「芣苢」之音近「胚胎」，故古人根據類似律（聲音類近）之魔術觀念，以為食芣苢即能受胎而生子。〔註148〕

〔註141〕見《毛詩正義》，卷 20 之 1，頁 768。

〔註142〕〔清〕惠周惕：《詩說》（臺北：藝文印書館，1986 年 6 月，《皇清經解毛詩類彙編》本），卷 192，頁 425。

〔註143〕見〔清〕馬瑞辰：《毛詩傳箋通釋》，卷 31，頁 1606。

〔註144〕見《禮記注疏》，卷 12，頁 236。

〔註145〕見《毛詩正義》，卷 1 之 3，頁 41。

〔註146〕見《說文解字注》，1 篇下，頁 29。

〔註147〕《毛詩序》：「〈芣苢〉，后妃之美也。和平則婦人樂有子矣。」《韓詩序》云：「〈芣苢〉，傷夫有惡疾也。」《魯詩》說參閱《列女傳・貞順》，言夫婦之道，「甚貞而壹」。參閱〔清〕王先謙撰、吳格點校：《詩三家義集疏》（臺北：明文書局，1988 年 10 月），卷 1，頁 47～48。

〔註148〕見聞一多：《古典新義・詩經通義——周南》，《聞一多全集》（二），頁 121～122。

此源於古代交感巫術觀念，英人弗雷澤（James George Frazer, 1854～1941）在其人類學專著《金枝》（*The Golden Bough : a Study in Magic and Religion*）一書提出巫術賴以建立的思想法則，一是「同類相生」或果必同因，可稱之為「相似律」，基於此原則引申出的法術叫「順勢巫術」或「模擬巫術」；一是「物體一經互相接觸，在中斷實體接觸後還會繼續遠距離的互相作用」，可稱之為「接觸律」，基於此原則引申出的法術叫「接觸巫術」。「順勢」和「接觸」這兩類巫術屬於「交感巫術」範疇。〔註149〕故葉舒憲闡釋說：「初民以采摘苯苢作為咒術行為，旨在通過語音上的類似達到懷孕產子的目的。」〔註150〕詩詠婦女急採苯苢，章法層層遞進，正寫其求子心切，亦間接反映當時社會對繁衍子嗣之重視，以及婦女所背負傳宗接代的生育壓力。

〈鄘風‧載馳〉四章詩云：「陟彼阿丘，言采其蝱。女子善懷，亦各有行。許人尤之，眾穉且狂。」毛傳云：「蝱，貝母也。升至偏高之丘，采其蝱者，將以療疾。」鄭箋云：「升丘采貝母，猶婦人之適異國，欲得力助安宗國也。女子之多思者有道，猶升丘采蝱也。」〔註151〕言陟丘采蝱，寫許穆夫人憂心忡忡。〔註152〕許穆夫人擬欲「歸唁衛侯」，且思「控于大邦」，以謀救衛，但於禮父母歿則不能歸寧，夫人只有作詩以表明心意。朱傳云：「又言以其既不適衛而思終不止也，故其在塗或升高以舒憂想之情，或采蝱以療鬱結之疾。」〔註153〕登高、采蝱俱為紓解心中鬱悶。

（二）蔬、果種類

1、水生植蔬

《詩經》中出現的蔬類大多是採擷方便的植物，水生植蔬有荇菜、蘩、

〔註149〕參閱〔英〕弗雷澤著、汪培基譯：《金枝》（上）（臺北：桂冠圖書公司，1991年2月），頁21～23。

〔註150〕葉舒憲：《詩經的文化闡釋》（武漢：湖北人民出版社，1994年6月），頁85。

〔註151〕見《毛詩正義》，卷3之2，頁125。

〔註152〕《詩序》云：「〈載馳〉，許穆夫人作也。閔其宗國顛覆，自傷不能救也。衛懿公為狄人所滅，國人分散，露於漕邑，許穆夫人閔衛之亡，傷許之小力不能救，思歸唁其兄，又義不得，故賦是詩也。」點明詩之作者為許穆夫人，時代背景為《左傳‧閔公二年》所載「狄人伐衛」事。《左傳‧閔公二年》記載：「冬，十二月。狄人伐衛。……許穆夫人賦〈載馳〉。齊侯使公子無虧帥車三百乘，甲士三千人，以戍曹。」見《春秋左傳正義》，卷11，頁191。

〔註153〕見〔宋〕朱熹：《詩集傳》，卷3，頁34。

蘋、藻、蒲、蕢、芹、蓼、茆等，〔註154〕詩文中所言採集活動有供日常食用，亦有供祭祀之用，食用方式以作成羹臛和菹菜爲多。

（1）荇菜

〈周南・關雎〉詩云：「參差荇菜，左右流之。」〔註155〕詩以荇菜起興，引起下文「窈窕淑女，寤寐求之」。陸璣《詩》疏云：「接余，白莖。葉紫赤色，正圓，徑寸餘，浮在水上。根在水底，與水深淺等，大如釵股，上青下白。鬻其白莖，以苦酒浸之，肥美，可案酒。」〔註156〕荇菜屬龍膽科，爲多年生水生草本，又名莕、莕余。全株漂浮水面，細根則深入污泥中，莖成圓柱形，葉柄細長柔軟，葉柄下部膨大而包於莖，葉片質厚，近於圓形。常見於水澤處，嫩葉可食，可供祭祀和飲食之用。

（2）蘩

《詩經》中有兩種蘩，〔註157〕〈召南・采蘩〉的水生蟠蒿可採集用以祭祀，〈豳風・七月〉的陸生白蒿成爲引發感觸的物色。水生白蒿亦稱爲蔞蒿，生陂澤中，二月發苗，葉似嫩艾而歧細，而青背白。其莖或赤或白，其根白脆。采其根莖，生熟菹曝皆可食，蓋嘉蔬也。《楚辭・大招》云：「吳酸蒿蔞，不沾薄只。」〔註158〕謂吳人善調酸，瀹蔞蒿爲齏，不沾不薄而甘美。

（3）蘋

〈召南・采蘋〉詩云：「于以采蘋？南澗之濱。」〔註159〕詩寫於南澗之濱采蘋供祭祀。陸璣《詩》疏云：「蘋，可糝蒸以爲茹，又可用苦酒淹以就酒。」〔註160〕蘋屬蘋科，爲多年生沼生水草，乃蕨類植物。地下莖匍匐泥中，莖之上方生葉柄，柄端長四片小葉，苞子囊果生於葉柄基部。《左傳・隱公三年》君子曰：「苟有明信，澗谿沼沚之毛，蘋蘩薀藻之菜，筐筥錡釜之器，潢汙行潦之水，

〔註154〕主要參考陸文郁：《詩草木今釋》（臺北：長安出版社，1992年3月），荇菜見頁1，蘩見頁7，蘋見頁9，藻見頁10，蒲見頁46，蕢見頁62，芹見頁111，蓼見頁124，茆見頁125。

〔註155〕見《毛詩正義》，卷1之1，頁21。

〔註156〕見〔吳〕陸璣：《毛詩草木鳥獸蟲魚疏》，卷上，頁3上下。

〔註157〕〈召南・采蘩〉毛傳云：「蘩，蟠蒿也。」〈豳風・七月〉毛傳云：「蘩，白蒿也。」見《毛詩正義》，卷13之3，頁47；卷8之1，頁281。

〔註158〕見《楚辭補注》，頁349。

〔註159〕見《毛詩正義》，卷1之4，頁52。

〔註160〕見〔吳〕陸璣：《毛詩草木鳥獸蟲魚疏》，卷上，頁3下。

可薦於鬼神，可羞於王公。」〔註161〕蘋和藻可用於祭祀，亦可用於燕饗。

（4）藻

〈召南・采蘋〉詩云：「于以采藻？于彼行潦。」〔註162〕詩寫於路邊行潦采藻以供祭祀。陸璣《詩》疏云：「藻……可食煮。按去腥氣，米麵糝蒸為茹，嘉美。揚州饑荒可以當穀皀，饑時蒸而食之。」〔註163〕由此可知蘋、藻皆為祭品，亦為嘉美蔬菜。藻屬杉葉藻科，為多年生水生草本。有沼澤地方多有之，古時用途同蘋。

（5）蒲

〈大雅・韓奕〉詩云：「其蔌維何？惟筍及蒲。」〔註164〕詩中的竹萌和蒲蒻都是筵席間的菜餚。蒲屬香蒲科，多年生水生草本，又稱香蒲。葉片帶狀，平滑柔軟。其白色嫩莖又稱蒲筍，自古供食用。《周禮》之「蒲菹」和〈大雅・韓奕〉之蒲，皆指香蒲而言。

（6）蕡

〈魏風・汾沮洳〉詩云：「彼汾一曲，言采其蕡。彼其之子，美如玉。」〔註165〕詩人託言於水曲流處采蕡，藉採集之事為興，興起歌詠之情緒。陸璣《詩》疏云：「今澤蕮也。其葉如車前草大，其味亦相似。徐州廣陵人食之。」〔註166〕蕡屬澤瀉科，為多年生水草，又名澤蕮、水蕮、牛脣。根部有塊莖，葉根生及叢生，具長葉柄，葉身近橢圓形，葉端尖。其根、葉、實，可供藥用，古時亦有採其葉以為蔬菜。

（7）芹

〈小雅・采菽〉詩云：「觱沸檻泉，言采其芹。君子來朝，言觀其旂。」鄭箋云：「芹，菜也。可以為菹，亦所用待君子也。」〔註167〕言於檻泉采芹，以采芹興觀旂。芹屬繖形花科，為多年生草本，又名楚葵、水芹、菫、蒛。

〔註161〕見《春秋左傳正義》，卷3，頁51～52。
〔註162〕見《毛詩正義》，卷1之4，頁52。
〔註163〕見〔吳〕陸璣：《毛詩草木鳥獸蟲魚疏》，卷上，頁3下～4上。
〔註164〕見《毛詩正義》，卷18之4，頁681。至於〈王風・揚之水〉所云「不流束蒲」，則指陸生的灌木蒲柳，與水生香蒲有異。見《毛詩正義》，卷4之1，頁150。
〔註165〕見《毛詩正義》，卷5之3，頁208。
〔註166〕見〔吳〕陸璣：《毛詩草木鳥獸蟲魚疏》，卷上，頁2上。
〔註167〕見《毛詩正義》，卷15之1，頁500。

芹乃水生植物，生於江湖陂澤之涯，爲日常蔬菜之一，嫩莖及葉柄可供食用，味道香美。芹和荇、蘩、蘋、藻等植物一樣，皆可用以祭祀和食用。

（8）蓼

〈周頌‧小毖〉詩云：「肇允彼桃蟲，拚飛維鳥。未堪家多難，予又集于蓼。」〔註168〕詩以桃蟲自喻，蓼葉具辛味，詩文用以代稱辛苦。蓼屬蓼科，爲一年生草本，又名水蓼。蓼屬植物種類繁多，水邊濕地，隨處有之，古人多採以爲常蔬。蓼葉具辛辣味，是古代重要辛香調味料，可去除魚、肉腥味。

（9）茆

〈魯頌‧泮水〉詩云：「思樂泮水，薄采其茆。魯侯戾止，在泮飲酒。」毛傳云：「茆，鳧葵也。」〔註169〕詩言采茆，書其事以起興，繼而引出歌功頌德之文。陸璣《詩》疏云：「茆與荇菜相似，葉大如手，赤圓。有肥者著手，華不得停。莖大如匕，柄葉可以生食，又可瀹，滑美。南人謂之蓴菜，或謂之水葵。諸陂澤水中皆有。」〔註170〕茆屬睡蓮科，爲多年生水生草本，又名蓴、鳧葵、馬蹄草。莖細瘦柔軟，葉互生，具長葉柄，葉橢圓狀盾形，拍浮水面。茆與荇菜相似，其嫩葉、葉柄及嫩莖部分，均含膠樣黏液，可供食用，生食、熟食皆宜，即古籍中所謂「茆菹」和「蓴羹」。

圖 3-2：水生植蔬圖〔註171〕

| 藻 | 蒲 | 芹 | 蓼 |

〔註168〕見《毛詩正義》，卷 19 之 4，頁 746。
〔註169〕見《毛詩正義》，卷 20 之 1，頁 768。
〔註170〕見〔吳〕陸璣：《毛詩草木鳥獸蟲魚疏》，卷上，頁 4 上。
〔註171〕圖片出自潘富俊著、呂勝由攝影：《詩經植物圖鑑》（臺北：貓頭鷹出版，2001年 6 月），藻見頁 42、蒲見頁 122、芹見頁 259、蓼見頁 282、荇菜見頁 16、蘋見頁 40、菫見頁 154、茆見頁 284。

| 荇菜 | 蘋 | 黃 | 茆 |

2、陸生植蔬

《詩經》中所見可食用的陸生植物種類繁多，有些是日用常蔬，有些則用以濟荒，有些用作調味，有些還可供藥用，其中又以十字花科、菊科、蓼科、蝶形花科、錦葵科、百合科等的草本植物爲多。茲將《詩經》中明確爲食材者和古籍中所提及的重要食材者列舉如下：〔註172〕

（1）匏

〈小雅・南有嘉魚〉詩云：「南有樛木，甘瓠纍之。君子有酒，嘉賓式燕綏之。」〔註173〕此寫燕飲之詩，首二句爲興，以樛木象徵南方嘉賓，甘瓠象徵福祿。匏屬葫蘆科，爲一年生攀緣蔓草，又名瓠、壺。果實爲瓠果，有梨形、葫蘆形、圓錐形等，果皮成熟後成木質，匏的嫩葉和果實鮮嫩者可爲菜蔬。

（2）荼

〈唐風・采苓〉詩云：「采苦采苦，首陽之下。人之爲言，苟亦無與。」〔註174〕藉首陽山采苦之事，用以說明「人之爲言」不可聽信。荼屬菊科，又名苦菜。其幼苗、嫩葉可食，味苦，古代採以爲蔬，且用以調味。

（3）菲

〈邶風・谷風〉詩云：「采葑采菲，無以下體。德音莫違，及爾同死。」〔註175〕以採菜爲喻，言夫妻相處之道。菲屬十字花科，又名萊菔、蘆萉、蘆菔、息菜、土酥、蘿蔔。塊根肥大，肉質，長圓形、球形或圓錐形，通常爲

〔註172〕見陸文郁：《詩草木今釋》，匏見頁18，荼見頁22，菲見頁21，葑見頁20，薺見頁23，韭見頁89，竹筍見頁37，卷耳見頁2～3，杞見頁93～94，薇見頁9，蕨見頁8，莪見頁100，芑見頁100，萊見頁96～97，葵見頁85，菫見頁114～115，椒見頁67。

〔註173〕見《毛詩正義》，卷10之1，頁346。

〔註174〕見《毛詩正義》，卷6之2，頁228。

〔註175〕見《毛詩正義》，卷2之2，頁89。

白色，也有綠色或紅色。其塊根味道辛甘，可供蔬用，生熟皆可啖，嫩葉亦可食。

（4）葑

〈鄘風・桑中〉詩云：「爰采葑矣，沫之東矣。云誰之思？美孟庸矣。」〔註176〕詩人自言將采葑於沫之東，而與所思之人相期會。葑屬十字花科，又名蕪菁、蔓菁、須從、蘋蕪、諸葛菜，自古即爲常見蔬菜，今俗稱大頭菜。塊根肥大多肉，呈白色或紅色，扁圓錐形或球形。其塊根多澱粉，無辣味，可供食用，幼苗鮮嫩可生食，葉片亦可爲蔬。

（5）薺

〈邶風・谷風〉詩云：「誰謂荼苦？其甘如薺。宴爾新昏，如兄如弟。」〔註177〕以蔬菜爲喻，道盡遭遇婚變心中之苦況。薺屬十字花科，自古即爲著名菜蔬。嫩植株至今仍作食用，葉可作菹、作羹，稱爲薺菜，爲野菜中的珍品。

（6）韭

〈豳風・七月〉詩云：「四之日其蚤，獻羔祭韭。」〔註178〕獻羔、祭韭和古代啓冰室之禮有關。韭屬百合科，從古即成栽培蔬類之一。具小形鱗莖，由鱗莖叢生新葉，葉肉質，柔軟，細長而扁平。韭菜營養價值高，含有蛋白質、胡蘿蔔素等多種成分，香辛可口，可生食、熟食、亦可作菹。另有野韭、山韭，均可食。

（7）竹　筍

〈大雅・韓奕〉詩云：「其蔌維何？維筍及蒲。」鄭箋云：「筍，竹萌也。」〔註179〕竹初萌生謂之筍，去所包覆之葉皮即可食用，詩中的筍屬盛之於豆的虀菹料理。竹屬禾本科，其初生可食部分稱竹筍，又名竹萌、笋。

（8）卷　耳

〈周南・卷耳〉詩云：「采采卷耳，不盈頃筐。嗟我懷人，寘彼周行。」

〔註176〕見《毛詩正義》，卷3之1，頁114。
〔註177〕見《毛詩正義》，卷2之2，頁90。
〔註178〕見《毛詩正義》，卷8之1，頁286。
〔註179〕見《毛詩正義》，卷18之4，頁681。

毛傳云：「卷耳，苓耳也。」〔註180〕詩人從茂盛卷耳卻無法裝滿易盈頃筐著筆，藉採集之事烘托下文心有所思，抒發思親憂苦之懷。陸璣《詩》疏云：「葉青白色，似胡荽。白華，細莖，蔓生。可鬻爲茹，滑而少味。」〔註181〕卷耳屬菊科，又名蒼耳、菔、耳璫草。其花、葉、根、實皆可食，爲古代的野菜。

（9）杞

〈小雅·杕杜〉詩云：「陟彼北山，言采其杞。王事靡盬，憂我父母。」〔註182〕詩和戍役有關，前三章均有「王事靡盬」句，點明憂之原因；而三章言陟山采杞，含蘊「憂」之意象。〈小雅·四牡〉毛傳云：「杞，枸檵也。」〔註183〕陸璣《詩》疏云：「一名苦杞，一名地骨。春生，作羹茹，微苦。其莖似莓子，秋熟，正赤。莖葉及子，服之輕身益氣。」〔註184〕杞屬茄科，爲落葉灌木，即枸檵、枸杞。果實爲圓形或長橢圓形紅色漿果，其苗、葉、花、實、根皆是食材及藥材，從古以其葉爲蔬食之用。

（10）薇

〈小雅·采薇〉詩云：「采薇采薇，薇亦作止。曰歸曰歸，歲亦莫止。」〔註185〕詩和戍役征戰有關，以采薇起興，用來表示歲月遞嬗。陸璣《詩》疏：「薇，山菜也。莖葉皆似小豆，蔓生。其味亦如小豆。藿可作羹，亦可生食。今官園種之，以供宗廟祭祀。」〔註186〕薇屬蝶形花科，果實爲長圓形或菱形莢果。生山野中，又稱野豌豆，莖葉氣味皆似豌豆，其嫩莖葉可爲蔬。

（11）蕨

〈召南·草蟲〉詩云：「陟彼南山，言采其蕨。未見君子，憂心惙惙；亦既見止，亦既覯止，我心則說。」毛傳云：「蕨，鱉也。」〔註187〕首二句以採集之事爲題材，三、四句寫未見君子之憂，後三句寫既見君子之喜，表達見君子前後憂喜之心情。陸璣《詩》疏：「山菜也。周秦曰蕨，齊魯曰鱉。初生

〔註180〕見《毛詩正義》，卷1之2，頁33。
〔註181〕見〔吳〕陸璣：《毛詩草木鳥獸蟲魚疏》，卷上，頁6上。
〔註182〕見《毛詩正義》，卷9之4，頁340。
〔註183〕見《毛詩正義》，卷9之2，頁318。
〔註184〕見〔吳〕陸璣：《毛詩草木鳥獸蟲魚疏》，卷上，頁2上。
〔註185〕見《毛詩正義》，卷9之3，頁332。
〔註186〕見〔吳〕陸璣：《毛詩草木鳥獸蟲魚疏》，卷上，頁7上。
〔註187〕見《毛詩正義》，卷1之4，頁51。

似蒜，莖紫黑色。可食，如葵。」〔註188〕蕨屬鳳尾蕨科，一名鱉，山中有之，二、三月生芽，長則展開如鳳尾。其嫩葉可吃，莖多澱粉也可食用。詩文中的蕨、薇二菜皆爲山野時蔬，採集嫩芽和嫩葉以食用。

（12）莪

〈小雅・菁菁者莪〉詩云：「菁菁者莪，在彼中阿。既見君子，樂且有儀。」〔註189〕詩以陵中之莪起興，菁莪蓋象徵自身，而寫樂見君子之情。陸璣《詩》疏云：「莖可生食，又可蒸食，香美，味頗似蔞蒿。」〔註190〕莪屬十字花科，自生山野間，嫩莖葉可爲蔬，古人似常採食之。

（13）苣

〈小雅・采芑〉詩云：「薄言采芑，于彼新田，于此菑畝。」毛傳云：「宣王能新美天下之士，然後用之。」〔註191〕意謂采芑必於新田者，新美其菜，然後采之，以喻宣王新美天下之士，然後用之。陸璣《詩》疏云：「芑菜，似苦菜也。莖青白色，摘其葉，白汁出。肥可生食，亦可蒸爲茹。」〔註192〕芑屬菊科，又名苦蕒菜。莖直立，具長葉柄，葉身線形、披針形至長橢圓形，莖與葉皆柔軟，有白色乳汁。開黃色頭狀花，簇生爲複繖房花序，果實爲橢圓形瘦果，具白色冠毛。可自生於山地、原野間，嫩葉及根、莖脆，可生食，亦可煮食。

（14）萊（藜）

〈小雅・南山有臺〉詩云：「南山有臺，北山有萊。樂只君子，邦家之基；樂只君子，萬壽無期。」鄭箋云：「興者，山之有草木以自覆蓋成其高大，喻人君有賢臣以自尊顯。」〔註193〕詩以草木各有所用，象徵邦國之人才眾多。

〔註188〕見〔吳〕陸璣：《毛詩草木鳥獸蟲魚疏》，卷上，頁6下～7上。
〔註189〕見《毛詩正義》，卷10之1，頁353。
〔註190〕見〔吳〕陸璣：《毛詩草木鳥獸蟲魚疏》，卷上，頁5下。
〔註191〕見《毛詩正義》，卷10之2，頁361。鄭箋云：「興者，新美之喻和治其家、養育其身也。」意謂當於蒙教被育之家擇取軍士，其人必勇武可用。毛傳、鄭箋說法雖有異，然均以采菜喻用人。朱傳云：「宣王之時，蠻荊背叛，王命方叔南征。軍行采芑而食，故賦其事以起興。」朱傳以采芑作爲軍行征戍之食糧，軍行采之，人馬皆可食，賦事以起興。見〔宋〕朱熹：《詩集傳》，卷10，頁116。
〔註192〕見〔吳〕陸璣：《毛詩草木鳥獸蟲魚疏》，卷上，頁7下。
〔註193〕見《毛詩正義》，卷10之1，頁347。

陸璣《詩》疏云：「萊，草名。其葉可食，今兗州人㷩以爲茹，謂之萊㷩。」〔註194〕萊屬藜科，爲一年生草本，又名藜、蔓華。原野多有之，其幼苗、嫩葉可食，古以爲常蔬，故藜、藿常共稱。全株可入藥，莖可爲杖，種子亦可充糧食。

（15）葵

〈豳風・七月〉詩云：「七月亨葵及菽。」孔疏云：「此鬱、薁言食，則葵、菽及棗皆食之也。但鬱、薁生可食，故以食言之。葵、菽當亨煮乃食。」〔註195〕詩寫豳地七月的農民生活。葵屬錦葵科，又名冬葵、滑菜。其幼苗、嫩葉可食，頗滑美，爲古代重要蔬菜之一，故《本草綱目》云：「古者葵爲五菜之主」，〔註196〕古人種以爲常食，莖葉亦可入藥。

（16）堇

〈大雅・緜〉詩云：「周原膴膴，堇荼如飴。」〔註197〕岐山之南有周原，在沮漆之間，是渭水盆地北方山間之肥沃黃土地帶。詩言土地肥美，雖堇荼苦菜，亦甘如飴。《爾雅・釋草》云：「齧，苦堇。」郭注云：「今堇葵也。葉似柳，子如米，汋之可食。」〔註198〕堇屬毛茛科，其苗葉可供食用，味道辛辣。《禮記・內則》稱之「堇荁」，古當調菜使用。

（17）椒

〈唐風・椒聊〉詩云：「椒聊之實，蕃衍盈升。彼其之子，碩大無朋。」〔註199〕詩以易繁衍的花椒來比擬彼其之子，寓含讚美祝福之意。椒屬芸香科，爲落葉灌木或小喬木，又名花椒。果實爲小球形蒴果，成熟後分裂爲兩瓣，呈暗紅色，內有黑色種子。果實與種子均具強烈香味，供食料調味用，嫩葉及幼芽可食，樹皮亦作香料用。

〔註194〕見〔吳〕陸璣：《毛詩草木鳥獸蟲魚疏》，卷上，頁9下。
〔註195〕見《毛詩正義》，卷8之1，頁285。
〔註196〕見〔明〕李時珍：《本草綱目》，卷16，頁1038。
〔註197〕見《毛詩正義》，卷16之2，頁547。
〔註198〕見《爾雅注疏》，卷8，頁140。
〔註199〕見《毛詩正義》，卷6之1，頁219。

圖 3-3：陸生植蔬圖〔註 200〕

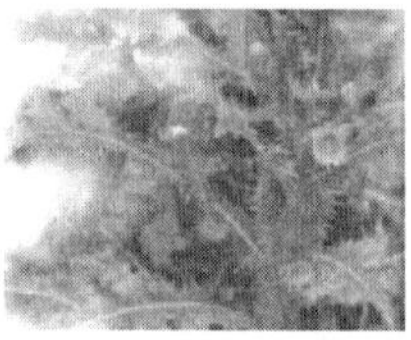

茶	薺	匏	葵
 卷耳	 苄菖	 蕨	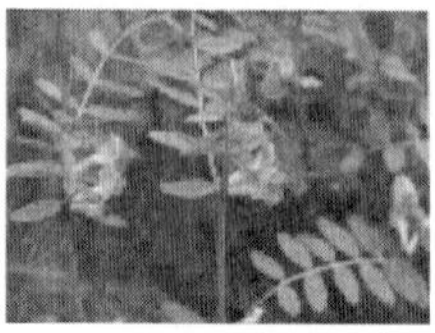 薇

3、果　類

《詩經》中出現的可食果實有桃、李、梅、棗、棘、榛、栗、梬、木瓜、鬱、薁、瓜、桑、檿、枸、萇楚、柘、樧、穀等樹種，果實來源有人工栽培的果樹，以及野生於各處的林木。茲擇先秦重要果類食物如下：〔註 201〕

（1）桃

〈魏風‧園有桃〉詩云：「園有桃，其實之殽。心之憂矣，我歌且謠。」毛傳云：「園有桃，其實之食。國有民，得其力。」〔註 202〕園有果實，可以為食，以興國有人民，可以為力。桃屬薔薇科落葉喬木，從古即為廣行栽培的果木。果實為略圓形的核果，外密被絨毛，內果皮硬，外具皺紋。可鮮食，亦可加工食用。

（2）李

〈衛風‧木瓜〉詩云：「投我以木李，報之以瓊玖，匪報也，永以為好也。」

〔註 200〕參閱潘富俊著、呂勝由攝影：《詩經植物圖鑑》，茶見頁 70、薺見頁 72、匏見頁 64、葵見頁 206、卷耳見頁 20、苄菖見頁 26、蕨見頁 36、薇見頁 38。

〔註 201〕見陸文郁：《詩草木今釋》，桃見頁 4，李見頁 14，梅見頁 11，棗見頁 86～87，棘見頁 17～18，榛見頁 24，栗見頁 28，鬱見頁 13～14，薁見頁 84，枸見頁 98，桑見頁 32，瓜見頁 87。

〔註 202〕見《毛詩正義》，卷 5 之 3，頁 208。

〔註203〕詩述彼贈我答之情狀，木李之贈輕，瓊玖之報重，言並非欲以瓊玖爲報，乃希望以此永遠互結情好。〔註204〕李屬薔薇科落葉喬木，爲栽培廣泛的果木。果實爲稍圓形的核果，熟則黃色或紅色。可鮮食，亦可漬食。

（3）梅

〈召南‧摽有梅〉詩云：「摽有梅，其實七兮。求我庶士，迨其吉兮。摽有梅，其實三兮。求我庶士，迨其今兮。摽有梅，頃筐墍之。求我庶士，迨其謂之。」〔註205〕詩寫女子見梅實之墜落，感韶光之流逝，每章首二句以摽有梅起興。梅屬薔薇科落葉喬木，爲栽培廣泛的果木。果實爲核果，初青色，成熟後黃色，以酸知名，加工食用爲佳。梅乾古稱乾蔤，今稱酸梅，除食用外，亦可用以調味，又供夏日梅漿之需。〈秦風‧終南〉「有條有梅」〔註206〕的梅則爲樟科的楠樹，與此同名異實。

（4）棗

〈豳風‧七月〉詩云：「八月剝棗。」〔註207〕言八月剝擊取棗，採集果實作爲食物補充。棗屬鼠李科落葉喬木，爲中國原產植物之一，繁殖甚易，栽培甚廣。果實爲近球形核果，熟時紅色。棗的品種很多，《爾雅‧釋木》即記錄了十一個品種，〔註208〕其果實味美，可生食，或曬乾、蜜漬後貯藏，爲日常生活常見的食物。

（5）棘

〈魏風‧園有桃〉詩云：「園有棘，其實之食。」〔註209〕言園有棘，可以食用，「其實之食」謂食其實，「之」字猶「是」，表賓語提前。棘屬鼠李科落葉喬木，爲常見栽培和野生樹木，又稱酸棗。果實亦爲近球形核果，初青

〔註203〕見《毛詩正義》，卷3之3，頁141。
〔註204〕從古迄今，各家對〈衛風‧木瓜〉「木」字的訓釋，有因一章言「木瓜」，故二、三章之桃、李亦加「木」字，「因上章木字以成文」的；有主張「木瓜」是梂、「木桃」是樝子、「木李」是榠樝的；有認爲三章的「木」字爲一律，俱解釋爲「木生」的、或「木作」的，或以方言解釋爲「水果」的。本文還是認爲以「梂、桃、李」爲說較爲恰當。詳見江雅茹：〈《詩經‧木瓜》研究〉，《孔孟月刊》第39卷第1期（2000年9月），頁1～9。
〔註205〕見《毛詩正義》，卷1之5，頁63。
〔註206〕見《毛詩正義》，卷6之4，頁242。
〔註207〕見《毛詩正義》，卷8之1，頁285。
〔註208〕見《爾雅注疏》，卷9，頁159。
〔註209〕見《毛詩正義》，卷5之3，頁209。

綠色，熟時則暗紅色，可生食。

（6）榛

〈大雅・旱麓〉詩云：「瞻彼旱麓，榛楛濟濟。豈弟君子，干祿豈弟。」〔註210〕詩首章以旱麓榛楛濟濟起興，和五章瑟彼柞棫相互呼應，「此交萬物之實而興者，廣其義也」。〔註211〕榛屬樺木科落葉喬木，自古即爲北方重要栽培果樹及器具、建材樹種。果實爲近球狀堅果，披以鐘形總苞，苞片外密生短毛及腺毛。榛子含大量蛋白質和脂肪，營養豐富。供食用外，亦可搾油，在周代更供籩實祭食品和女贄之用。

（7）栗

〈鄘風・定之方中〉詩云：「樹之榛栗，椅桐梓漆，爰伐琴瑟。」〔註212〕詩首章寫營造宮室，廣植樹木。栗屬殼斗科落葉喬木，自古爲常見栽培樹種，又稱板栗。果實爲堅果，生於殼斗內，殼斗外密被長刺。栗子含大量澱粉和其他營養成份，可供食用，是重要經濟作物。除板栗外，常見食用栗子還有茅栗和錐栗。茅栗即栵，〈大雅・皇矣〉詩云：「其灌其栵。」〔註213〕栵又稱柚，屬殼斗科，果食爲堅果，較板栗小，但味道較甜。

（8）鬱

〈豳風・七月〉詩云：「六月食鬱及薁。」毛傳云：「鬱，棣屬。」食鬱，謂以果實爲食。孔穎達引劉稹《毛詩義問》云：其樹高五六尺，其實大如李，正赤，食之甜。又引《本草》云：鬱一名雀李，一名車下李，一名棣，生高山川谷或平田中，五月時實。〔註214〕鬱屬薔薇科小灌木植物，和〈召南・何彼襛矣〉詩中的唐棣同類。果實爲核果，形小而圓，熟則呈紫紅色。果實味道酸甜可生食。

（9）薁

〈豳風・七月〉詩云：「六月食鬱及薁。」〔註215〕薁爲漿果類植物，屬葡萄科落葉藤本，爲蔓生藤類植物，俗稱野葡萄。生於林野間，乃常見野果，亦

〔註210〕見《毛詩正義》，卷16之3，頁558。
〔註211〕〈小雅・鴛鴦〉鄭箋語。見《毛詩正義》，卷14之2，頁482。
〔註212〕見《毛詩正義》，卷3之1，頁115。
〔註213〕見《毛詩正義》，卷16之4，頁568。
〔註214〕見《毛詩正義》，卷8之1，頁285。
〔註215〕見《毛詩正義》，卷8之1，頁285。

可插植，其蔓、葉、花、實，與葡萄相似，果實爲紫黑色漿果，籽實可生食。

（10）枸

〈小雅・南山有臺〉詩云：「南山有枸，北山有楰。樂只君子，遐不黃耉；樂只君子，保艾爾後。」此亦祝頌之辭。毛傳云：「枸，枳枸。」〔註216〕陸璣《詩》疏云：「子著枝端，大如指，長數寸。噉之，甘美如飴，八九月熟。江南特美。今官園種之，謂之木密。」〔註217〕枸屬鼠李科落葉喬木，又名枳椇、木蜜。果實爲近圓形核果，可入藥。肉質之果梗，肥大如指，呈紅褐至暗褐色，味甘可食。《禮記・曲禮》所載婦人之摰，包含枳椇在內，枸和榛、棗、栗均是古代重要乾果類。

（11）桑

〈衛風・氓〉詩云：「桑之未落，其葉沃若。于嗟鳩兮，無食桑葚。」〔註218〕桑屬桑科落葉喬木，乃《詩經》中出現篇數最多的植物，亦是栽種極爲普遍的經濟作物，葉可養蠶，材可器用。花單性，雌雄異株，只有雌株可結桑黮。果實爲橢圓形葚果，成熟後呈紅色或紫黑色，味酸甜，可供食用，也可供釀酒。另有一桑科植物名檿，又稱山桑、蒙桑，果實爲葚果，亦可食。而桑科的柘，果實也可生食和釀酒，見〈大雅・皇矣〉詩云：「其檿其柘。」〔註219〕

（12）瓜

〈豳風・七月〉詩云：「七月食瓜，八月斷壺。」〔註220〕瓜屬葫蘆科一年生蔓生草本，又名果瓜、甜瓜，品種多，栽種普遍。果實爲瓠果，味甘而芳香，形狀、色澤依品種不同而異。按《禮記・曲禮》言削瓜及瓜祭，皆指果瓜而言，味甘而香，主生食，又可爲瓜乾，或醃製成菹供食用。〈夏小正〉記載五月「乃瓜」謂「始食瓜也」，瓜已成熟可以爲食；八月「剝瓜」，謂「畜瓜之時也」。〔註221〕係將未食用完之瓜醃製成菹，可知「七月食瓜」爲農人生活記錄。

〔註216〕見《毛詩正義》，卷10之1，頁347。
〔註217〕見〔吳〕陸璣：《毛詩草木鳥獸蟲魚疏》，卷上，頁18下。
〔註218〕見《毛詩正義》，卷3之3，頁135。
〔註219〕見《毛詩正義》，卷16之4，頁568。
〔註220〕見《毛詩正義》，卷8之1，頁285。
〔註221〕見高明：《大戴禮記今註今譯》，頁97。

圖 3-4：果類圖〔註 222〕

棗	榛	栗
鬱	蕢	枸

第二節　食物製作

一、生食與加工

（一）膾　生

　　膾是種切成薄細、調味而食的生肉，又稱爲鮮，獸類、禽類、貝類和魚類皆可爲之。《說文》云：「膾，細切肉也。」〔註 223〕《禮記・內則》云：「肉腥細者爲膾，大者爲軒。」鄭注云：「言大切、細切，異名也。膾者，必先軒之，所謂聶而切之也。」〈內則〉又云：「麋、鹿、田豕、麝，皆有軒。」鄭注云：「軒讀爲憲。憲謂藿葉切也。」孔疏云：「言此等非但爲脯，又可腥食。腥食之時，皆以藿葉起之而不細切，故云皆有軒。不云牛者，牛唯可細切爲膾，不宜大切爲軒，故不言之。」《禮記・少儀》云：「牛與羊、魚之腥，聶而切之爲膾。麋、鹿爲菹，野豕爲軒，皆聶而不切。」鄭注云：「聶之言牒也。

〔註 222〕參閱潘富俊著、呂勝由攝影：《詩經植物圖鑑》，棗見頁 62、榛見頁 76、栗見頁 86、鬱見頁 202、蕢見頁 205、枸見頁 230。
〔註 223〕見《說文解字注》，4 篇下，頁 178。

先藿葉切之，復報切之，則成膾。」〔註224〕切膾工序是先把獸肉或魚肉大切成薄肉片，然後再把這薄肉片細切成肉絲。麋、鹿、野豬和麕等種類的膾生是切成大片薄肉來食用，而牛肉、魚等則再加工細切成絲來食用。〔註225〕以刀工來看，切片和切絲兩種製作方法皆可稱為膾生。

〈小雅‧六月〉詩中之「膾鯉」和〈大雅‧韓奕〉詩中之「鮮魚」，〔註226〕都是魚膾料理。據《本草綱目》云：「魚膾，魚生。劊切而成，故謂之膾。凡諸魚之鮮活者，薄切洗淨血腥，沃以蒜虀、薑醋、五味食之。」〔註227〕魚膾的製作必須選用極為新鮮的魚類材料，製作時先去其皮骨頭尾，取出精肉，刀工尤為重要，切得愈薄就愈理想，所謂「膾不厭細」。生食膾時，還得講究調味，《禮記‧內則》云：「魚膾芥醬，麋腥醢醬。」「膾，春用蔥，秋用芥。」〔註228〕吃魚膾時配以芥子醬，考慮到季節因素時，則春天食膾宜配以蔥，秋天食膾宜配以芥，《論語‧鄉黨》云：「不得其醬，不食。」馬融注云：「謂魚膾非得芥醬，則不食也。」〔註229〕可見魚膾配食芥醬之吃法由來已久，除調味外，亦有殺菌的作用。

（二）魚、肉類加工

《周禮》籩豆食品中有脯、膴、鮑、鱐、麋臡、鹿臡、麇臡、醓醢、蠃醢、蠯醢、蚳醢、魚醢、兔醢、鴈醢、魚子醬等魚、肉類加工製品，比鮮魚、鮮肉更容易貯藏。醢、醬屬醃製類，脯、膴、鮑、鱐屬乾製類。鄭注云：「鮑者，於煏室中糗乾之。出於江淮也。鱐者，析乾之。出東海。王者備物，近者腥之，遠者乾之，因其宜也。」〔註230〕《說文》云：「鮑，饐魚也。」〔註231〕《本草

〔註224〕見《禮記注疏》，卷28，頁529；卷27，頁523、525；卷35，頁636。

〔註225〕蕭璠：〈中國古代的生食肉類餚饌──膾生〉，《中央研究院歷史語言研究所集刊》第71本第2分（2000年6月），頁291。

〔註226〕見《毛詩正義》，卷10之2，頁360；卷18之4，頁681。

〔註227〕見〔明〕李時珍：《本草綱目》，卷44，頁2484。

〔註228〕見《禮記注疏》，卷28，頁529。

〔註229〕〔魏〕何晏注、〔宋〕邢昺疏：《論語注疏》（臺北：藝文印書館，1997年8月，影印清嘉慶20年江西南昌府學重刊宋本《論語注疏》本），卷10，頁89。

〔註230〕《周禮‧天官‧內饔》云：「凡掌共羞脩刑膴胖骨鱐，以待共膳。」鄭司農以骨鱐謂骨有肉者，鄭玄謂骨為牲體，鱐為乾魚。見《周禮注疏》，見卷4，頁62；卷5，頁82。

〔註231〕見《說文解字注》，11篇下，頁586。所謂「如入鮑魚之肆，久而不聞其臭」，亦即《史記‧秦始皇本紀》所載「令車載一石鮑魚以亂其臭」之鹹魚。一說鮑係魚類之一種，即今日餐宴菜單上之「鮑魚」，乃鰒魚之別名，屬腹足類海

綱目》云：「鮑魚，薧魚，蕭折魚，乾魚。鮑即今之乾魚也。……其淡壓為臘者，曰淡魚，曰鱐魚。以物穿風乾者，曰法魚，魪魚。其以鹽漬成者，曰腌魚，曰鹹魚。今俗通呼曰乾魚。」〔註232〕鮑和鱐皆為乾魚，將魚醃饐再加以糗乾即成鮑魚，乃鹽漬而成，鮑味重而鱐味較淡。

鹽除了用以調味，也常被用來作為食品加工材料，主要是利用食鹽的滲透壓作用，使魚、肉類中的水分排出，使食鹽滲入肉品細胞內，從而達到鹽漬、醃製目的。在製作過程中，食鹽不僅可以減少肉品水分含量，同時也可使微生物之繁殖受到阻礙，亦可抑制肉品的腐敗、變質。〔註233〕而日曬和風乾法，同樣也能使肉品中的水分含量減少，增加肉品的耐貯性，而且經過鹽乾或曬乾後，還具有不同風味。

〈大雅・鳧鷖〉詩云：「爾酒既湑，爾殽伊脯。」〔註234〕脯為筵席上之嘉殽，常見的脯有《禮記・內則》所記的鹿脯、田豕脯、麋脯和麛脯。〔註235〕《周禮・天官・腊人》云：「掌乾肉，凡田獸之脯腊膴胖之事。」鄭注云：「大物解肆乾之，謂之乾肉。若今涼州烏翅矣。薄析曰脯。捶而施薑桂曰鍛脩。腊，小物全乾。」〔註236〕腊、脯、腶脩都是乾肉，但食材大小和製作方法略有不同。田獸可作腊，通常是將形體較小的獸去毛，不經剖析，整個經過日曬、烘烤後製成乾物。脯乃將肉類切成片狀或條狀，抹上鹽後，加以曬乾而成。腶脩則是將脯捶打，使其柔軟，再加上香料調味製成。〔註237〕脯可作脯羹，亦可直接食用，以籩盛之。腊類乾肉，可烹煮而後食用，以俎盛之。

肉類食材也可醃製成肉醬，獸類、禽類和水產品皆可做醬。《周禮・天官・醢人》鄭注云：「作醢及臡者，必先膊乾其肉，乃後莝之，雜以粱麴及鹽，漬以美酒，塗置瓶中，百日則成矣。」〔註238〕醢為無骨的肉醬，臡為帶骨的肉醬，製作肉醬的材料有肉類、麴、鹽及酒，經過膊乾及細剉的手續，然後裝

魚，又稱石決明。

〔註232〕見〔明〕李時珍：《本草綱目》，卷44，頁2481～2482。

〔註233〕沈松茂：《食品原料與烹調技術》（臺北：中國餐飲學會，1996年7月），頁101～103。

〔註234〕見《毛詩正義》，卷17之2，頁608。

〔註235〕見《禮記注疏》，卷27，頁523。

〔註236〕見《周禮注疏》，卷4，頁66。

〔註237〕吳達芸：《儀禮特牲少牢有司徹祭品研究》（臺北：臺灣中華書局，1973年5月），頁4～8。

〔註238〕見《周禮注疏》，卷6，頁90。

入甕中密封。《齊民要術》收錄有魚醬和肉醬作法，其云：「肉醬法，牛、羊、麞、鹿、兔肉皆可作，取良殺新，肉去脂，細剉。曬麴令燥熟，擣絹簁。大率肉一斗，麴末五升，白鹽二升半，黃蒸一升。盤上和令均調內甕子中，泥封，日曝，寒月作之於黍穰積中，二七日開看，醬無麴氣便熟。」〔註239〕先取新鮮肉類去脂細剉，然後加入麴和調味料等材料，裝入甕中密封，等發酵熟成即爲肉醬。作魚醬法，則是先「去鱗，淨洗，拭令乾，如膾法披破縷切之，去骨」，〔註240〕再加入調味料入甕中密封。魚、肉類食品經加工後，不且具有不同風味，且更能長時間存放。

（三）蔬、果類加工

《周禮》籩豆食品中有棗、栗、桃、梅乾、榛實、菱角、芡實等乾果類，以及昌本、深蒲、韭菹、菁菹、茆菹、葵菹、芹菹、箔菹、筍菹等醃製類蔬菜。〈大雅·韓奕〉詩云：「其蔌維何？維筍及蒲。」毛傳云：「蔌，菜殽也。」〔註241〕此菜殽有竹筍和蒲菹，筵席間的蔬食大抵以豆食之菹和鉶羹之芼爲主。《說文》云：「菹，酢菜也。」段注云：「酢，今之醋字。菹須醯成味。」〔註242〕菹爲醃菜，作菹之前，須先去除蔬菜多餘水份，然後切成段，或細切成片或絲，並以鹽、醋調味醃漬。〈小雅·信南山〉詩云：「中田有廬，疆場有瓜。是剝是菹。」毛傳云：「剝瓜爲菹也。」〔註243〕〈夏小正〉八月載：「剝瓜——畜瓜之時也。」〔註244〕即指將瓜用鹽醃漬成菹以保存。

大多數可食果實經採集之後，不需經過烹調或加工處理即可直接食用，而爲求長期保存以供日後食用，則多曝曬成果乾，或以鹽醃漬之。《詩經》中常見水果如桃、李、榛、栗、梅、棗、葚等，多加工做成乾果食用。〈豳風·七月〉所云「八月剝棗」，〔註245〕指將棗擊落，準備收成作棗乾。據《齊民要術》記「種棗」云：「全赤即收。收法日日撼落之爲上。」〔註246〕將熟棗擊落，

〔註239〕〔後魏〕賈思勰撰：《齊民要術》（臺北：臺灣中華書局，1980 年 11 月），卷8，頁 4 上。

〔註240〕見〔後魏〕賈思勰撰：《齊民要術》，卷8，頁 3 下。

〔註241〕見《毛詩正義》，卷 18 之 4，頁 681。

〔註242〕見《說文解字注》，1 篇下，頁 43。

〔註243〕見《毛詩正義》，卷 13 之 2，頁 461。

〔註244〕見高明：《大戴禮記今註今譯》，頁 97。

〔註245〕見《毛詩正義》，卷 8 之 1，頁 285。

〔註246〕見〔後魏〕賈思勰撰：《齊民要術》，卷 4，頁 3 下。

再經過曬棗程序，透過數日曝曬將棗去除水份，即可作成棗乾。在《詩經》中出現最多次的樹是桑樹，此亦古代栽種最普遍的樹種之一，其果實汁多味甜，既可鮮食，又可救荒充飢。《齊民要術》記「種桑柘」云：「椹熟時多收曝乾之。凶年粟少，可以當食。」〔註247〕桑葚爲常見果實，用曝曬法製作成葚乾，可作爲糧食補充。

作梅乾、李乾，在曝曬之前，還要先用鹽漬。《齊民要術》作白李法註解云：「用夏李，色黃便摘取，於鹽中按之，鹽入汁出，然後合鹽曬令萎，手捻之令褊，復曬更捻，極褊乃止。曝乾。」作白梅法：「梅子酸，核初成時摘取。夜以鹽汁漬之，晝則日曝。凡作十宿，十浸十曝便成。」〔註248〕鹽有熟成和調味功能，醃漬菹菜需要鹽，製作果乾亦需要鹽。《禮記·內則》中有「桃諸，梅諸，卵鹽」食物，孔疏云：「言食桃諸、梅諸之時，以卵鹽和之。王肅云：諸，菹也。謂桃菹、梅菹，即今之藏桃也、藏梅也。欲藏之時，必先稍乾之，故《周禮》謂之乾藁。」〔註249〕乾藁即梅乾，其作法是先用卵鹽將梅實醃製成梅菹，然後加以曝曬便成梅乾。梅菹和梅乾可以久藏，可供食用，亦可作調味品。

二、食物烹煮

（一）炊　米

炊米，就是爨火煮米爲飯。《說文》云：「爨，炊也。」〔註250〕字象持甑在灶上炊煮，雙手將柴送入火中。火的發明，是人工改變自然狀態最早、最明顯的步驟，用火煮熟食物代表人爲的加工，這種生與熟的對比，象徵自然（非人工）與文化（人爲）的對比，〔註251〕燒煮使生食發生文化轉換，熟食代表人類進入文明歷程。〈小雅·楚茨〉詩云「執爨踖踖」，〔註252〕執爨謂主

〔註247〕見〔後魏〕賈思勰：《齊民要術》，卷5，頁2上。
〔註248〕見〔後魏〕賈思勰：《齊民要術》，卷4，頁6上。
〔註249〕見《禮記注疏》，卷27，頁523～524。
〔註250〕見《說文解字注》，3篇上，頁106。
〔註251〕李亦園：〈一則中國古代神話與儀式的結構學研究〉，《文學的圖像（上）——文化發展的人類學探討》（臺北：允晨文化公司，1992年1月），頁310。又參閱〔法〕李維斯陀原著、周昌忠譯：《神話學：生食和熟食》（臺北：時報文化公司，1992年10月），頁192。
〔註252〕見《毛詩正義》，卷13之2，頁456。

持廚事，講求烹煮和火候的適當運用。先秦時期以黍稷稻粱為主要飯食，烹治穀物的方式，有蒸飯和煮飯兩種，蒸飯用甑甗，煮飯用鬲。蒸是利用蒸氣上行的原理使食物熟爛，煮是將食物放入水中，以火加熱烹熟。炊米就是靠著火和水蒸氣的熱力，讓穀物中的澱粉糊化，讓米粒脹大熟透。米粒吸收部分水分和受熱力作用後，膨脹而軟潤，增加了適口性，有利消化和吸收，而且營養成分也不會收到很大損失。〔註253〕

〈大雅・生民〉詩云：「誕我祀如何？或舂或揄，或簸或蹂；釋之叟叟，烝之浮浮。」毛傳云：「揄，抒臼也。或簸糠者，或蹂黍者。釋，淅米也。」鄭箋云：「釋之烝之，以爲酒及簠簋之實。」孔疏云：「炊之於甑，爨而烝之。其氣浮浮然，言升盛也。既烝熟，乃以爲酒食。」〔註254〕穀物收成後，要先經過舂米、簸糠的過程，舂謂以杵臼擣米脫除穀粒外殼，揄謂擣米完自臼中取出米，簸蹂謂用竹籮篩除空殼，當風簸揚並用手揉去其糠。炊米之前，要先淅米，也就是洗米，淘去米中雜質，炊煮出來的飯才會比較潔淨。詩文描寫祭祀之事，言蒸煮飯食以爲祭品，以示奉祀之誠。

〈大雅・泂酌〉詩云：「泂酌彼行潦，挹彼注茲，可以餴饎。」毛傳云：「餴，餾也。饎，酒食也。」〔註255〕朱傳云：「餴，烝米一熟而以水沃之，乃再烝也。」〔註256〕《爾雅・釋言》云：「餴，餾，稔也。」郭注云：「今呼食蒸飯爲餴，餴熟爲餾。」〔註257〕《說文》云：「餴，脩飯也。」「餾，飯气流也。」〔註258〕餴就是蒸飯，利用蒸氣將米炊熟。專用於蒸煮的器具，有鬲、甑、甗。

據《爾雅・釋器》釋鼎云：「款足者謂之鬲。」〔註259〕款足，即空足。鬲似鼎，足中空而曲，空足取其烹易熟也，可縮短煮熟時間。鬲的主要作用是炊煮，用火熟食，其袋形足，便於容水加溫。鬲兼炊器、食器之用，從殷墟出土大量陶鬲碎片來看，一鬲容積，只夠一人一餐之用，正好可說明先秦

〔註253〕王子輝：〈中國米食文化源流淺釋〉，《中國飲食文化基金會會訊》第 2 卷第 3 期（1996 年 8 月），頁 4。

〔註254〕見《毛詩正義》，卷 17 之 1，頁 594。

〔註255〕見《毛詩正義》，卷 17 之 3，頁 622。

〔註256〕見〔宋〕朱熹：《詩集傳》，卷 17，頁 197。

〔註257〕見《爾雅注疏》，卷 3，頁 38。

〔註258〕見《說文解字注》，5 篇下，頁 220～221。

〔註259〕見《爾雅注疏》，卷 5，頁 79。

時期是分餐制。〔註260〕

　　從鬲的形制來看，上若甑，可以炊物；下若鬲，可以餁物，可見其是合甑、鬲兩器構成的，實是一種蒸炊器。上部用以盛米稱爲甑，侈口，深腹，上立兩耳，底有小孔；下部是鬲，三足或四足，可以煮水。中間有箅，通過蒸汽可將甑內的飯食蒸熟。米炊熟稱爲飯，水較多的飯稱爲糜，《左傳‧昭公七年》載：「饘於是，鬻於是，以糊余口。」〔註261〕糜稠的糜又稱爲饘，稀而水多的則稱爲粥。

　　圖3-5-1爲商晚期齊婦鬲，形式自陶器發展而來。侈口，直頸，袋形腹，下有三個短的柱足，袋形腹上飾獸面紋。〔註262〕圖3-5-2爲陝西扶風庄白一號出土西周微伯鬲，上立直耳，直頸，袋形腹，三足，頸上和袋形腹上飾有獸面紋。〔註263〕圖3-5-3爲西周早期南單甗，全器分爲上甑下鬲兩部分，侈口，上立兩耳，圓形深腹，三足，中間有箅。〔註264〕圖3-5-4爲陝西扶風縣雲塘、庄白二號出土的西周方甗，直耳，方腹，四足略呈馬蹄形，足上部有四個目紋。〔註265〕

圖3-5：鬲、甗圖

3-5-1 齊婦鬲	3-5-2 微伯鬲	3-5-3 南單甗	3-5-4 方甗

〔註260〕郭寶鈞：《中國青銅器時代》（臺北：駱駝出版社，1987年7月），頁108。
〔註261〕見《春秋左傳正義》，卷44，頁766。
〔註262〕上海博物館：《認識古代青銅器》（臺北：藝術家出版社，1995年8月），頁97，圖24。
〔註263〕陝西周原考古隊：〈陝西扶風庄白一號西周青銅器窖藏發掘簡報〉，《文物》1978年第3期，頁16，圖版柒，圖1。
〔註264〕見上海博物館：《認識古代青銅器》，頁119，圖35。
〔註265〕陝西周原考古隊：〈陝西扶風縣雲塘、庄白二號西周銅器窖藏〉，《文物》1978年第11期，頁10，圖21。

穀類可以粒食，也可以粉食。籩豆食品中有麷、蕡、白、黑、糗餌、粉餈、酏食、糝食等食品，就是將穀物壓穀成粉而加工做成的點心。西漢以後用石磨壓穀成粉，先秦則用碾棒製粉。烹製方法用熬，《說文》云：「熬，乾煎也。」段注引《方言》云：「熬，火乾也。凡以火而乾五穀之類，自山而東，齊楚以往，謂之熬。」〔註266〕凡有汁而乾謂之煎，煎五穀謂之熬。麷是熬麥，蕡是熬麻實，白是熬稻米，黑是熬黍米。《周禮·天官·籩人》鄭注云：「鄭司農云：糗，熬大豆與米也。粉，豆屑也。茨字或作餈，謂乾餌餅之也。玄謂此二物皆粉稻米黍米所爲也。合蒸曰餌，餅之曰餈。糗者，擣粉熬大豆，爲餌餈之黏著以粉之耳。餌言糗，餈言粉，互相足。」〔註267〕根據《周禮·天官·醢人》鄭注云：「鄭司農云：酏食，以酒酏爲餅。糝食，菜餗蒸。玄謂酏，饘也。〈內則〉曰：『取稻米舉糔溲之，小切狼臅膏，以與稻米爲酏。』又曰：『糝，取牛羊豕之肉，三如一，小切之，與稻米，稻米二肉一，合以爲餌，煎之。』」〔註268〕酏又稱爲饘，乃用稻米和狼臅膏、牛羊油所煎成的餌；糝則爲用稻米和牛羊豕肉所煎成的餌。無肉及不加油的糗餌、粉餈爲乾物，盛之於籩；有肉或加油的餌爲濕物，盛之於豆，均屬點心食品。

（二）烹　煮

〈檜風·匪風〉詩云：「誰能亨魚，漑之釜鬵。誰將西歸，懷之好音。」毛傳云：「鬵，釜屬。亨魚煩則碎，治民煩則散，知亨魚則知治民矣。」〔註269〕用烹魚比喻爲政之道，正如同《老子》六十章所云：「治大國若烹小鮮。」魏·王弼注云：「不擾也。躁則多害，靜則全眞，故其國彌大而其主彌靜，然後乃能廣得眾心矣。」〔註270〕《詩經》中的烹煮過程見〈小雅·楚茨〉所描述：「濟濟蹌蹌，絜爾牛羊，以往烝嘗。或剝或亨，或肆或將。」毛傳云：「亨，飪也。」孔疏云：「亨謂煮之使熟。」〔註271〕〈小雅·六月〉、〈大雅·韓奕〉詩均提到「炰鱉」，〈大雅·韓奕〉鄭箋云：「炰鱉，以火熟之也。」

〔註266〕見《說文解字注》，10篇上，頁487。
〔註267〕見《周禮注疏》，卷5，頁83。
〔註268〕見《周禮注疏》，卷6，頁89。
〔註269〕見《毛詩正義》，卷7之2，頁265。
〔註270〕〔魏〕王弼注：《老子註》（臺北：藝文印書館，1975年9月，遵義黎氏校刊《集唐字老子道德經注》本），頁124。
〔註271〕見《毛詩正義》，卷13之2，頁455。

孔疏云：「以火熟之者，謂烝煮之也。」〔註272〕火熟曰煮，就是將魚鼈、牲體放入水中，以火加熱，煮之使熟。烹煮是最普遍的烹調方式，魚鼈、肉類、穀物、蔬菜皆可以採用烹煮法。尤其是魚肉中含有 52%～82%的水分，烹調時僅損失 10.5～34.5%，因此，魚肉經烹調後，仍可保持其鬆軟狀態，易爲人體消化和吸收。〔註273〕

〈召南‧采蘋〉詩云：「于以湘之？維錡及釜。」毛傳云：「湘，亨也。錡，釜屬。有足曰錡，無足曰釜。」鄭箋云：「亨蘋藻者，於魚湆之中，是鉶羹之芼。」〔註274〕釜即炊爨器，即煮用的鍋子，而錡的外形似釜，底下加有三足，似有腳的鍋子，錡、釜、鬻均爲烹煮之器。《易‧說卦》云：「坤爲釜。」孔疏云：「爲釜，取其化生成熟也。」〔註275〕新石器時代中晚期，長江流域已發現使用陶釜遺跡。釜與鬲、鼎相異之處，主要是釜圓底而無足，因此需與竈合用，使用時置於支架上，下面燒火以烹煮食物。

〈小雅‧白華〉詩提到「樵彼桑薪，卬烘于煁」，毛傳云：「烘，燎也。煁，烓竈也。」孔疏云：「烓者，無釜之竈，其上燃火謂之烘。本爲此竈，上亦燃火照物，若今之火爐也。」〔註276〕煁是一種可移動的竈，用於炊事燒煮，又有照明、取暖功能。竈的上方可放置釜、甑等飪食器具，於下方出口放置柴薪，可以燒火煮食。圖 3-6-1 爲河南陝縣三門峽廟底溝出土陶竈，屬仰韶文化晚期，竈上可放置陶釜炊煮。〔註277〕圖 3-6-2 微瘣釜則爲陝西扶風庄白一號出土的西周懿王時代青銅器，其形制口大腹小，平底無足，二耳銜環，腹部素面，肩飾陽弦紋一道。〔註278〕

〔註272〕見《毛詩正義》，卷 18 之 4，頁 681。

〔註273〕見沈松茂：《食品原料與烹調技術》，頁 89～90。

〔註274〕見《毛詩正義》，卷 1 之 4，頁 52。

〔註275〕〔魏〕王弼、〔晉〕韓康伯注、〔唐〕孔穎達疏：《周易正義》（臺北：藝文印書館，1997 年 8 月，影印清嘉慶 20 年江西南昌府學重刊宋本《周易注疏》本），卷 9，頁 185。

〔註276〕見《毛詩正義》，卷 15 之 2，頁 517。

〔註277〕譚旦同：《中國陶瓷》（臺北：光復書局，1986 年 12 月），頁 145，插圖 4。

〔註278〕見陝西周原考古隊：〈陝西扶風庄白一號西周青銅器窖藏發掘簡報〉，頁 16，圖版柒，圖 2。

圖 3-6：釜、竈圖

| 3-6-1 陶竈 | 3-6-2 微癭釜 |

〈魯頌・閟宮〉詩中的祭品包括「毛炰胾羹」，毛傳云：「胾，肉也。」
〔註 279〕《說文》云：「胾，大臠也。」〔註 280〕胾謂切肉，胾羹爲肉羹，薦
羞食品中有牛胾、羊胾、豕胾，以豆盛之。《說文》段注云：「羹有實於鼎者，
牛藿、羊苦、豕薇是也。有實於豆者，腳、臐、膮是也。」〔註 281〕鉶羹以
鼎盛之，臛則以豆盛之。羹食是有湯汁的烹煮方式，先秦時期日常饌食以「羹」
爲最重要，《禮記・內則》云：「羹食，自諸侯以下至於庶人，無等。」〔註
282〕平民的主食是菜羹，是用野菜煮爛的濃湯，如藜、藿、薇、蕨等蔬食煮
成的純菜羹；也有加花樣的，有加肉、加五味、加米屑、加鹽梅的。〔註 283〕
先秦典籍中所見的蔬食，就是指草實做成的飯，而古籍中所見的羹，主要是
指用肉煮成的肉湯。

古代的羹大致可分成兩大類，〈魯頌・閟宮〉毛傳云：「羹，大羹、鉶羹
也。」〔註 284〕大羹爲一類，鄭司農所謂「不致五味者」，不以鹽菜及五味調和；
臛與鉶爲一類，《說文》所謂「五味和羹者」，加鹽菜調味烹煮。「鉶則羹中有
菜，臛則羹中無菜，故《儀禮》凡羊鉶、豕鉶，均有鉶柶之設，而腳、臐、
膮三陪鼎則無之。」〔註 285〕羹中有菜稱爲鉶，以菜和羹芼之，又稱鉶羹之芼。

〔註 279〕見《毛詩正義》，卷 20 之 2，頁 778。

〔註 280〕見《說文解字注》，4 篇下，頁 178。

〔註 281〕見《說文解字注》，4 篇下，頁 177。

〔註 282〕見《禮記注疏》，卷 28，頁 529。

〔註 283〕見許倬雲：《西周史》，頁 239～242。

〔註 284〕見《毛詩正義》，卷 20 之 2，頁 778。

〔註 285〕周聰俊：〈《儀禮》用鉶考辨〉，《大陸雜誌》第 83 卷第 4 期（1991 年 10 月），
頁 6。

羹中無菜稱爲臐，牛臐曰膷、羊臐曰臐、豕臐曰膮，屬純肉羹。羹汁稱爲湆，《儀禮・特牲饋食禮》云：「設大羹湆于醢北」，鄭注云：「大羹湆，煮肉汁也。」〔註286〕湆即指肉羹的湯汁。

（三）炙　烤

〈小雅・瓠葉〉詩云：「有兔斯首，燔之炮之。……燔之炙之。……炮之燔之。」毛傳云：「毛曰炮，加火曰燔。炕火曰炙。」鄭箋云：「凡治兔之宜，鮮者毛炮之，柔者炙之，乾者燔之。」〔註287〕炙、燔、炮、炰皆屬炙烤法，炙烤是直接將食物放在火上加熱烘烤的烹調炮方式。《說文》云：「炙，炙肉也。从肉在火上。」〔註288〕籩豆食品中有牛炙、羊炙、豕炙，而漁獵所得的魚類、獸類、禽類亦可燔炙食用。《說文》段注云：「炙肉者，貫之加於火。毛炙肉，謂肉不去毛炙之也。」〔註289〕炙、燔是將肉架在火上面烤，炮、炰則是連毛或其他材料一起裹燒之。〈魯頌・閟宮〉有「毛炰」，〔註290〕〔清〕王夫之（1619～1692）《詩經稗疏》云：「炮者，塗之以泥，實之以棗，以火炮之。」〔註291〕《禮記・內則》有「炮豚」，鄭注云：「炮者，以塗燒之爲名也。」〔註292〕其作法是將豚、牂「刲之刳之，實棗於其腹中，編萑以苴之，塗之以謹塗，炮之」，再加上稻粉、膏、脯等食材，入鼎燒煮，而後調之以醯醢。

〈小雅・楚茨〉詩云：「或燔或炙，君婦莫莫。」鄭箋云：「燔，燔肉也。炙，肝炙也。皆從獻之俎也。」孔疏云：「從獻之俎，必取肉及肝甚肥大而美者，或加火燔燒之，謂燔肉也，或炕火貫炙之，謂炙肝也，以從於獻酒之用也。」〔註293〕詩寫祭祀準備祭物情形，有燔肉和炙肝等美食，〈大雅・鳧鷖〉、〈大雅・行葦〉詩亦寫到祭祀、燕享食物之豐，炙烤類食品也是筵席間嘉殽。

〔註286〕見《儀禮注疏》，卷45，頁531。

〔註287〕見《毛詩正義》，卷15之3，頁522～523。

〔註288〕見《說文解字注》，10篇下，頁495。

〔註289〕見《說文解字注》，10篇上，頁487。

〔註290〕見《毛詩正義》，卷20之2，頁778。

〔註291〕〔清〕王夫之：《詩經稗疏》（臺北：藝文印書館，1986年6月，《續經解毛詩類彙編》本），第1冊，卷4，頁64。

〔註292〕見《禮記注疏》，卷28，頁532。關於《禮記》「八珍」作法，可參閱莊申：〈從「八珍」的演變看中國飲食文化的演變〉，《中央研究院歷史語言研究所集刊》，第61本第2分（1992年3月），頁433～479。

〔註293〕見《毛詩正義》，卷13之2，頁456。

三、食物調味

（一）五味調和

〈商頌・烈祖〉詩云：「亦有和羹，既戒既平。」鄭箋云：「和羹者，五味調腥熟得節，食之於人性安和。」〔註294〕五味調和，不僅能增加食物美味，對身體亦有所幫助，故先秦時期已重視食物調理之事，飲食不但是庖廚份內之事，亦是醫生職責所在。據《周禮》記載：內饔「掌王及后、世子膳羞之割亨煎和之事。」鄭注云：「割，肆解肉也。亨，煮也。煎和，齊以五味。」食醫「掌和王之六食、六飲、六膳、百羞、百醬、八珍之齊。……凡和，春多酸，夏多苦，秋多辛，冬多鹹，調以滑甘。」鄭注云：「和，調也。」疾醫「以五味、五穀、五藥養其病。」鄭注云：「五味，醯、酒、飴、蜜、薑、鹽之屬。」賈疏云：「醯則酸也，酒則苦也，飴、蜜即甘也，薑即辛也，鹽即鹹也。」〔註295〕齊以五味謂之和，調和酸、苦、甘、辛、鹹，亦屬飲食重要一環。要達到「和」之目的，就必須注意兩個層次問題：「一是某一種具體物料的『先天』自然美質的味性，二是諸種具體物料在組配的『調』的過程中實現的複合味性」，此二種皆是飽口福、振食欲的美味，而烹調之功就在於充分揚諸物之長，既掌握物料味的先天美質，又能透過烹調技巧再造這種美質。〔註296〕

味包括鼻感嗅覺和舌感味覺的刺激，「嗅覺上所感覺到的味，在烹調理論上叫作香，是由食物揮發出的氣味，大多為醇、醚、酮、酯、酚，萜、烯之類的有機化合物，它們刺激鼻黏膜給人以興奮和抑制」，〔註297〕食物味道香，能刺激食慾，相反地，如果食物氣味不佳，則會降低食慾，所以古人在祭祀時也會特別重視香味，期望神明、祖先聞到馨香能來享受祭祀者的供奉。如〈大雅・鳧鷖〉詩云：「爾酒既清，爾殽既馨。公尸燕飲，福祿來成。」〔註298〕以馨香的酒殽祭祀，希望「神嗜飲食」，「福祿來成」。〈周頌・載芟〉詩云：「有飶其香，邦家之光。有椒其馨，胡考之寧。」〔註299〕以穀、酒的馨香「苾芬孝祀」，祭享祈年。〈大雅・生民〉詩云：「卬盛于豆，于豆于登。其香始升，上帝居歆。

〔註294〕見《毛詩正義》，卷20之3，頁791。

〔註295〕見《周禮注疏》，卷4，頁61；卷5，頁72；卷5，頁73～74。

〔註296〕參閱趙榮光：〈十美風格：中國古代飲食文化〉，《聯合文學》第12卷第9期，頁82～83。

〔註297〕王學泰：《華夏飲食文化》（北京：中華書局，1993年8月），頁136。

〔註298〕見《毛詩正義》，卷17之2，頁607。

〔註299〕見《毛詩正義》，卷19之4，頁748。

胡臭亶時。」〔註300〕以香氣上達於天，祭品馨香，上帝安然歆饗之。

味覺上所感覺到的味，是通過舌上味蕾而被感受。從現代科學觀點來看，「調味一方面是利用原料與調味品之間的適當配合，通過烹製過程發生的物理變化和化學變化，除去惡味、突出正味、增加香氣與美味的一項操作技術；另一方面還根據呈香物質對人體的生理刺激和心理作用，巧妙地為食用者提供最佳的味道組合和順序」。〔註301〕酸味可去腥解膩，並幫助消化；苦味可去腥膻，並激發食物香味；甘味之甜，可滿足口腹；辛味之辣，能刺激食慾；鹹味可提味，讓食物更有味道。五味調和，必以適量為原則，如果太過，不僅傷味亦傷身。保存部分先秦飲食理論的《呂氏春秋・本味》，內容不但注重「甘酸苦辛鹹」五味調和，還主張「甘而不噥，酸而不酷，鹹而不減，辛而不烈，澹而不薄，肥而不腜」，〔註302〕以達到中和之美。

（二）調味材料

最初使用調料，應是為了克服異味，後來認識到調料在袪除異味的同時，還能增加美味。人們對美味的追求，促進了調料的不斷變化。《左傳・昭公二十年》晏子釋為政之道以烹調為喻：「水、火、醯、醢、鹽、梅，以烹魚肉，燀之以薪，宰夫和之，齊之以味，濟其不及，以洩其過。君子食之，以平其心。君臣亦然。……若以水濟水，誰能食之？若琴瑟之專壹，誰能聽之？同之不可也如是。」〔註303〕晏子的話，表現出飲食文化「和」的特點，烹飪要求「和而不同」，「和」是和諧適中，亦即把多樣而豐富的物質加以增減配合，使其呈現綜合的味感，而不是單調乏味的「同」。這種對飲食整體性的把握，也表現中國哲學的一大特點。〔註304〕

《呂氏春秋・本味》云：「凡味之本，水最為始。五味三材，九沸九變，火為之紀。」〔註305〕中國飲食文化的「和」，主要是由「調和鼎鼐」、「水火相

〔註300〕見《毛詩正義》，卷17之1，頁596。

〔註301〕楊昌舉：〈論中國飲食文化之科學性與藝術性〉，《第三屆中國飲食文化學術研討會論文集》（臺北：中國飲食文化基金會，1994年12月），頁90。

〔註302〕〔漢〕高誘注：《呂氏春秋》（臺北：臺灣中華書局，1979年2月，據畢氏靈巖山館校本校刊），卷14，頁4下～5上。

〔註303〕見《春秋左傳正義》，卷49，頁858～861。

〔註304〕姚偉鈞：〈從吃開始：飲食・中國文化的根基〉，《聯合文學》第12卷第9期，頁68～69。

〔註305〕見《呂氏春秋》，卷14，頁4下～5上。

濟」而來的。水、火原本是對立的概念，透過烹煮過程而得到調和，水火相濟的烹煮法發明後，古人才認爲「火食之道始備」，之後又發明了用蒸氣將穀物蒸熟的方法，又達到水與火的絕對交融。〔註306〕水量、火候控制食物的熟爛度，醯、醢、鹽、梅則負責調和食物的味道。

人類很早即懂得使用酸、鹹二味調製食品，酸取自梅子，鹹取自鹽。《尚書・說命下》云：「若作和羹，爾惟鹽梅。」〔註307〕梅子含果酸，先秦時常用來清除魚肉中的腥臊味道，食生魚、生肉，用梅子來軟化肉質，亦可幫助消化，還可取其汁爲漿，更宜於調味。鹽是人體氯和鈉兩種元素的主要來源，對維持細胞外液滲透壓、維持體內酸鹼平衡和保持神經、骨骼、肌肉的興奮性都很重要，〔註308〕鹽與胃酸結合，能加速分解肉類，促進吸收。《周禮》有專門掌管鹽之政令的鹽人，「凡齊事，鹽以待戒令。」鄭注云：「齊事，和五味之事。」〔註309〕可見鹽是極重要的調味品。鹽有苦鹽、散鹽、形鹽、散鹽、飴鹽之分，《左傳・僖公三十年》記「王使周公閱來聘，饗有昌歜、白、黑、形鹽。」〔註310〕形鹽和其他薦羞同爲饗宴之物，被賦予「薦五味，羞嘉穀，鹽虎形，以獻其功」的文化意義，象徵君王武功。

醯即酢，製醋是透過發酵作用，用麴使穀物發酵生成酒精，再藉醋酸菌的作用，將酒精氧化爲醋酸。醋用以調味，於製作食物時「和用醯」，可增加食物美味，食用魚、肉類時沾醋，亦可解膩和輔助胃酸分解蛋白質。醢即肉醬，醓醢爲有汁的肉醬，屬醃製類食物，是燔炙肉類嘉穀時不可或缺的調味品。《禮記・曲禮》云：「凡進食之禮，左殽右胾，食居人之左，羹居人之右。膾炙處外，醯醬處內。」〔註311〕進食時，几上會放置醯醬，便於調味。《周禮》有專門掌管醯、醢之醯人、醢人，王舉，則供齊菹醯物、醢物各六十甕；賓客之禮，則供醯、醢各五十甕。由此可知古代貴族生活對醯、醢的需求量很大，許多食物製作和食用時都要「調之以醯醢」。

〔註306〕王子輝：〈中國飲食文化的根本之道──和〉，《歷史月刊》第97期（1996年2月），頁58。

〔註307〕〔漢〕孔安國傳、〔唐〕孔穎達疏：《尚書注疏》（臺北：藝文印書館，1997年8月，影印清嘉慶20年江西南昌府學重刊宋本《尚書注疏》本），卷10，頁142。

〔註308〕林乃燊：《中國飲食文化》（臺北：南天書局，1992年7月），頁45。

〔註309〕見《周禮注疏》，卷6，頁90～91。

〔註310〕見《春秋左傳正義》，卷17，頁285。

〔註311〕見《禮記注疏》，卷2，頁39。

除鹽、梅、醯、醢外，還有一些植物本身即具有特殊味道，可兼具佐餐和調味功能，如薑、蔥、蒜、韭、蓼、芥、桂、椒、菫等。薑為辛味，被稱為「和之美者」，不僅能袪除異味，還能激發出食物的美味，故烹調魚肉離不開薑，另外薑能逐風袪毒，可單獨食用，《論語・鄉黨》載孔子「不撤薑食」，〔註312〕可知薑在膳饌方面很重要。《禮記・內則》云：「膾，春用蔥，秋用芥。豚，春用韭，秋用蓼。脂用蔥，膏用薤。」〔註313〕蔥、蒜、韭、蓼、芥具辛辣味，有「五辛」之稱，亦是常見調味品。〈內則〉又云：「濡豚，包苦實蓼。濡雞，醢醬實蓼。濡魚，卵醬實蓼。濡鱉，醢醬實蓼。」〔註314〕烹煮豚、雞、魚、鱉時將水蓼填充其腹部以去除腥味，又可增加食物美味。〈內則〉有「屑桂與薑，以洒諸上而鹽之」的食物作法，桂屑可作香料，調理牛、羊、麋、鹿、麕等肉類。〈唐風・椒聊〉朱傳云：「其實味辛而香烈。」〔註315〕花椒為香料，亦可作食品調味之用。

甘味來源有甘草，以及專用糖源的蜂蜜和飴糖。《楚辭・招魂》有「粔籹蜜餌，有餦餭些」之文，〔註316〕蜜餌即以蜜所煎熬的米餅。《說文》云：「飴，米糱煎者也。」〔註317〕飴為餳，即麥芽糖之類。《禮記・內則》提及孝敬尊長的甜食有棗、栗、飴、蜜，〔註318〕因棗、栗含糖率很高，和飴、蜜同為甜食點心。

〈大雅・緜〉詩云：「周原膴膴，菫茶如飴。」〔註319〕言周原土地之美，雖菫、茶苦物，味道亦甘美如飴。菫味雖苦，瀹之則甘，古人以其黏液做羹，可調和飲食，使羹汁滑美。《儀禮・公食大夫禮》云：「鉶芼，牛藿、羊苦、豕薇，皆有滑。」鄭注云：「滑，菫荁之屬。」〔註320〕菫、荁作用似今日在湯菜中加澱粉調理以增加口感一般。

《禮記・內則》云：「菫、荁、枌、榆……以滑之。脂，膏，以膏之。」鄭注云：「謂用調和飲食也。」孔疏云：「凝者為脂，釋者為膏。以膏沃之，

〔註312〕見《論語注疏》，卷10，頁89。
〔註313〕見《禮記注疏》，卷28，頁529。
〔註314〕見《禮記注疏》，卷27，頁523。
〔註315〕見〔宋〕朱熹：《詩集傳》，卷6，頁70。
〔註316〕見《楚辭補注》，頁330。
〔註317〕見《說文解字注》，5篇下，頁221。
〔註318〕見《禮記注疏》，卷27，頁518。
〔註319〕見《毛詩正義》，卷16之2，頁547。
〔註320〕見《儀禮注疏》，卷26，頁315。

使之香美。」〔註321〕脂膏亦有調理食物的功用，如八珍淳熬、淳毋作法，煎醢加于陸稻、黍食上，沃之以膏，膏在烹調時作爲傳熱介質和調味劑。先秦時期主要是用動物脂肪，脂是有角家畜如牛羊的脂肪，常溫下較堅硬；膏是無角家畜如犬豕的脂肪，常溫下較稀軟。油脂在烹調中的作用，可作營養品、調味品和導熱的媒介物。

　　凡食有所宜，亦有所忌，也反映在主副食搭配方面。《本草綱目》引《素問》「五穀爲養，五菜爲充」云：「所以輔佐穀氣，疏通壅滯也。」〔註322〕五菜指韭、薤、葵、蔥、藿，爲蔬類植物代表，蔬菜能平衡穀食之脹氣，幫助消化。又《論語‧鄉黨》云：「肉雖多，不使勝食氣。」〔註323〕用餐以飯食爲主，肉可多吃，但不可超過飯食的份量。《周禮‧天官‧食醫》云：「凡會膳之宜：牛宜稌，羊宜黍，豕宜稷，犬宜粱，鴈宜麥，魚宜苽。」〔註324〕食稻時最好配以牛肉，牛肉氣味甘平，稻米味苦而溫，二者甘苦相成，故配食最宜於人。〔註325〕除了在食物製作過程中需要注意食材的搭配和味道的調和之外，食材本身的鮮度對食物的味覺口感影響也很大。

　　在食物的保鮮和貯藏方面，先秦時期的食物保存法有醋漬、風乾、薰烤和冷藏。〈豳風‧七月〉詩云：「二之日鑿冰沖沖，三之日納于凌陰。」毛傳云：「凌陰，冰室也。」〔註326〕凌陰就是用來貯存冰的冰室，用冰以保存食物或使飲料冰涼。鄭注云：「以盛冰，置食物于中以禦溫氣。」〔註327〕冷藏法主要是利用冰塊降低溫度，以防止食物腐敗。王室貴族可藉冰室冷藏食品原料，由凌人負責職掌冰政。

四、酒類製作

（一）酒之原料

　　酒是一種具有營養價值的飲料，乃碳水化合物經過發酵作用，引起化學變化而成酒。酒的製造，是古人從生活經累積驗而來。酒以穀物爲原料，周

〔註321〕見《禮記注疏》，卷27，頁518～519。
〔註322〕見〔明〕李時珍：《本草綱目》，卷26，頁1571。
〔註323〕見《論語注疏》，卷10，頁89。
〔註324〕見《周禮注疏》，卷5，頁73。
〔註325〕王仁湘：《民以食爲天Ⅰ》（臺北：中華書局，1990年4月），頁63。
〔註326〕見《毛詩正義》，卷8之1，頁286。
〔註327〕《周禮‧天官‧凌人》「春始治鑑」鄭注。見《周禮注疏》，卷5，頁81。

代時期主要農作物爲黍、稷、稻、梁,《說文》酉字下云:「八月黍成,可爲酎酒。」〔註328〕是黍亦可爲酎酒,而以稻爲上。《儀禮‧聘禮》注云:「凡酒,稻爲上,黍次之,梁次之。」〔註329〕〈豳風‧七月〉云:「十月穫稻,爲此春酒,以介眉壽。」〔註330〕〈小雅‧楚茨〉云:「我黍與與,我稷翼翼。我倉既盈,我庾維億。以爲酒食。」〔註331〕《禮記‧內則》有「稻醴,黍醴,梁醴」文,可見當時酒類原料也以黍、稷、稻、梁爲主。

　　《尚書‧說命下》云:「若作酒醴,爾惟麴蘗。」〔註332〕言酒醴須麴蘗作催化以成。《呂氏春秋‧重己》高誘注云:「醴以蘗與黍相體,不以麴也,濁而甜耳。」〔註333〕謂製醴不用酒麴,而用蘗。酒以麴造,醴以蘗造。蘗即麥芽,乃用發芽的穀物所製成的糖化劑,所造出的醴似甜酒釀。麴又稱酒母,是用含有澱粉的穀物爲原料所培養出含有豐富菌類的載體。使用麴所醖釀培養的微生物,能分泌出糖化酶與酒化酶,糖化和酒化兩步驟同時進行且相互催化,進而釀製成酒。〔註334〕

(二)酒之釀製

　　周代已有較完整用麴釀酒的經驗,《周禮‧天官‧酒正》云:「掌酒之政令,以式灋授酒材。」鄭注云:「式法,作酒之法式。作酒既有米麴之數,又有功沽之巧。」〔註335〕酒正不自造酒,使酒人爲之,酒正直辨五齊之名。五齊即泛齊、醴齊、盎齊、緹齊、沈齊,爲祭祀所用的五種酒類,依其清濁爲五等,也可說五齊是釀酒過程發酵進行的五個階段。一是發酵開始,產生大量二氧化碳氣體,穀物膨漲,一部分穀物浮到液面上,此階段稱泛齊;二是糖化作用旺盛,醪味發甜,略有酒味階段,稱爲醴齊;三是發酵作用旺盛,產生很多氣泡且發出聲響,稱爲盎齊;四是酒精成分逐漸增多,浸出原料中之色素,使酒液顏色改變,醪呈紅色,稱爲緹齊;五是發酵停止,酒糟下沉階段,稱爲沉齊。〔註336〕

〔註328〕見《説文解字注》,14 篇下,頁 754。
〔註329〕見《儀禮注疏》,卷 22,頁 266。
〔註330〕見《毛詩正義》,卷 8 之 1,頁 285。
〔註331〕見《毛詩正義》,卷 13 之 2,頁 454。
〔註332〕見《尚書注疏》,卷 10,頁 142。
〔註333〕見《呂氏春秋》,卷 1,頁 8 下。
〔註334〕關於釀酒技術,參閱李華瑞:《中華酒文化》(太原:山西人民出版社,1995 年 2 月),頁 21～22。
〔註335〕見《周禮注疏》,卷 5,頁 76。
〔註336〕見李華瑞:《中華酒文化》,頁 18～19。

　　根據釀酒經驗累積，周代並總結出釀酒技術六個關鍵問題，《禮記·月令》云：「乃命大酋，秫稻必齊，麴蘗必時，湛熾必絜，水泉必香，陶器必良，火齊必得，兼用六物。大酋監之，毋有差貸。」〔註337〕穀物和麴蘗必須季節適宜，水質必須清澈甘美，浸米和炊米操作必須保持清潔，盛裝之器皿必須精良不滲漏，製麴、蒸飯、發酵及煎酒溫度必須控制得當。製酒過程中，必須精選原料和掌控溫度，秫稻、麴蘗、湛熾、水泉、陶器、火齊均需掌控得宜，此傳統釀酒工藝基本要素稱之為六法。

（三）酒之過濾

　　〈小雅·伐木〉傳云：「以筐曰釃，以藪曰湑。」孔疏云：「筐，竹器也。藪，草也。漉酒者，或用筐，或用草。」〔註338〕據《周禮·司尊彝》云：「鬱齊獻酌，醴齊縮酌，盎齊涗酌。凡酒脩酌。」鄭注云：「醴齊尤濁，和以明酌，泲之以茅，縮去其滓也。盎齊差清，和以清酒，泲之而已。……凡酒，謂三酒也。脩讀如滌濯之滌。滌酌，以水和而泲之。」〔註339〕凡言酌者，皆是泲之，使其可酌。鬱齊用獻酌法，醴齊用縮酌法，盎齊用涗酌法，三酒則用脩酌法。

　　醴有清濁，泲酒之法，《禮記·郊特牲》云：「縮酌用茅，明酌也。」鄭注云：「謂泲醴齊以明酌也。」孔疏云：「縮，泲也。酌，是斟酌。謂醴齊既濁，泲而後可斟酌，故云縮酌也。用茅者，謂泲醴齊之時而用茅也。明酌也者，謂事酒之上，酒色清明，謂之明酌。言欲泲醴齊時，先用明酌和此醴齊，然後用茅泲之。」〔註340〕縮酌，謂以茅草泲醴，濾去酒糟。此種濾酒之方法先以澄清之事酒和入醴齊中，然後用茅草過濾其滓。

　　獻酌，即摩莎，謂用手攪拌搓揉之，此種濾酒之方法為擣煮鬱草和入秬酒，又加入盎齊，然後用手攪拌搓揉，使香汁完全滲入酒內，再以竹筐過濾之。涗酌，此種濾酒之方法為以清酒和入盎齊，然後用竹筐過濾之。脩酌，此種濾酒之方法為以水和入酒中，然後用竹筐過濾之。〔註341〕獻酌、縮酌、涗酌、脩酌皆指酒的過濾方法，主要是以竹筐和茅草漉酒。

〔註337〕見《禮記注疏》，卷17，頁345。
〔註338〕見《毛詩正義》，卷9之3，頁328。
〔註339〕見《周禮注疏》，卷20，頁307～308。
〔註340〕見《禮記注疏》，卷26，頁508～511。
〔註341〕見林尹：《周禮今註今譯》，頁213。

小　結

　　《詩經》中出現的穀類有黍、秬、秠、稷、粱、糜、芑、禾、稻、稌、麥、來牟、麻、苴、菽、荏菽等名稱，可歸類成黍、稷、粱、稻、麥、麻、豆等七大類，當時的日常生活以黍、稷、菽爲主食，而粱、稻則多屬貴族所享用的食糧。《詩經》中出現的蔬菜類植物有水生和陸生植物，或供食用、或主調味、或作藥用，大多採集自川澤、山野和田野間，而種植的蔬菜則較少。《詩經》中出現的果類植物有核果、堅果、梨果、漿果、甚果、瓠果，部分來自園圃種植，部分來自林野採集。食用方式或生食，或煮食，或加工漬食，或製成乾脯，是穀物和植蔬之外的植物性食物原料。至於《詩經》詩文並未提及，而曾出現於典籍資料的果類植物還有杏、柿（柿）、梨（山樆）、柚（條）、橘、櫻桃、枇桃等，均爲食物補充來源。

　　從食物製作面向來探討《詩經》，詩文中所見的飲食成品有生食、熟食與加工等食用方式，呈現出多樣化的飲食品類。生食有新鮮的果蓏和膾生，不經過煮熟過程，將食物直接鮮食或沾調味料食用；食品加工有乾製類和醃製類，讓食物多樣化，且有助於貯存。先秦時期以黍、稷、稻、粱爲主要飯食，烹治方式有蒸飯和煮飯，此外，還可將穀物煎熬做成點心。肉食部分，以牛、羊、豕、魚和狩獵所得的獸禽爲主要肉食來源，有烹煮、炙烤等製作方式，或做成膾生、羹臛、醢醬。蔬食部分，可做成羹湯，或醃製成菹。酒的製造，是古人從生活經驗累積而來，在農業發達的物質基礎下，配合釀酒工藝的進步，締造出豐富多采的飲酒文化。從詩文保存的飲食資料來看，表現出主副食之別及其多樣化，而食品製造、加工、保存技術及食品利用率，則反映出對烹飪、調味、營養和味感美學的要求，可見《詩經》除文學價值外，實爲研究古代生活的重要史料。

第四章 《詩經》飲食在禮制中的文化象徵意義

　　《禮記‧禮運》云：「夫禮之初，始諸飲食，其燔黍捭豚，汙尊而抔飲，蕢桴而土鼓，猶若可以致其敬於鬼神。」〔註1〕《說文》云：「禮，履也。所以事神致福也。」〔註2〕禮起源於原始宗教的祭祀活動，在獻祭過程中，飲食漸被賦予「報本返始」、「事神致福」的精神意義，甚至從約定俗成的宗教儀式逐漸定型爲具體的儀文禮節，祭祀成爲國家大事，祭禮所用的犧牲、粢盛、器物、儀式都有一定的規範。飲食不再僅是爲了滿足生理飢渴需求，它同時又被賦予政治、宗教等意涵，成爲一種符號化和形象化並加以傳播的價值系統和行爲模式。飲食具有文化象徵意義，通過一定的系統或結構發揮著它的功能和機制。〔註3〕禮儀化的風俗傳統是飲食文化的重要內涵，「禮的內涵是禮儀制度的禮文和禮器，以及禮義與禮容的體用關係」。〔註4〕本章旨在探討《詩經》飲食在禮制中的文化象徵意義，茲就詩文所述內容，分成祭祀之禮和燕饗之禮兩部分來探討。由於祭祀禮儀和飲食禮儀所牽涉的層面很廣，在此特將焦點放在祭祀活動和宴飲場合所用的飲食品物上。

〔註1〕　〔漢〕鄭玄注、〔唐〕孔穎達疏：《禮記注疏》（臺北：藝文印書館，1997年8月，影印清嘉慶20年江西南昌府學重刊宋本《禮記注疏》本），卷21，頁416。

〔註2〕　〔漢〕許慎撰、〔清〕段玉裁注：《說文解字注》（臺北：黎明文化公司，1993年7月，影印經韵樓藏版本），1篇上，頁2。

〔註3〕　「文化的定義」參考李鍌等編譯：《中國文化概論》（臺北：三民書局，1971年8月），頁15～19；趙吉惠：《中國文化導論》（臺北：文史哲出版社，1994年11月），頁4。

〔註4〕　姬秀珠：《儀禮飲食禮器研究》（臺北：里仁書局，2005年6月），頁9。

第一節　祭祀之禮的飲食象徵意義

一、祭祀天神地祇

（一）郊祭之禮

《詩經》文本描述祭天及祭品的詩有〈大雅・生民〉，此詩陳述周民族始祖后稷誕生之經過及其播種五穀之成就，全詩八章，內容具有神話色彩。《詩序》云：「〈生民〉，尊祖也。后稷生於姜嫄，文武之功，起於后稷，故推以配天焉。」〔註5〕傳說后稷和舜、禹同時，封於邰。詩中反映出古代郊禖之祭、軷祭和祀天之祭。首章詩云：「厥初生民，時維姜嫄。生民如何？克禋克祀，以弗無子。履帝武敏歆，攸介攸止。載震載夙，載生載育，時維后稷。」毛傳云：「弗，去也。去無子，求有子。古者必立郊禖焉。」鄭箋云：「弗之言祓也。姜嫄之生后稷如何乎，乃禋祀上帝於郊禖，以祓除其無子之疾而得其福也。」〔註6〕言姜嫄能禋祀以祓除無子之不祥，即祭祀以求生子。〔註7〕

〈大雅・生民〉六章詩云：「誕降嘉種，維秬維秠，維穈維芑。恆之秬秠，是穫是畝；恆之穈芑，是任是負，以歸肇祀。」〔註8〕寫后稷能掌握作物特性，獲得經濟效益，並將此生產技術加以推廣，人民便將其功歸之於上天賜福，后稷徧種此秬秠穈芑，成熟則穫刈之，計其所穫，以秬秠等歸而祀天，如後世之祈穀祭。七章詩云：「誕我祀如何？或舂或揄，或簸或蹂；釋之叟叟，烝之浮浮。載謀載惟，取蕭祭脂，取羝以軷，載燔載烈，以興嗣歲。」毛傳云：「穀熟而謀陳祭而卜矣。取蕭合黍稷，臭達牆屋，先奠而後爇蕭，合馨香也。羝，牡羊也。軷，道祭也。傅火曰燔，貫之加于火曰烈。」〔註9〕寫后稷祭祀情形，取香蕭與祭牲之脂爇之，使其馨香遠聞。又取羝羊軷祭路神，以炙肉作爲祭品，以祈來年之豐，即孔疏所云：「爲此祭者，欲以追起

〔註5〕〔漢〕毛亨傳、鄭玄箋、〔唐〕孔穎達疏：《毛詩正義》（臺北：藝文印書館，1997年8月，影印清嘉慶20年江西南昌府學重刊宋本《毛詩注疏》本），卷17之1，頁587。

〔註6〕見《毛詩正義》，卷17之1，頁587。

〔註7〕余培林：《詩經正詁》（臺北：三民書局，1993年10月），下冊，頁372。祭高禖之禮見《禮記・月令》，仲春之月「是月也，玄鳥至。至之日，以大牢祠于高禖。天子親往，后妃帥九嬪御。乃禮天子所御，帶以弓韣，授以弓矢，于高禖之前。」見《禮記注疏》，卷15，頁299。

〔註8〕見《毛詩正義》，卷17之1，頁593～594。

〔註9〕見《毛詩正義》，卷17之1，頁594。

來歲，以繼續往歲，使之歲穀恒熟，常穫豐年也。」〔註10〕八章詩云：「卬盛于豆，于豆于登。其香始升，上帝居歆。胡臭亶時。后稷肇祀，庶無罪悔，以迄于今。」〔註11〕朱傳云：「鬼神食氣曰歆。」〔註12〕言祭品馨香，香氣上達於天，上帝安享之。后稷以嘉種之豐碩收穫作為祭品，企求農作豐產，此祭品具有象徵農業豐收的生殖意義。

周代天子祭天之禮，一為圜丘之郊，一為祈穀之郊。〔註13〕圜丘之郊主為報天，祈穀之郊主為祈農。周何（1932～2003）《春秋吉禮考辨》言殷商已有郊祀之禮，「燔柴於郊而祀，則與周郊祀天之禮，蓋亦無異」，又殷有求年之祭，至周則有祈穀之祭，「一云求年，一云祈穀，義當無別」。〔註14〕郊祭之禮，祭祀對象為上天，祭祀之法則以燔燎，燔柴升煙以享神。〔註15〕〔晉〕袁準（～220？～？）云：「禋者，煙氣煙熅也。天之體遠，不可得就，聖人思盡其心，而不知所由，故因煙氣之上，以致其誠。……凡祭祀無不絜，而不可謂皆精。然則精意以享，宜施燔燎，精誠以假煙氣之升，以達其誠故也。」〔註16〕〈大雅・生民〉所述后稷祭天的信仰禮俗，雖不等同於殷商和周代的郊祀之禮，但其精神意義基本上是相通的，也就是藉著穀物的馨香上達於天，表達出祈報之情。

詩中言后稷將祭品盛於豆、登，兩者都是豆形器，木曰豆，瓦曰登。《禮記・郊特牲》言郊祭所用牲器云：「器用陶匏，以象天地之性也」，「牲用騂，尚赤也。用犢，貴誠也」，〔註17〕點出器用重質、祀牲貴誠的象徵意涵。祭器

〔註10〕見《毛詩正義》，卷17之1，頁596。

〔註11〕見《毛詩正義》，卷17之1，頁594。

〔註12〕〔宋〕朱熹：《詩集傳》（臺北：臺灣中華書局，1973年3月），卷17，頁192。

〔註13〕關於《詩經・周頌》諸篇所祭祀的對象，從古迄今仍難有定論，本文參考季旭昇研究結果，《詩經》中有關圜丘郊天之詩為〈周頌・昊天有成命〉，圜丘郊天配以后稷有關詩篇有〈大雅・生民〉、〈周頌・思文〉、〈魯頌・閟宮〉等詩，祈穀之郊配以后稷有關詩篇有〈周頌・噫嘻〉、〈周頌・臣工〉等詩。詳見季旭昇：《詩經吉禮研究》，《國立臺灣師範大學國文研究所集刊》第28號（1984年6月），頁6～53。

〔註14〕詳見周何：《春秋吉禮考辨》（臺北：嘉新水泥公司文化基金會，1970年10月），頁8～10。

〔註15〕燔柴升煙用意，或以為饗神，或以為降神。周聰俊徵諸卜辭及經籍之說，認為燔柴祭天乃用以饗神，詳見周聰俊：〈禋祀實柴槱燎考〉，《國立編譯館館刊》第29卷第1期（2000年6月），頁17～18。

〔註16〕〈大雅・生民〉孔疏引袁準語。見《毛詩正義》，卷17之1，頁588。

〔註17〕見《禮記注疏》，卷26，頁497。

以陶匏象天地之性，具有創生之義。〔註18〕《國語・楚語下》觀射父論祀牲云：「郊禘不過繭栗，烝嘗不過把握。……夫神以精明臨民者也，故求備物，不求豐大。」韋注云：「備物，體具而精絜者。」〔註19〕可知祭祀所用牲牷不求大，而重精，以騂牲獻祭，以小爲貴，以表現對天的至誠敬意。透過禋祀方式，加於柴上而燔之，使上天歆享，以祈有年。

中國以酒祭祀的起源甚早，就出土酒器而論，可以肯定最晚在大汶口文化早期以前即有用穀物釀酒之事，大汶口文化以精緻的「蛋殼陶」作成高足杯，一般認爲是禮器性質極濃的酒器；〔註20〕二里頭文化並發展出成套陶製酒器；〔註21〕殷墟甲骨文記載祭祀先祖及祀典，如「彡、翌、祭」……等，皆同時用酒祭祀，酒在中國古代祭祀儀式中的重要性可見一斑。周代郊祭亦用酒，祭獻活動背後可能有神話意義或宗教傳統，獻酒儀式有其象徵意義。〔註22〕因《詩經》中的酒醴祭品多屬宗廟祭祀之用，故俟下文再討論之。

（二）祭社之禮

社是土神，土原是與集體無意識及民族心靈密切相關的象徵，對土地的祭祀，源於對自然現象的循環、土地「死而復甦」的信仰，以及人們企圖以儀式行爲贊助大地之活化。〔註23〕之後又成爲權力與國家的象徵，祭社之禮

〔註18〕 從陶匏的材料和形制來看，陶、匏與土地、母神有密切關係，具有生殖象徵意象。參閱〔德〕埃利希・諾伊曼著、李以洪譯：《大母神——原型分析》（北京：東方出版社，1998年9月），頁42～43。

〔註19〕 〔吳〕韋昭注：《國語》（臺北：漢京文化公司，1983年12月），卷18，頁565～566。

〔註20〕 參閱杜在忠：〈試論龍山文化的「蛋殼陶」〉，《考古》1982年第2期，頁176～181。

〔註21〕 中國社會科學院考古研究所洛陽發掘隊：〈河南偃師二里頭遺址發掘簡報〉，《考古》1965年第5期，頁218～222。

〔註22〕 舉例來說，如古埃及的酒具有宗教意義，在神話和宗教思想中，酒與尼羅河的洪水和血有某些關聯，其關鍵在於兩者均爲創造和新生力量的象徵。至於獻酒儀式，除了基本上爲法老誠意的表現外，又由於酒所具有的神話和宗教上的關聯，使得獻酒活動帶有重演神話故事的性質。獻酒不只是獻上一種飲料，而是獻上創生的力量。參閱蒲慕州：〈酒與古埃及宗教〉，《中央研究院歷史語言研究所集刊》第60本第1分（1990年3月），頁91。

〔註23〕 楊儒賓：〈吐生與厚德——土的原型象徵〉，《中國文哲研究集刊》第20期（2002年3月），頁383、389。文中並提到弗雷澤《金枝》一書網羅世上極多的材料，用以證明大地的死而復生，以及人們以巫術行爲贊助大地之活化，這是普遍性的神話與儀式之母題。

與政治活動相結合，被賦予祈報之意義。〔漢〕何休（129～182）注《公羊傳‧莊公二十三年》「公如齊觀社」云：「社者，土地之主。祭者，報德也。生萬物，居人民，德至厚，功至大，故感春秋而祭之。」〔註24〕正所謂「春祭社以祈膏雨，望五穀豐熟；秋祭社者，以百穀豐稔，所以報功。」〔註25〕祭社之義，一爲祈年，祈求農事順利，物產豐收；一爲報功，報祭社主生養之功。《詩經》內容和祭社有關之詩有〈小雅‧甫田〉、〈小雅‧大田〉、〈大雅‧雲漢〉等篇。

　　〈小雅‧甫田〉全詩四章，每章十句，詩和農事活動有關，除描寫耕種、收穫之外，還寫到祭祀迎田祖、祈雨、祈年之事，而以豐收貫串全詩。二章詩云：「以我齊明，與我犧羊，以社以方。我田既臧，農夫之慶。琴瑟擊鼓，以御田祖，以祈甘雨，以介我稷黍，以穀我士女。」毛傳云：「器實曰齊，在器曰盛。社，后土也。方，迎四方氣於郊也。田祖，先嗇也。」鄭箋云：「以絜齊豐盛與我純色之羊，秋祭社與四方，爲五穀成熟，報其功也。」〔註26〕社本指后土，方指四方之神，社、方二字在此皆作動詞用，有祭社、祭四方之意。齊，本又作齍，字又作齋，與粢同，指六穀而言。明，盛之叚借。〔註27〕盛爲器實，祭品盛於器則謂之盛。粢盛，所以供祭祀。鄭箋以此詩爲秋報之詩，但就二章詩來看，詩言祈，未言報，「蓋『以社』者，蔡邕所謂春籍田祈社稷也。『以方』者，亦邕所謂春夏祈穀於上帝也。」〔註28〕此當爲祭社祈年之詩，從物質層次來看，生產之基礎在於「農夫克敏」，就精神層次來看，生產有賴神明祐助，故要準備粢盛以供祭祀，祭祀物品爲齊明、犧羊。田祖爲農田守護神，祈年於田祖，設樂以迎祭，求甘雨佑助禾稼生長。又如〈大雅‧雲漢〉六章詩云：「祈年孔夙，方社不莫。」〔註29〕方社指祭四方和祭社，詩表達出祭祀祈年、以求甘

〔註24〕〔漢〕何休注、〔唐〕徐彥疏：《春秋公羊傳注疏》（臺北：藝文印書館，1997年8月，影印清嘉慶20年江西南昌府學重刊宋本《春秋公羊傳注疏》本），卷8，頁100。

〔註25〕《周禮‧地官‧州長》賈疏語。見〔漢〕鄭玄注、〔唐〕賈公彥疏：《周禮注疏》（臺北：藝文印書館，1997年8月，影印清嘉慶20年江西南昌府學重刊宋本《周禮注疏》本），卷12，頁183。

〔註26〕見《毛詩正義》，卷14之1，頁468。

〔註27〕〔清〕馬瑞辰：《毛詩傳箋通釋》（臺北：藝文印書館，1986年6月，《續經解毛詩類彙編》本），第2冊，卷22，頁1436。

〔註28〕〔清〕王先謙《詩三家義集疏》引黃山語。見〔清〕王先謙撰、吳格點校：《詩三家義集疏》（臺北：明文書局，1988年10月），卷19，頁763。

〔註29〕見《毛詩正義》，卷18之2，頁662。

雨之殷切期盼。

〈小雅・大田〉全詩四章,每章八句,此詩以耕種開頭,言及收穫,而以祭祀結尾,表達出周天子對農業之重視。一章寫春耕選種、備具、下田、播種之歷程;二章寫去草、除蟲,給予農作物良好生長環境;三章寫風調雨順,經時雨潤澤,穀物收成豐碩;四章寫豐收後之報祭,用收成之黍稷為粢盛以祭祀求福。四章詩云:「來方禋祀,以其騂黑,與其黍稷,以享以祀,以介景福。」毛傳云:「騂,牛也。黑,羊豕也。」鄭箋云:「陽祀用騂牲,陰祀用黝牲。」孔疏云:「以其騂赤之牛,黑之羊豕,與其黍稷之粢盛,用此以獻以祀四方之神,為神歆饗,而報以大大之福,所以常得年豐。」〔註 30〕以牲盛、粢盛禋祀四方之神,四方當用四色以祭,此言騂黑,舉南、北方之色以概其餘。農作收成後報祭神祇,亦屬農業活動生產禮俗之一環。祭社稷及祭四方之禮,以粢盛、犧牲為祭品,以粢盛報祭土地,正以土地所生養之作物以報土地所生養之功。

〔清〕孫詒讓(1848～1908)《周禮正義》云:「物必有神主之,其神既主是物,正宜用是物以祭,報其生育之恩。」〔註 31〕由於「土」與「穀」二者具有「能生」與「所生」關係,以穀物為祭,可能具有再生的象徵意義,而對於大田意象所代表的豐收、繁衍意義的認同,還可能擴展到對於土地的認同,以及社會國家的認同。〔註 32〕在《尚書・洪範》「庶徵」講到氣候的徵驗「雨、暘、燠、寒、風」,且要求「五者來備,各以其敘,庶草蕃廡」,〔註 33〕表示重視風調雨順的「時」,君主必須「敬用五事」,把君主視聽言動的狀態和氣候氣象聯

〔註 30〕 見《毛詩正義》,卷 14 之 1,頁 474。

〔註 31〕 〔清〕孫詒讓:《周禮正義》(臺北:臺灣中華書局,1968 年,據清光緒乙巳本校刊),第 3 冊,卷 33,頁 12 下。

〔註 32〕 何翠萍:〈米飯與親緣——中國西南高地與低地族群的食物與社會〉,《第六屆中國飲食文化學術研討會論文集》(臺北:中國飲食文化基金會,2000 年 9 月),頁 444。雖然何翠萍探討的是稻米與人的連結與共食關係的意義,以及從米飯衍生出來對食物和國家的認同,但其研究和《詩經》中農業祭祀詩的精神有相似之處,故本文仍援用其說。又如弗雷澤《金枝》提到在古埃及,神聖的國王會由於作物歉收受到譴責,古希臘人還認為賢王的統治一定會使作物豐收。參閱〔英〕弗雷澤著、汪培基譯:《金枝》(上)(臺北:桂冠圖書公司,1991 年 2 月),頁 132、134。

〔註 33〕 〔漢〕孔安國傳、〔唐〕孔穎達疏:《尚書注疏》(臺北:藝文印書館,1997 年 8 月,影印清嘉慶 20 年江西南昌府學重刊宋本《尚書注疏》本),卷 12,頁 176～178。

繫起來，君主行爲若合於規範而善，氣候氣象就正常；君主的行爲若不合規範而不善，氣候氣象就反常。〔註34〕

　　以純色的犧牲祭祀，「蓋象徵質純無瑕，表示對神祇的誠心推崇」，用牛祭祀以企求農作豐收的儀式，隱約中也透露生生不息的不死思維，「一方面與牛用於耕作有關，另一方面則與牛角有關，這其中又牽涉到古代對於角的神祕思維」。〔註35〕以羊爲牲，則可能與美味及吉祥象徵有關。《說文》云：「羊，祥也。」「美，甘也。从羊大。羊在六畜，主給膳也。」〔註36〕羊、祥二字之間，除了音訓的關聯外，「可能早至商代，羊就被取以爲吉祥的象徵」。〔註37〕祭社之後的牲肉，象徵福肉，稱爲胙。《說文》云：「胙，祭福肉也。」〔註38〕在周代，天子、諸侯在舉行祭社活動後，有將祭祀的供神肉分賜給諸侯、大夫的制度，此即爲賜胙。「祭社賜胙制度是天子和諸侯，以及他們與貴族之間維持親善關係的方式」，「分食祭肉，就可以共同與社神交感，從而得到社神的保護」，〔註39〕換言之，祭社活動的賜胙，是一種宗教意識的表現。

（三）求雨之祭

　　周代求雨之祭稱爲雩祭，分爲常雩和旱雩，是統治者專爲祈雨所舉行的祭祀。常雩如《禮記・月令》所記仲夏之月：「命有司爲民祈祀山川百源，大雩帝，用盛樂，乃命百縣雩祀百辟卿士有益於民者，以祈穀實。」〔註40〕周代的雩祭已把祈雨活動同祭祀上神上帝結合起來，並納入國家祀典，國家定期舉行的祈雨祭已成爲規範化的活動，只是向至上神祈穀的象徵性活動。〔註41〕旱雩是遇到嚴重旱情時所舉行的臨時雩祭，祈求天神降雨。《公羊傳・桓公五年》何注云：「雩，旱請雨祭名。……舞而呼雩，故謂之雩。」〔註42〕雩的祭祀方式是以舞

〔註34〕　參閱陳來：《古代宗教與倫理》（臺北：允晨文化公司，2005年6月），頁215。
〔註35〕　關於角的神聖性和再生意象，參閱許又方：〈略從宗教神話觀點論「犁牛之子騂且角」〉，《東華漢學》創刊號（2003年2月），頁318～320。
〔註36〕　見《說文解字注》，4篇上，頁146、148。
〔註37〕　許進雄：《中國古代社會：文字與人類學的透視》（臺北：臺灣商務印書館，1995年2月），頁74。另外，許進雄提出羊和陽亦有聲音的關聯，「這是取自代表春季第一個月的《周易・泰卦》。泰卦是由下三陽爻和上三陰爻構成，羊的讀音與陽同，故以三羊象徵三陽。正月以後陽氣漸積，萬物從此活躍滋生。」
〔註38〕　見《說文解字注》，4篇下，頁174。
〔註39〕　張鶴泉：《周代祭祀研究》（臺北：文津出版社，1993年5月），頁119～121。
〔註40〕　見《禮記注疏》，卷16，頁316。
〔註41〕　見張鶴泉：《周代祭祀研究》，頁36～37。
〔註42〕　見《春秋公羊傳注疏》，卷4，頁53。

號為特徵，祈雨時的這種舞號行為，企圖以模擬或接觸的方式影響自然天象，其精神和模擬巫術相似。

《詩經》中和雩祭有關之詩篇為〈大雅·雲漢〉，此詩蓋周宣王遭大旱而祈雨禳旱之作。〔註43〕周何《春秋吉禮考辨》云：「旱雩之祭，因旱求雨，蓋以斯民窮苦之狀上達於天，庶其垂憫而降雨澤，德惠下土以蘇民困；當祭之時，或以歌呼而嗟歎，《詩·大雅·雲漢》之詞是；或具舞容而辟踊，〈司巫〉、〈女巫〉之事是。〈雲漢〉之詩，首言『昭回于天』，中頻言『昊天上帝』，終言『瞻卬昊天，曷惠其寧』，是旱雩亦祀天帝也。」〔註44〕詩中充滿對「旱既太甚」的憂慮，「王曰」以下為宣王禱詞，言祭祀天地百神，以祈降雨，屬祭祀求雨之詩。首章詩云：「天降喪亂，饑饉薦臻。靡神不舉，靡愛斯牲。圭璧既卒，寧莫我聽？」鄭箋云：「言王為旱之故，求於群神，無不祭也。無所愛於三牲，禮神之圭璧又已盡矣，曾無聽聆我之精誠而興雲雨。」〔註45〕點出周王因大旱求於群神，祭以牲、帛，冀求甘霖，以免無辜百姓因饑饉而受苦。

〈大雅·雲漢〉二章詩云：「不殄禋祀，自郊徂宮。上下奠瘞，靡神不宗。」毛傳云：「上祭天，下祭地，奠其禮，瘞其物，宗尊也。國有凶荒，則索鬼神而祭之。」鄭箋云：「宮，宗廟也。為旱故，絜祀不絕，從郊而至宗廟，奠瘞天地之神，無不齊肅而尊敬之，言徧至也。」〔註46〕言祭祀天地百神，〔註47〕上祭天神，下祭地祇，表現出望雨之殷切。《爾雅·釋天》云：「祭天曰燔柴。祭地曰瘞薶。」〔註48〕〔清〕金鶚《求古錄禮說》云：「天神在上，故燔柴以上達於天，地示在下，故瘞埋以下達於地，使之實歆其氣味也。……祭人鬼以灌鬯炳蕭求其神，祭天神地示以燔柴瘞埋享其神，皆有精義存焉。」〔註49〕

〔註43〕〔清〕方玉潤：《詩經原始》（北京：中華書局，1986 年 2 月），卷 15，頁 547。

〔註44〕見周何：《春秋吉禮考辨》，頁 77～78。

〔註45〕見《毛詩正義》，卷 18 之 2，頁 659。

〔註46〕見《毛詩正義》，卷 18 之 2，頁 660。

〔註47〕季旭昇《詩經古禮研究》云：「本篇為旱雩之詩，而全篇所祀之神祇甚多：一章云『靡神不舉』；二章云『靡神不宗』、『后稷不克，上帝不寧』；三章云『昊天上帝』、『先祖于摧』；四章云『群公先正』、『先祖父母』是也。此與卜辭、〈月令〉之兼祀天神、地祇、人鬼合。曰『上帝』、曰『昊天上帝』，即〈月令〉之『大雩帝』也；曰『后稷』、曰『先祖父母』、曰『群公先正』，即〈月令〉之『百辟卿士有益於民者』也。」見季旭昇：《詩經古禮研究》，頁 57。

〔註48〕〔晉〕郭璞注、〔宋〕刑昺疏：《爾雅注疏》（臺北：藝文印書館，1997 年 8 月，影印清嘉慶 20 年江西南昌府學重刊宋本《爾雅注疏》本），卷 6，頁 99。

〔註49〕〔清〕金鶚：《求古錄禮說》（臺北：藝文印書館，1986 年，《續經解三禮類彙

燔柴祭天和瘞薶祭地，使上則能達之於天，下則能通於地祇，都象徵人與天地互動的方式。

雩祭所在之地，詩云「自郊徂宮」，鄭箋以爲自郊往宗廟，〔清〕馬瑞辰《毛詩傳箋通釋》云：「按劉氏台拱謂宮即『王宮祭日』之類，《周禮》所謂壇墠宮，其說是也。鄭注〈祭法〉曰：『宮，壇，營域也。』」〔註50〕宮即壇，王宮謂祭日之宮壇，「自郊徂宮」謂自郊往水旱壇，非謂往宗廟，因「圜丘郊天、南郊祈穀皆於南郊祀上帝，而以后稷配享，未聞別祀此配享之后稷於宗廟者」，〔註51〕則知雩祭在郊，非於宗廟舉行。雩祭所用之物，有圭璧、有犧牲，奠玉於地，瘞牲於土。《說文》云：「圭，瑞玉也。上圜下方。」段注云：「上圜下方，法天地也。故應劭曰：圭，自然之形，陰陽之始也。」〔註52〕在古代，玉是祭祀天地的禮器，在天地溝通上可能有特殊作用。〔註53〕圭是一種上圜下方的玉，此形狀可和天圓地方的觀念相連結，可能是天地貫通的象徵，也可說是貫通天地的一項手段或法器。祭牲瘞埋於地的方式，使其血氣灌於地下，乃取象通於地之道，具有交感原理接觸律的象徵意義。

（四）祭司寒之禮

祭祀日月星辰及風雨寒暑是人類面對自然天象的禮敬，卜辭所載即有大量祭祀自然天象之事，儀式隆重，用牲亦多，此蓋源於萬物有靈的思想。《周禮・春官》之下「設有多類官職從事天人關係之聯繫，共同行使祭祀天神之祭典」，〔註54〕亦即正式透過政治組織的力量，分官設職，定時舉行祭祀天神的祭典，祈求物阜民豐。如《詩經》中所見自然天象之祭，有祭司寒、啓冰室之禮，〈豳風・七月〉八章詩云：「二之日鑿冰冲冲，三之日納于凌陰，四之日其蚤，獻羔祭韭。」鄭箋云：「古者日在北陸，而藏冰西陸，朝覿而出之。祭司寒而藏之，獻羔而啓之。」〔註55〕二之日，指周曆二月，即夏曆十二月，

編》本），第 1 冊，卷 13，頁 173。

〔註50〕 見〔清〕馬瑞辰：《毛詩傳箋通釋》，卷 26，頁 1543。

〔註51〕 見季旭昇：《詩經吉禮研究》，頁 57。

〔註52〕 見《說文解字注》，13 篇下，頁 700。

〔註53〕 關於玉的禮器意義，可參閱張光直：〈談「琮」及其在中國古史上的意義〉，《中國青銅器時代》（第二集）（臺北：聯經出版公司，1990 年 11 月），頁 67～80。

〔註54〕 林素英：《古代祭禮中之政教觀──以《禮記》成書前爲論》（臺北：文津出版社，1997 年 9 月），頁 12。

〔註55〕 見《毛詩正義》，卷 8 之 1，頁 286。

時當冬季。四之日，指周曆四月，即夏曆二月，時當春季。鄭箋所引乃《左傳》申豐答季武子語，《左傳‧昭公四年》云：「其藏之也，黑牡秬黍，以享司寒；其出之也，桃弧棘矢，以除其災。其出入也，時食肉之祿，冰皆與焉。大夫命婦，喪浴用冰。祭寒而藏之，獻羔而啟之。公始用之。」〔註56〕這些記載說明了「當地球公轉至北陸（指虛宿和危宿星座）時，正值小寒、大寒節氣，約當夏正十二月，開始鑿冰。……當西陸星座諸星出現時（約當清明、穀雨時節），打開凌陰（冰窖）用冰。藏冰時得先祭祀冬神司寒（即玄冥），出冰前也須舉行攘災儀式。」〔註57〕冰塊的用途，做為君王飲膳及招待賓客之用，祭祀時則用以冰鎮酒醴、膳羞，亦用於喪葬時保存屍體。此種利用自然冰的方式，在考古成果中得到驗證，如1970年代陝西鳳翔姚家崗所出土近似方形的夯土基遺址，據判定為春秋秦國的凌陰遺址。〔註58〕

〈豳風‧七月〉詩寫冬季時藏冰於冰室，藏冰所以備暑，春季時開啟冰室，獻羔羊、韭菜以祭司寒之神，《禮記‧月令》亦有仲春「天子乃鮮羔開冰，先薦寢廟」的說法，〔註59〕至秋天則要清掃冰窖，以備隆冬藏冰之用。據典籍所載，藏冰、開冰，皆有祭禮，冬以黑黍、黑羊祭司寒，春以青韭、羔羊祭司寒。孔疏云：「祭韭者，蓋以時韭新出，故用之。〈王制〉云：『庶人春薦韭。』亦以新物，故薦之。」〔註60〕從〈夏小正〉正月云：「囿有見韭。」〔註61〕可知韭為春日時蔬，故祭祀以新物薦之。據《說文》釋名云：「韭，韭菜也。一種而久生者也，故謂之韭。」〔註62〕又從《穀梁傳‧宣公十五年》所載：「古者公田為居，

〔註56〕 〔晉〕杜預注、〔唐〕孔穎達疏：《春秋左傳正義》（臺北：藝文印書館，1997年8月，影印清嘉慶20年江西南昌府學重刊宋本《左傳注疏》本），卷42，頁729。用冰、頒冰之事又《周禮‧天官》云：「凌人掌冰。正歲，十有二月，令斬冰，三其凌。春始治鑑。凡外內饔之膳羞鑑焉。凡酒漿之酒醴亦如之。祭祀共冰鑑，賓客共冰。大喪共夷槃冰。夏，頒冰掌事。秋，刷。」見《周禮注疏》，卷5，頁81～82。

〔註57〕 王庭洽：〈「挫糟凍飲、酌清涼些」：古人對自然冰的利用〉，《歷史月刊》第11期（1988年12月），頁152。

〔註58〕 詳見韓偉、董明檀：〈陝西鳳翔春秋秦國凌陰遺址發掘簡報〉，《文物》1978年第3期，頁43～47。有關凌陰的資料，另可參閱朱利民、張抒：〈凌陰考辨〉，《唐都學刊》第22卷第6期（2006年11月），頁116～120。

〔註59〕 見《禮記注疏》，卷15，頁300。

〔註60〕 見《毛詩正義》，卷8之1，頁287。

〔註61〕 高明：《大戴禮記今註今譯》（臺北：臺灣商務印書館，1975年4月），頁71。

〔註62〕 見《說文解字注》，7篇下，頁340。

井竈蔥韭盡取焉。」〔註63〕可知韭是一種和人民生活關係密切的栽種作物。韭具辛辣味，屬氣味強烈的葷菜，在古人眼中似具有驅逐邪氣的效用。後世所謂五辛菜「乃元旦立春，以蔥、蒜、韭、蓼蒿、芥辛嫩之菜，雜和食之，取迎新之義」，〔註64〕據此則韭有迎新、去邪之象徵意義。《左傳》所謂「桃弧棘矢，以除其災」，亦取桃、棘有去邪象徵意義，取冰時使用的禳除病災方法，就是在出冰前手持桃弧棘矢向邪氣作象徵性的射擊。〔註65〕

（五）軷祭之禮

〈大雅・生民〉提到的軷祭，爲祖道之祭，也就是出行前祭路神的儀式。《周禮・夏官・大馭》「掌馭王路以祀及犯軷」鄭注云：「行山曰軷。犯之者，封土爲山象，以菩芻棘柏爲神主，既祭之，以車轢之而去，喻無險難也。……謂祖道軷轢磔犬也。」〔註66〕依鄭注，道祖神以犬牲，日人白川靜云：「犬牲之基本字是犮，乃『祓』之本字也。犮，象犧牲而被宰殺之形。軍隊要出行時，用其兵車轢犬牲而出發謂之車祓，蓋祓禊其兵車之意。」〔註67〕春秋初期有一種劈裂牲體的祭法稱爲「磔」，乃源於商代的「卯」祭和西周的「副辜」，根據胡新生的看法，在傳統「六牲」中，犬類是最富攻擊性也是最早被人馴化的動物，商族尤其流行殺犬陪葬的風俗，「家犬守衛門戶和獵犬捕殺野獸的性能，可能很早就被轉用於巫術領域」，但商和西周的磔不限於磔犬，那時使用的犬牲與羊牲、豕牲等並無多大區別，只是一種普通的祭品。〔註68〕〈大

〔註63〕〔晉〕范甯注、〔唐〕楊士勛疏：《春秋穀梁傳注疏》（臺北：藝文印書館，1997年8月影印清嘉慶20年江西南昌府學重刊宋本《春秋穀梁傳注疏》本），卷12，頁122。

〔註64〕〔明〕李時珍：《本草綱目》（北京：人民衛生出版社，1993年12月），卷26，頁1602。「五辛盤」是由五種具有辛辣氣味的蔬菜所組成，最初有驅鬼之意，因爲元旦是神鬼俱降之日，而〔晉〕周處在《風土記》中對元旦食「五辛盤」作了新的解釋「五辛所以發五藏氣」，意謂吃五辛是爲了打通五臟，把一種迷信習俗引上理性化的道路。見王學泰：〈從文化角度看中國飲食習俗〉，《第三屆中國飲食文化學術研討會論文集》（臺北：中國飲食文化基金會，1994年12月），頁409。

〔註65〕關於桃木辟邪術起源的相關神話和桃木辟邪術的揮擊射擊方式，參見胡新生：〈古代巫術靈物與一般辟邪方法〉，《歷史月刊》第242期（2008年3月），頁30～33。

〔註66〕見《周禮注疏》，卷32，頁489。

〔註67〕〔日〕白川靜原著、加地伸行、范月嬌合譯：《中國古代文化》（臺北：文津出版社，1983年5月），頁191。

〔註68〕見胡新生：〈古代巫術靈物與一般辟邪方法〉，頁64。

雅・生民〉載祭以羊牲，和鄭注說載祭以犬牲，二者在時代上有差異，但用意皆取被除不祥，亦即透過某種象徵性的儀式或行為，以求得心靈上的安慰。

祖本指路神，將行而祭路神亦曰祖，如〈大雅・烝民〉詩云：「仲山甫出祖，四牡業業，征夫捷捷，每懷靡及。」鄭箋云：「祖者，將行，犯軷之祭也。」〔註69〕此指軍隊出行之祖祭。祭道路之神的用意，乃祈求一路上平安。古代軷祭結束，即於祖側設飲酒送行，稱之餞行。如〈邶風・泉水〉二章詩云：「出宿于泲，飲餞于禰。女子有行，遠父母兄弟。問我諸姑，遂及伯姊。」三章詩云：「出宿于干，飲餞于言。載脂載舝，還車言邁。遄臻于衛，不瑕有害。」毛傳云：「祖而舍軷，飲酒於其側曰餞。重始有事於道也。」〔註70〕此當是衛女嫁於他國，思歸寧而不得之詩。詩二、三章虛設歸衛情形和送行飲餞之事，詩云「載脂載舝」，此乃出遠門之準備。謂脂舝其車，塗脂於車軸，使其潤滑；設舝於軸，使其牢固。〔註71〕朱傳云：「飲餞者，古之行者必有祖道之祭，祭畢，處者送之，飲於其側而後行也。」〔註72〕祖祭之禮後來便演變成後世餞行習俗，不論是否祭道路之神，只要設酒宴送人遠行皆可謂之餞。

〈大雅・韓奕〉有飲餞場合的描寫，三章詩云：「韓侯出祖，出宿于屠。顯父餞之，清酒百壺。其殽維何？炰鱉鮮魚。其蔌維何？維筍及蒲。其贈維何？乘馬路車。籩豆有且，侯氏燕胥。」〔註73〕首章寫韓侯始受封冊命為侯，二章寫韓侯入覲，周王賞賜豐厚，三章寫韓侯既覲而歸，公卿送行之飲餞盛況，四、五章側寫韓侯迎親和韓土之樂，六章呼應首章，記韓侯功勳。周王賞賜諸侯之事又見〈大雅・崧高〉，記申伯受封，既受賜而將歸，王在道餞送之，同樣都反映出周王對諸侯寵命優渥，然對飲餞場合的描寫則一詳一略。〈大雅・崧高〉詩以「申伯信邁，王餞于郿」〔註74〕一筆帶過，而〈大雅・韓奕〉在飲食品類部分著墨甚多。餞行少不了酒，顯父以酒餞送之，筵席備有清酒百壺；飲宴少不了食，筵席備有殽蔌料理，有陸生新筍、水生香蒲，有烹煮之鱉和膾生之魚，還有包含乾製類、腌製類之籩豆食品，眾多食物當能為融

〔註69〕見《毛詩正義》，卷18之3，頁676。

〔註70〕見《毛詩正義》，卷2之3，頁101～102。

〔註71〕《說文》云：「舝，車軸耑鍵也。」段注云：「以鐵豎貫軸頭而制轂，如鍵閉然。」見《說文解字注》，5篇下，頁236。

〔註72〕見〔宋〕朱熹：《詩集傳》，卷2，頁24。

〔註73〕見《毛詩正義》，卷18之4，頁681。

〔註74〕見《毛詩正義》，卷18之3，頁672。

洽的飲宴場合增添不少歡愉氣氛。

二、宗廟祭祀

（一）宗廟時享

祭祀祖先的信仰，與靈魂不滅的觀念有關。《詩經》中所見關於周代宗廟祭祀活動的記錄，多見於《雅》、《頌》諸篇。〈小雅・天保〉四章詩云：「吉蠲為饎，是用孝享。禴祠烝嘗，于公先王。君曰『卜爾，萬壽無疆』。」毛傳云：「吉，善。蠲，絜。饎，酒食也。享，獻也。」鄭箋云：「謂將祭祀也。」〔註75〕言吉日齋戒沐浴潔身，獻酒食祭祀祖先以祈福。《爾雅・釋天》云：「春祭曰祠，夏祭曰禴，秋祭曰嘗，冬祭曰烝。」〔註76〕《白虎通・宗廟》云：「宗廟所以歲四祭者何？春曰祠者，物微，故『祠』名之。夏曰禴者，麥熟進之。秋曰嘗者，新穀熟，嘗之。冬曰烝者，烝之為言眾也，冬之物成者眾。」〔註77〕祠禴嘗烝，乃天子、諸侯四時祭祀宗廟之禮，亦謂之宗廟時享。

〈周頌・豐年〉詩云：「豐年多黍多稌，亦有高廩，萬億及秭。為酒為醴，烝畀祖妣，以洽百禮。降福孔皆。」《詩序》云：「〈豐年〉，秋冬報也。」鄭箋云：「報者，謂嘗也，烝也。」〔註78〕此乃報祭宗廟之詩，寫豐年得穀眾多，以收成之黍稻為酒醴，以祭饗祖妣。古祖父以上男性祖先皆稱祖，祖母以上女性祖先皆稱妣。〔清〕胡承珙（1776〜1832）《毛詩後箋》云：「烝畀祖妣者，言宗廟之祀無不舉；以洽百禮者，言百神之祀無不舉；而皆歸功於豐年之報。……竊意秋冬報祀，取嘗新烝眾之義，亦名嘗烝，與廟祀之秋嘗冬烝同名而異實。」〔註79〕豐年報祭又見〈周頌・載芟〉，詩云：「載穫濟濟，有實其積，萬億及秭。為酒為醴，烝畀祖妣，以洽百禮。有飶其香，邦家之光。有椒其馨，胡考之寧。匪且有且，匪今斯今，振古如茲。」《詩序》：「〈載芟〉，春籍田而祈社稷也。」〔註80〕言王者親耕籍田，以勸農業，又祈求社稷，祝

〔註75〕見《毛詩正義》，卷9之3，頁330。

〔註76〕見《爾雅注疏》，卷6，頁99。

〔註77〕〔清〕陳立：《白虎通疏證》（臺北：藝文印書館，1986年，《續經解三禮類彙編》本），第1冊，卷12，頁580。

〔註78〕見《毛詩正義》，卷19之3，頁731。

〔註79〕〔清〕胡承珙：《毛詩後箋》（臺北：藝文印書館，1986年6月，《續經解毛詩類彙編》本），第2冊，卷27，頁2244〜2245。

〔註80〕見《毛詩正義》，卷19之4，頁746〜748。

望豐收，詩末爲頌美祈年之祝。詩文可分成三個層次，先寫耕耘之事，其次爲收穫之事，最後爲祭禱之辭。詩和〈周頌・豐年〉詩文相似，描述年歲豐收以酒醴祭祀先祖。就詩文內容來看，詩中自耕種之勤說到收穫之盛，似豐收祭祀宗廟，臘祭先祖時之樂歌。〔註81〕

酒的作用，一方面是供祖先享用，一方面可能是作爲通神的工具或媒介，如商代巫師飲酒可幫助巫師達到通神的精神狀態。〔註82〕酒作爲一種奉獻給神靈的祭品，「是宗教信仰者向神靈傳遞各種資訊、表達思想感情和心理意願的媒介或載體，是人與神進行交換並且相互認同的途徑和手段」，〔註83〕通過祭品這一象徵符號溝通聖與俗的世界，以土地所生之穀物釀酒祭祀，含有「報本反始」的意義，在人神溝通的過程中，除祈求年豐之外，亦表達出「以介眉壽」的信仰。如〈小雅・楚茨〉首章詩云：「我黍與與，我稷翼翼。我倉既盈，我庾維億。以爲酒食，以享以祀，以妥以侑，以介景福。」〔註84〕〈小雅・信南山〉三章詩云：「疆場翼翼，黍稷或或。曾孫之穡，以爲酒食。畀我尸賓，壽考萬年。」〔註85〕此皆詠周天子祭祀祖先之詩，描述以所收穫之穀物爲酒食，獻之於尸及賓客，酒禮粢盛豐盛，祭祀敬神而求福。〈商頌・烈祖〉詩云：「既載清酤，賚我思成。亦有和羹，既戒既平。鬷假無言，時靡有爭。綏我眉壽，黃耇無疆。」〔註86〕此亦宗廟祭祀之詩，內容敘述備齊清酒、和羹等祭品，祈求烈祖賜福無疆。從金文來看，向祖先祈壽是周代的普遍信仰，也是宗族祭禮最根本的儀式之一，其主要方式是禱請，人們祈求「眉壽」、「黃耇」，再綴以「萬年」、「無疆」等飾辭。〔註87〕

除酒醴外，祭祀祈福所用還有牲禮，〈大雅・旱麓〉四章詩云：「清酒既載，騂牡既備。以享以祀，以介景福。」〔註88〕詩寫備酒牲祭祀求福之事，謂年豐

〔註81〕 管東貴：〈中國古代的豐收祭及其與「曆年」的關係〉，《中央研究院歷史語言研究所集刊》第 31 本（1960 年 12 月），頁 228～229。

〔註82〕 見張光直：〈商代的巫與巫術〉，《中國青銅器時代》（第二集），頁 61～63。

〔註83〕 李金平：〈古代宗教祭祀用食物類祭品的構成及其形態特徵〉，《湖北廣播電視大學學報》第 27 卷第 1 期（2007 年 1 月），頁 111～112。

〔註84〕 見《毛詩正義》，卷 13 之 2，頁 454。

〔註85〕 見《毛詩正義》，卷 13 之 2，頁 461。

〔註86〕 見《毛詩正義》，卷 20 之 3，頁 791。

〔註87〕 杜正勝：〈從眉壽到長生——中國古代生命觀念的轉變〉，《中央研究院歷史語言研究所集刊》第 66 本第 2 分（1995 年 6 月），頁 385～389。

〔註88〕 見《毛詩正義》，卷 16 之 3，頁 560。

畜碩，民和而神降之福。又如〈周頌‧良耜〉詩云：「殺時犉牡，有捄其角。以似以續，續古之人。」〔註89〕末四句寫歲末殺犉牡以供祭祀，朱傳云：「續，謂續先祖以奉祭祀。」〔註90〕此亦年豐報祭之詞。黃牛黑脣曰犉，詩文描寫牛角貌，一方面強調牲體的完整性，一方面也透露角和續先祖的關聯，角具有神聖性和再生意涵，宗廟祭祀本身也具有神聖性和宗族延續的精神意義。

　　《詩經》中所見以牛羊爲祭品的詩很多，如〈周頌‧我將〉詩云：「我將我享，維羊維牛，維天其右之。儀式刑文王之典，日靖四方。伊嘏文王，既右饗之。我其夙夜，畏天之威，于時保之。」〔註91〕此祭祀文王之詩，〔註92〕言奉牛羊以供祭祀。〈周頌‧絲衣〉詩云：「絲衣其紑，載弁俅俅。自堂徂基，自羊徂牛。鼐鼎及鼒。兕觥其觩，旨酒思柔。不吳不敖，胡考之休。」〔註93〕此繹祭之詩，宗廟正祭之明日又祭曰繹，詩述備祭之周、祭殽之豐、旨酒之美，〔註94〕表現出準備祭品的慎重態度與誠意。

　　在祭祀的過程中，會透過祭品和儀式降神，如〈小雅‧信南山〉五章詩云：「祭以清酒，從以騂牡，享于祖考。執其鸞刀，以啓其毛，取其血膋。」〔註95〕鄭箋云：「祭之禮，先以鬱鬯降神，然後迎牲，享于祖考，納亨時。毛以告純也。膋，脂膏也。血以告殺，膋以升臭，合之黍稷，實之於蕭，合馨香也。」〔註96〕周禮之法，廟饗先求諸陰，先以鬯酒降神，然後迎牲，獻於祖先。《國語‧楚語下》載觀射父論祀牲云：「毛以示物，血以告殺，接誠拔取以獻具，爲齊敬也。」〔註97〕據《禮記‧郊特牲》云：「毛、血，告幽全之

〔註89〕見《毛詩正義》，卷19之4，頁750。
〔註90〕見〔宋〕朱熹：《詩集傳》，卷19，頁235。
〔註91〕見《毛詩正義》，卷19之2，頁717～718。
〔註92〕朱傳云：「此宗祀文王於明堂，以配上帝之樂歌。」見〔宋〕朱熹：《詩集傳》，卷19，頁225。
〔註93〕見《毛詩正義》，卷19之4，頁751。
〔註94〕余培林《詩經正詁》引用〔清〕王鴻緒主編《詩經傳說彙編》之說，其云：「宗廟正祭之明日又祭曰繹。繹禮在廟門，而廟門側之堂謂之塾。今詩云『自堂徂基』，則基是門塾之基，蓋謂廟門外西夾室之堂基也。其爲繹祭明矣。」見余培林：《詩經正詁》，下冊，頁587。
〔註95〕見《毛詩正義》，卷13之2，頁461。
〔註96〕鄭箋之說同《禮記‧郊特牲》：「周人尚臭，灌用鬯臭，鬱合鬯，臭陰達於淵泉。灌以圭璋，用玉氣也。既灌，然後迎牲，致陰氣也。蕭合黍稷，臭陽達於牆屋。故既奠，然後焫蕭合羶薌。凡祭慎諸此，魂氣歸于天，形魄歸于地，故祭求諸陰陽之義也。」見《禮記注疏》，卷26，頁502～503。
〔註97〕見《國語》，卷18，頁565。

物也。告幽全之物者，貴純之道也。」〔註98〕周人尚臭，鬯酒和牲血都是以氣味降神。其祭以茅茜酒，「當廟祭降神之時，束茅立之，以裸圭酌鬱鬯，自上澆灌而下，酒汁漸漸滲透下流，使香氣通達於地下，庶神明聞之，而來格來享也。」〔註99〕

犧牲的血肉具有溝通神鬼的神秘力量，「以動物供祭也就是使用動物協助巫覡來通民神、通天地、通上下的一種具體方式」，把動物作犧牲而使之自軀體中昇華出來，動物精靈可幫助巫師與神明、祖先溝通。〔註100〕原始思維和巫術中認為血是靈魂所寄，因此自生物體中流出的血具有神秘的力量，殺牲薦血，一方面在透過血的氣臭降神，透過血的力量與神明溝通，同時殺牲亦釋放動物的靈魂，藉其靈魂而與神明溝通。〔註101〕

〈魯頌・閟宮〉三章詩云：「秋而載嘗，夏而楅衡。白牡騂剛，犧尊將將。」毛傳云：「楅衡，設牛角以楅之也。」〔註102〕詩寫飼養牲牷以供祭祀，白牡用以祭周公，騂剛用以祭魯公，白牡騂剛分指白色和赤黃色之公牛。古代供祭祀的牲牷皆有專人豢養，據《周禮》牧人掌管養六畜，以供祭祀之牲牷，而擇毛色純好之牲授充人繫於牢中飼養，養牲、卜牲之事必審慎為之。《禮記・祭義》云：「古者天子諸侯，必有養獸之官。及歲時，齊戒沐浴而躬朝之，犧牷祭牲，必於是取之，敬之至也。君召牛，納而視之，擇其毛而卜之，吉，然後養之。君皮弁素積，朔月，月半，君巡牲，所以致力，孝之至也。」〔註103〕臨祭前先行卜牲之禮，若問卜結果為吉，則養於滌中三月，然後用以祭享。繫於牢至臨祭前，須防止牲牷受損傷，否則祭則不敬。〔註104〕為防止祭牛之角有所損傷，

〔註98〕見《禮記注疏》，卷26，頁507。
〔註99〕周聰俊：《裸禮考辨》（臺北：文史哲出版社，1994年12月），頁23。胡新生指出「縮酒有時是為了把濁酒過濾成清酒，有時則是一種象徵美酒已被神靈享用的祭神儀式」，人們經常用白茅製品向神靈祭獻美酒和餚饌，久而久之就會在神靈和白茅之間建立固定的聯繫，隨著這種神秘意識的發展，「白茅即被靈化成為通神招神之物和辟除邪祟的武器。」參閱胡新生：〈中國古代巫術靈物與一般辟邪方法〉，頁50。
〔註100〕張光直：〈商周青銅器上的動物紋樣〉，《中國青銅時代》（臺北：聯經出版公司，1983年4月），頁366～367、374。
〔註101〕林素娟：〈飲食禮儀的身心過渡意涵及文化象徵意義——以三《禮》齋戒、祭祖為核心進行探討〉，《中國文哲研究期刊》第32期（2008年3月），頁182。
〔註102〕見《毛詩正義》，卷20之2，頁778。
〔註103〕見《禮記注疏》，卷48，頁819。
〔註104〕《春秋》記載：成公七年「王正月，鼸鼠食郊牛角，改卜牛，鼸鼠又食其角，

故設橫木於角以保護之，此護角之橫木即為楅衡，其目的並非防止牛角觸人，而是為了防止牛角受傷。〔註105〕祭祀所用的犧牲必須注重毛色的純正和角的完整，此蓋象徵對神明的虔誠與敬意，愈慎重就愈能表達對神明的虔敬之心。

　　祭祀飲食還有俎豆，如〈小雅・楚茨〉首章述黍稷祭品，二章則述牛羊祭品，三章述俎豆祭品，言粢盛豐美，俎中之牲體甚大，豆中之穀類甚多，所供祭祀之牛羊鮮潔。〈魯頌・閟宮〉有毛炰、胾羹、籩豆、大房，亦可見祭品之豐盛。〈小雅・信南山〉有瓜菹，王禮卿（1909～1997）《四家詩恉會歸》云：「此章陳四時新物之祭，為正祭前貴異物之時祭也。」〔註106〕物不止菹，菹不止瓜，舉瓜以見農功無所不有，祭物無所不備。以魚牲為祭品，見〈周頌・潛〉詩云：「猗與漆沮，潛有多魚。有鱣有鮪，鰷鱨鰋鯉。以享以祀，以介景福。」〔註107〕此薦魚於宗廟之詩，言魚之盛美，故特薦於宗廟。漆、沮乃岐周之二水，周王取漆、沮之魚以祀祖，示不忘其根本。薦羞之物，不敢用常褻味而貴多品，如〈大雅・既醉〉四章詩云：「其告維何？籩豆靜嘉。朋友攸攝，攝以威儀。」毛傳云：「恒豆之菹，水草之和也。其醢，陸產之物也。加豆，陸產也。其醢，水物也。籩豆之薦，水土之品也。不敢用常褻味而貴多品，所以交於神明者，言道之偏至也。」〔註108〕此宗廟祭祀之詩，公尸以善言嘏辭告之，言籩豆中之祭物潔淨善美，而助祭之群臣威儀俱盛。誠意足，禮儀備，故上天賜福祿予君子，得享萬年之壽。

　　〈大雅・鳧鷖〉亦是宗廟祭祀之詩，詩寫繹祭後燕尸之事。《詩序》云：「〈鳧鷖〉，守成也。大平之君子能持盈守成，神祇祖考，安樂之也。」首章詩云：「鳧鷖在涇，公尸來燕來寧。爾酒既清，爾殽既馨。公尸燕飲，福祿來成。」鄭箋云：「祭祀既畢，明日又設禮而與尸燕。」孔疏云：「言公尸來燕，則是祭後燕尸，非祭時也。燕尸之禮，大夫謂之賓尸，即用其祭之日。今〈有司徹〉是其事也。天子諸侯則謂之繹，以祭之明日。」〔註109〕天子諸侯曰繹，大夫曰賓尸，士曰宴尸。此公尸來燕，正指繹祭之事，燕有安樂之意，祭禮在儀式進行時皆有「尸」以代表祖先接受祭祀，公尸代表祖考，公尸樂代表

　　　　乃免牛。」見《春秋左傳正義》，卷26，頁443。
〔註105〕見季旭昇：《詩經古禮研究》，頁71～72。
〔註106〕王禮卿：《四家詩恉會歸》（臺北：青蓮出版社，1995年10月），頁1405。
〔註107〕見《毛詩正義》，卷19之3，頁733。
〔註108〕見《毛詩正義》，卷17之2，頁605。
〔註109〕見《毛詩正義》，卷17之2，頁607。

祖考樂。每章皆以鳧鷖起興，詩人見周王能持盈守成，而神祇祖考安樂之，故託鳧鷖之安於水而樂於得其所者以爲況。祭必立尸以備祭，尸既安樂，而後神得以燕饗而降之福。〔註110〕

〈大雅·鳧鷖〉前三章讚酒之既「清」且「多」、「湑」；讚殽之既「馨」且「嘉」、「脯」，〔註111〕以重章互體的形式點明「旨酒欣欣，燔炙芬芬。公尸燕飲，無有後艱」。每章三、四句言酒殽之嘉美，言酒品齊多而殽備美，五、六句言公尸飲此旨酒、食此嘉殽，公尸燕飲而賜周王福祿，鄭箋云：「女酒殽清美，以與公尸燕樂飲酒之，故祖考以福祿來成女。」〔註112〕葉舒憲《詩經的文化闡釋》探討以宴飲爲主題的作品之宗教意義，指出宴飲活動具有交通人神的作用，〈大雅·鳧鷖〉恰切表明「宴飲與祝禱的二重主題如何交相爲用」，把此詩和〈大雅·既醉〉聯繫起來看，「可以確信宴飲活動本身就是一種儀式，或者說是祝禱活動的有機組成部分」。〔註113〕尸是祖靈的代表，「祖靈在祭祀時，不是象徵性的存在，卻是具體的由子孫中的某人扮演。生人與死者，都可以在飲宴時同時享受豐收，祖靈醉飽，更可庇佑子孫永遠享有同樣的福祉」，〔註114〕此亦〈小雅·楚茨〉「神嗜飲食，使君壽考」之意。

（二）因事而祭

宗廟祭禮，就是行之於宗廟內的祭禮，大致可分爲定期舉行的常祀，如月祭、時享、歲禱與終禘；以及因事而舉行的因祭，如立君建國與巡守、朝會與朝聘、會盟與盟詛、田獵與征伐、結婚接子與立嗣、祓除祈禳、朝祖與祔廟等活動，都會於宗廟內舉行祭祀。〔註115〕《詩經》中因事而祭於宗廟的詩有〈召南·采蘋〉，詩和婚禮有關。全詩三章，每章四句，全篇純用賦體。首章詩云：「于以采蘋？南澗之濱。于以采藻？于彼行潦。」二章詩云：「于以盛之？維筐及筥。于以湘之？維錡及釜。」三章詩云：「于以奠之？宗室牖

〔註110〕〔宋〕李樗、黃櫄：《毛詩李黃集解》（臺北：臺灣商務印書館，1983 年，影印文淵閣《四庫全書》本），第 71 冊，卷 33，頁 607。

〔註111〕朱孟庭：《詩經重章藝術》（臺北：秀威資訊科技公司，2007 年 1 月），頁 113。

〔註112〕見《毛詩正義》，卷 17 之 2，頁 607。

〔註113〕葉舒憲：《詩經的文化闡釋》（武漢：湖北人民出版社，1994 年 6 月），頁 130～132。

〔註114〕許倬雲：《西周史》（臺北：聯經出版公司，1984 年 10 月），頁 284。

〔註115〕參見林素英：《古代祭禮中之政教觀——以《禮記》成書前爲論》，頁 175～186。

下。誰其尸之？有齊季女。」〔註116〕首章述採集蘋、藻之處，於彼南澗之涯、流潦之中采之；二章述盛放、烹煮之器，以筐、筥盛之，以錡、釜煮之；三章述奠祭之所與主祭之人，置蘋、藻之羹於宗室牖下，有齋敬之少女主持設羹以祭祀也。〔註117〕以問答形式六問六答，而於末句「有齊季女」點出主祭祀者及祭祀之類型。此詠諸侯或大夫之女將嫁，采蘋、藻以奉祭祀之詩。蓋蘋、藻二物既為嫁女前祭祀必用之物，故先由此詠起。〔註118〕

毛傳云：「蘋、藻，薄物也。澗、潦，至質也。筐、筥、錡、釜，陋器也。少女，微主也。古之將嫁女者，必先禮之於宗室，牲用魚，芼之以蘋藻。」鄭箋云：「蘋之言賓也，藻之言澡也。婦人之行，尚柔順，自絜清，故取名以為戒。」〔註119〕湘，字當作鬺，烹煮也。烹蘋、藻於魚湇之中，是鉶羹之芼，用於女子出嫁前之祭祀。《禮記·昏義》云：「古者，婦人先嫁三月，祖廟未毀，教於公宮；祖廟既毀，教于宗室。教以婦德、婦言、婦容、婦功，教成祭之。牲用魚，芼之以蘋藻，所以成婦順也。」鄭注云：「魚、蘋、藻，皆水物陰類也。魚為俎實，蘋藻為羹菜。祭無牲牢，告事耳，非正祭也。」〔註120〕以水中所生之魚和蘋、藻為祭祀之物，蓋取其陰順之意。

聞一多〈說魚〉認為《詩經》中的魚都是女性的象徵，〔註121〕魚意象藉由魚的強大繁殖生命力，與古人對於永恆生命產生交感，形成一種隱喻式的神話思維；水在原始思維中具有生命始源的象徵意義，生命之源的水在原始思維交感之下具有神秘力量，既象徵著純淨又象徵著生命，即如同瑞士·榮格（Carl Jung, 1875～1961）所云「水這個原型象徵，其普遍性來自於它的複合性的特徵；水

〔註116〕見《毛詩正義》，卷1之4，頁52～54。

〔註117〕毛傳云：「尸，主也。」謂主持設羹以祭祀也。高本漢舉《禮記·郊特牲》、《爾雅》和《說文》為證，解釋成「尸，陳也」，謂陳設祭物，「尸之」和「奠之」平行。見〔瑞典〕高本漢著、董同龢譯：《詩經注釋》（臺北：國立編譯館中華叢書，1979年2月），頁41～42。

〔註118〕王靜芝：《詩經通釋》（臺北：輔仁大學文學院，1969年1月），頁61～62。《詩序》云：「〈采蘋〉，大夫妻能循法度也。能循法度，則可以承先祖共祭祀矣。」王先謙曰：「猶稱『女』者，明是未嫁之詞。已嫁則為主婦，助夫氏之祭，不得言『尸之』矣。」見〔清〕王先謙撰、吳格點校：《詩三家義集疏》，卷2，頁83。

〔註119〕見《毛詩正義》，卷1之4，頁53、52。

〔註120〕見《禮記注疏》，卷61，頁1002。

〔註121〕聞一多：《神話與詩·說魚》，《聞一多全集》（一）（臺北：里仁書局，1993年9月），頁117～137。

既是潔淨的媒介，又是生命的維持者」。〔註122〕魚具有繁衍生殖的象徵意涵，水是潔淨的媒介和生命始源的象徵，水草具有潔淨的意象，古婚禮「牲用魚，芼之以蘋藻」，結婚具有繁衍生命、延續宗族的意義，故魚牲和蘋、藻成為婚禮的重要祭品。而祭於宗廟，「所以敬慎重正昏禮也」，〔註123〕顯示婚禮的倫理意義與神聖性，象徵宗族生命的延續。

　　另有一說以季女為巫兒，此則和古代的聖婚儀式有關。〔註124〕據《漢書・地理志》所載：「始桓公兄襄公淫亂，姑姊妹不嫁，於是令國中民家長女不得嫁，名曰『巫兒』，為家主祠，嫁者不利其家，民至今以為俗。」〔註125〕日人白川靜從比較文學的角度研究《詩經》，提出「日本文學有一種特殊的傳統──季女之歡，中國古來亦然」，中國也有「以季女和長女做齋女，終身事神的巫兒之風……齊以長女，其他地區以季女為巫兒，留家不嫁」，〈召南・采蘋〉為季女奉侍家廟之歌，詩寫女子於儀式前採擷水草陳放於宗廟供祭，採摘溪澗和小溪的水草帶回家祭祀祖靈，是季女該做的事務。〔註126〕此說為「有齊季女」提出另一種詮釋，反映古代信仰與民俗背景，採集水生植物作為祭品，蓋取其潔清之意象，藉水草的潔淨表現祭祀者純潔虔敬的信仰。〔註127〕

〔註122〕參閱陳忠信：〈試論《山海經》之水思維──神話與宗教兩種視野的綜合分析〉，《成大宗教與文化學報》第3期（2004年6月），頁249～281。

〔註123〕見《禮記注疏》，卷61，頁999。

〔註124〕關於聖婚儀式，可參閱弗雷澤《金枝》，文中提到指定給神為妻的女子必須是處女，而其精神也是模擬巫術的運用。見〔英〕弗雷澤著、汪培基譯：《金枝》（上），頁220～221。

陳炳良從「增殖儀式」觀點，認為「祭師在祭祀需要作交合之事，以邀天佑，那末當然要有女子獻身給神祇，因此〈采繁〉、〈采蘋〉兩首詩都是歌詠女子能獻身於神。他們做公侯之事，在公侯之宮，作先妣之尸。」見陳炳良：〈從采蘋到社祀〉，《神話・禮儀・文學》（臺北：聯經出版公司，1985年4月），頁101。

〔註125〕〔漢〕班固著、〔唐〕顏師古注、〔清〕王先謙補注：《漢書補注》（臺北：藝文印書館，1996年，影印長沙王氏虛受堂校刊本），卷28下，頁859。

〔註126〕〔日〕白川靜著、杜正勝譯：《詩經的世界》（臺北：東大圖書公司，2001年6月），頁96、95。

〔註127〕黃奕珍研究聖婚習俗，引用弗雷澤《金枝》說此乃「性交能促進植物繁育」觀念之表現，通常行聖婚儀的男方或女方大多與水有關，因「水」具有繁衍生殖的機能，水和植物亦有互相依存的重要關係。參閱黃奕珍：〈從「聖婚」觀點看楚懷王與巫山神女的關係〉，《中國文學研究》第8期（1994年5月），頁200、204。

第二節　燕饗之禮的飲食象徵意義

一、一般饗燕活動

（一）饗　禮

《詩經》中所見關於周代燕饗活動的記錄，主要見於二《雅》諸篇，因《雅》爲流行於中原一帶的正聲，詩多記周王室之事，地域性使詩歌內容常有天子燕饗諸侯、賓客的題材。〔註128〕據《周禮·春官·大宗伯》云：「以嘉禮親萬民：以飲食之禮，親宗族兄弟；以昏冠之禮，親成男女；以賓射之禮，親故舊朋友；以饗燕之禮，親四方之賓客；以脤膰之禮，親兄弟之國；以賀慶之禮，親異姓之國。」〔註129〕嘉禮是融合人際關係的禮儀，包括飲食禮、昏冠禮、賓射禮、饗燕禮、脤膰禮和賀慶禮等，饗燕禮屬待賓客之禮。〔清〕胡培翬（1782～1849）《儀禮正義》云：「凡待賓客之禮有饗、有食、有燕。燕主於酒，而食主於飯，饗則兼之。」〔註130〕又引褚氏寅亮云：「待賓客之禮有三，饗也，食也，燕也。饗重於食，食重於燕。饗主於敬，燕主於歡，而食以明善賢之禮。饗則體薦而不食，爵盈而不飲，設几而不倚，致肅敬也。食以飯爲主，雖設酒漿，以漱，不以飲，故無獻儀。燕以飲爲主，有折俎而無飯，行一獻之禮，脫屨升坐以盡歡。此三者之別也。饗食於廟，燕則於寢，其處亦不同矣。」〔註131〕

經籍所載待賓客之禮有饗禮、食禮、燕禮，食主食，燕主飲，饗則兼食與

〔註128〕秦蕙田《五禮通考》根據《詩經》舊注傳疏分類，嘉禮部分之饗燕禮詩文計有〈小雅·鹿鳴〉、〈小雅·伐木〉、〈小雅·魚麗〉、〈小雅·南有嘉魚〉、〈小雅·南山有臺〉、〈小雅·蓼蕭〉、〈小雅·湛露〉、〈小雅·菁菁者莪〉、〈小雅·六月〉、〈小雅·桑扈〉、〈小雅·鴛鴦〉、〈小雅·魚藻〉、〈小雅·瓠葉〉、〈大雅·公劉〉等詩；其他和飲酒有關之詩文，或列入射禮，如〈小雅·賓之初筵〉、〈大雅·行葦〉；或列入學禮，如〈豳風·七月〉、〈大雅·行葦〉；或列入飲食禮，如〈小雅·常棣〉、〈小雅·湛露〉、〈小雅·楚茨〉、〈小雅·頍弁〉、〈小雅·角弓〉、〈小雅·杕杜〉、〈大雅·行葦〉。見〔清〕秦蕙田：《五禮通考》（臺北：臺灣商務印書館，1983 年，影印文淵閣《四庫全書》本），第 138、139 冊，卷 158，頁 802～809；卷 163～164，頁 933～944；卷 176，頁 243～247；卷 143，頁 379～389。今依詩文內容詮釋及相關典籍資料，重新加以整理。
〔註129〕見《周禮注疏》，卷 18，頁 277～278。
〔註130〕〔清〕胡培翬：《儀禮正義》（臺北：臺灣中華書局，1968 年，據南菁書院續經解本校刊），第 2 冊，卷 19，頁 1 上。
〔註131〕見〔清〕胡培翬：《儀禮正義》，第 2 冊，卷 11，頁 1 上。

燕，爲飲食禮之盛者。禮經雖不傳饗禮儀節，但仍可從《左傳》等古籍得其梗概。周聰俊（1939～）《饗禮考辨》云：「饗者，大飲賓也。設盛禮以飲賓，是禮之大者，故云然。夫以大禮飲賓，其獻如命數，設牲俎豆，兼食與燕。」又云：「《左傳》言饗數十見，於飲食之外，亦見幣帛酬侑，此亦所以示慈惠優渥之厚意」，〔註132〕此即《國語‧周語下》「宴好享賜」章注所云「宴好，所以通情結好也。享賜，所以酬賓賜下也」之意。〔註133〕饗禮之後亦有兼燕而行之者，如同諸侯射禮之前必有燕禮〔註134〕、宗廟祭祀之後亦有燕禮，故《詩經》燕饗詩篇有純饗禮者、有純燕禮者，亦有燕饗不易區分者，故本文不擬一一考辨詩文禮制分類問題，只著重探討文本所反映的飲食意義。〔註135〕

　　〈小雅‧彤弓〉首章詩云：「彤弓弨兮，受言藏之。我有嘉賓，中心貺之。鐘鼓既設，一朝饗之。」《詩序》云：「〈彤弓〉，天子錫有功諸侯也。」〔註136〕詩寫天子饗宴有功諸侯，賜弓矢，鳴鐘鼓，以增其尊榮。每章五、六句寫設饗之事，一朝，猶早朝，饗以成禮，終朝而止。詩云「鐘鼓既設」，據《周禮‧春官‧樂師》云：「饗食諸侯，序其樂事，令奏鐘鼓。」〔註137〕設盛禮以飲賓謂之饗，饗諸侯有鐘鼓之禮。詩云「一朝饗之」，鄭箋云：「大飲賓曰饗。」孔疏云：「饗者，烹大牢以飲賓，是禮之大者。」〔註138〕待賓之禮有三，有饗禮、食禮、燕禮，又以饗禮爲盛，其設牲俎豆，盛於食、燕。詩一章言饗之，二章言右之，三章言醻之。毛傳云：「右，勸也。醻，報也。」右與侑、宥字

〔註132〕周聰俊：《饗禮考辨》（臺北：臺灣師範大學國文系博士論文，1988年），頁1、34。

〔註133〕見《國語》，卷3，頁114～115。

〔註134〕《禮記‧射義》云：「古者諸侯之射也，必先行燕禮。卿大夫士之射也，必先行鄉飲酒之禮。故燕禮者，所以明君臣之義也。鄉飲酒之禮者，所以明長幼之序也。」見《禮記注疏》，卷62，頁1014。

〔註135〕王巍〈和諧融洽的燕饗禮儀習俗〉將《詩經》中饗禮、燕禮、鄉飲酒禮詩篇作分類，其依據是「饗禮，主要指天子宴飲諸侯之禮。燕禮，主要指諸侯宴請之禮。鄉飲酒禮一般是指諸侯鄉大夫的宴飲之禮。」見王巍：《詩經民俗文化闡釋》（北京：商務印書館，2004年3月），頁180。王巍認爲饗禮是天子宴請之禮，燕禮是諸侯宴請之禮，但此說未必符合周代實際社會情況。因「《儀禮‧燕禮》者，實即公燕大夫之禮，故鄭玄以諸侯之禮說之也。至於王室之宴，禮經所不存耳，不得據謂無此禮也。」詳見周何：〈《春秋》燕禮考辨〉，《國文學報》第1期（1972年4月），頁30。

〔註136〕見《毛詩正義》，卷10之1，頁351～352。

〔註137〕見《周禮注疏》，卷23，頁352。

〔註138〕見《毛詩正義》，卷10之1，頁352。

相通。鄭箋以飲酒禮儀解釋，其云：「右之者，主人獻之，賓受爵，奠于薦右，既祭俎，乃席末坐，卒爵之謂也。飲酒之禮，主人獻賓，賓酢主人，主人又飲而酌賓，謂之醻。」〔註139〕飲酒之禮，主人敬酒於賓謂之獻，賓回敬主人謂之酢，主人又酌自飲而勸酒以飲賓謂之酬。〔清〕孫詒讓〈詩・彤弓篇義〉云：「首章饗之，即獻，次章右之，即酢，合三章云醻之，正獻、酢、酬之禮。」〔註140〕此說主張詩文之右、醻即飲酒酬酢之禮。

　　從語法來看，一章言饗之，乃天子設饗以賜諸侯，二、三章言右、言醻，承上申述饗禮之事，主語當指天子，賓語當指嘉賓。因此，右、醻可解釋爲賜侑幣、酬幣，言天子致嘉賓侑幣、酬幣以助歡，所以申暢厚意。《儀禮・聘禮》云：「致饗以酬幣。」鄭注云：「酬幣，饗禮酬賓勸酒之幣也。」〔註141〕饗兼食飲，故有侑幣、酬幣，觀《左傳・莊公十八年》云：「虢公、晉侯朝王，王饗禮，命之宥。」杜注云：「飲宴則命之以幣物。宥，助也。所以助歡敬之意。」〈僖公二十五年〉傳云：「晉侯朝王，王饗禮，命之宥。」杜注云：「既行饗禮而設醴酒，又加之以幣帛，以助歡也。」〔註142〕是饗禮有幣之證。〔宋〕陳祥道《禮書》論饗、食、燕用幣之禮，言「食有侑食，故有侑幣。饗有酬爵，故有酬幣。」〔註143〕侑者，勸酬之通稱。從禮之觀點來看，酢、酬之說符合飲酒儀節，然就詩文語法觀點，饗、右、醻主賓語當一律，〔註144〕故此從侑幣、酬幣之說。

　　〈小雅・鹿鳴〉詩文內容應也和饗禮、燕禮有關，《詩序》云：「〈鹿鳴〉，燕群臣嘉賓也。既飲食之，又實幣帛筐篚，以將其厚意，然後忠臣嘉賓得盡其心矣。」孔疏云：「言人君之於群臣嘉賓，既設饗以飲之，陳饌以食之，又實幣帛於筐篚而酬侑之，以行其厚意，然後忠臣嘉賓佩荷恩德，皆得盡其忠誠之心以事上焉，明上隆下報，君臣盡誠，所以爲政之美也。」〔註145〕

〔註139〕見《毛詩正義》，卷10之1，頁352。

〔註140〕〔清〕孫詒讓：《籀廎述林》（臺北：藝文印書館，1963年），卷2，頁17。

〔註141〕〔漢〕鄭玄注、〔唐〕賈公彥疏：《儀禮注疏》（臺北：藝文印書館，1997年8月，影印清嘉慶20年江西南昌府學重刊宋本《儀禮注疏》本），卷22，頁267。

〔註142〕見《春秋左傳正義》，卷9，頁158；卷16，頁263。

〔註143〕〔宋〕陳祥道：《禮書》（臺北：臺灣商務印書館，1983年，影印文淵閣《四庫全書》本），第130冊，卷58，頁369～370。

〔註144〕〈小雅・彤弓〉詩文「饗之、右之、醻之」和〈小雅・瓠葉〉詩文之「嘗之、獻之、酢之、醻之」句型類似，但賓語所指不同。〈彤弓〉「之」指嘉賓，〈瓠葉〉「之」係「君子有酒」之酒，故二詩解釋有異。

〔註145〕見《毛詩正義》，卷9之2，頁315。

此天子燕饗群臣之詩,詩中嘉賓即群臣。每章前二句皆以呦呦鹿鳴起興,描寫君臣和睦,賓主融洽,和樂且湛。三章詩云:「我有旨酒,以燕樂嘉賓之心。」毛傳云:「燕,安也。夫不能致其樂則不能得其志,不能得其志則嘉賓不能竭其力。」〔註146〕君待臣以禮,又迎之以琴瑟,贈之以幣帛,享之以旨酒;嘉賓德音孔昭,竭盡心力,對上是則是傚,對下示民不恌,由此亦可見明君尊賢、禮賢、養賢、樂賢之道。詩云「承筐是將」,毛傳云:「筐,筐屬,所以行幣帛也。」鄭注云:「飲之而有幣,酬幣也。食之而有幣,侑幣也。」〔註147〕朱傳云:「奉筐而行幣帛,飲則以酬賓送酒,食則以侑賓勸飽也。」〔註148〕古禮天子或諸侯於燕饗場合,為酬賓侑賓致其款誠,往往以幣帛贈送賓客,期賓主得以盡興。食有侑幣,饗有酬幣,幣帛實於筐。林明德〈《詩經》的酒文化〉云:「燕賓以酒,不僅可以得到其樂融融,賓主盡歡的情境,並可維持社交禮儀的暢通;不過,從飲酒中求得生命的和諧和人生的滿足,可能是賓主共同的心願。」〔註149〕這種燕賓以酒、賓主盡歡的和樂精神氛圍,是傳統飲食文化追求「宴以合好」的境界,〔註150〕亦是禮樂文明的精神內涵。

(二)燕 禮

燕禮為待賓客之嘉禮,《儀禮・燕禮》主要記載君臣之間和樂融融的燕飲之禮,篇章內容對宴飲陳設、君臣席位、賓主間禮儀、飲酒用爵、宴席間歌樂演奏等,都有儀節規則。燕禮宴飲場面的禮儀有五個階段:「公舉滕爵酬賓,遂旅酬,初燕禮成」、「公又行爵為卿舉旅,燕禮之再成」、「公三舉旅以成獻大夫之禮」、「公為士舉旅酬」、「燕末,無算爵無算樂」等。〔註151〕飲酒之禮有獻、酢、醻基本儀節,〈小雅・瓠葉〉毛傳云:「酢,報也。」鄭箋云:「報者,賓既卒爵,洗而酌主人也。主人既卒酢爵,又酌自飲,卒爵,復酌進賓,

---

〔註146〕見《毛詩正義》,卷9之2,頁317。
〔註147〕見《毛詩正義》,卷9之2,頁315。
〔註148〕見〔宋〕朱熹:《詩集傳》,卷9,頁99。
〔註149〕林明德:《文學典範的反思》(臺北:大安出版社,1996年9月),頁24~25。
〔註150〕李山〈「宴以合好」與周代社會結構的根本精神原則〉云:「宴飲活動中誠然有諸多的禮儀節度,但際會的人們,在有序的飲食與鼓樂聲中,從精神上超越儀式的規矩,消除等級的差異才是『宴以合好』的最終目標。宴飲在際會的和諧中,呈現了周朝社會的生命根基。」見李山:《詩經的文化精神》(北京:東方出版社,1997年6月),頁79~80。
〔註151〕見姬秀珠:《儀禮飲食禮器研究》,頁45~46。

猶今俗之勸酒。」〔註152〕主人獻酒進賓，賓飲酒後，洗爵，回酢主人，主人飲完酒，又洗爵醻賓，先自飲再勸賓。換言之，主人進酒於賓曰獻，賓答主人曰酢，主人再勸酒曰醻。〔註153〕

　　《儀禮‧燕禮》篇首一開始即講述宴飲起始，戒備陳饌之事。「燕禮，小臣戒與者，膳宰具官饌于寢東」鄭注云：「小臣相君燕飲之法。與者，謂留群臣也。君以燕禮勞使臣，若臣有功，故與群臣樂之。小臣則警戒告語焉，飲酒以合會為歡也。膳宰，天子曰膳夫。掌君飲食膳羞者也。具官饌，具其官之所饌，謂酒也、牲也、脯醢也。」〔註154〕燕禮場合備有酒，亦有俎豆、牲體、薦羞等，《禮記‧燕義》云：「是以上下和親而不相怨也。和寧，禮之用也，此君臣上下之大義也。」又云：「俎豆、牲體、薦羞，皆有等差，所以明貴賤也。」〔註155〕可知燕禮食物和儀節的身分等差，亦所以明君臣之義、尊卑之別。相對於祭祀之禮的祭品和儀式本身即具有象徵意義，燕禮所顯示的飲食意義是在宴飲過程所表現出來的禮儀傳統和「尚和」精神。〔註156〕

　　如《詩序》云：「〈常棣〉，燕兄弟也。閔管蔡之失道，故作〈常棣〉焉。」〔註157〕事又見《左傳》、《國語》，〔註158〕依據舊說，〈小雅‧常棣〉乃周公所作，用以燕樂兄弟黨族，而後召穆公思周德之不類，故糾合宗族于成周，復作此詩以親之。〈小雅‧常棣〉詩云：「儐爾籩豆，飲酒之飫。兄弟既具，和樂且

〔註152〕見《毛詩正義》，卷15之3，頁523。
〔註153〕「凡主人進賓之酒，謂之獻。凡賓報主人之酒，謂之酢。凡主人先飲以勸賓之酒，謂之醻。凡正獻既畢之酒，謂之旅酬。凡旅酬既畢之酒，謂之無算爵。」〔清〕淩廷堪著、彭林點校：《禮經釋例》（臺北：中央研究院中國文哲研究所，2002年12月），卷3，頁165。
〔註154〕見《儀禮注疏》，卷14，頁158。
〔註155〕見《禮記注疏》，卷62，頁1022～1023。
〔註156〕龔鵬程〈飲食：飲饌的文學社會學〉云：「用餐本來是一件再平凡不過的事，但就食行為的演變，就餐禮儀的講究，卻代表了文明的進展。中國人的社會中，人必須藉著飲食與他人溝通，與社會上人形成生命同體之感受，這就是文明。」見龔鵬程：《中國文人階層史論》（宜蘭：佛光人文社會科學院，2002年5月），頁587～588。
〔註157〕見《毛詩正義》，卷9之2，頁320。
〔註158〕《左傳‧僖公二十四年》載富辰謂「昔周公弔二叔之不咸，故封建親戚，以蕃屏周。……召穆公思周德之不類，故糾合宗族于成周，而作詩曰：『常棣之華，鄂不韡韡。凡今之人，莫如兄弟。』其四章曰：『兄弟鬩于牆，外禦其侮。』如是則兄弟雖有小忿，不廢懿親。」見《春秋左傳正義》，卷15，頁255～256。又《國語‧周語中》記：「周文公之詩曰：『兄弟鬩于牆，外禦其侮。』」見《國語》，卷2，頁45。

孺。妻子好合，如鼓瑟琴。兄弟既翕，和樂且湛。宜爾室家，樂爾妻帑。是究是圖，亶其然乎。」〔註159〕此燕兄弟之樂歌，道出平居之時，兄弟亦應和樂相處，推而宜室家、樂妻孥，以和親族。「儐爾籩豆，飲酒之飫」毛傳云：「儐，陳。飫，私也。不脫屨升堂謂之飫。」鄭箋云：「私者，圖非常之事。若議大疑於堂，則有飫禮焉。聽朝爲公。」「王與族人燕，則宗婦內宗之屬亦從后於房中。」〔註160〕傳箋以飫燕之禮釋詩，又謂王與族人燕於外，后與宗婦之屬燕於房。觀詩文前五章備言兄弟所以當親愛之故，至六章乃入燕飲正文，極道其和樂之情，「妻子好合」句，亦申言飲食燕樂、兄弟和好之義，似不專指宗婦內宗燕於房之禮，飫亦非指圖非常、議大疑之事。〔註161〕朱傳云：「飫，饜。」〔註162〕儐有陳列義，謂陳列籩豆食物，作爲燕飲嘉殽。飫和〈小雅・角弓〉「如食宜饇，如酌孔取」之饇字相當，毛傳云：「饇，飽也。」〔註163〕飫有飽足義，之飫即是飫，謂滿足飲酒，飫字當寫其「醉酒飽德」之意。

《詩經》中的宴飲詩或寫酒殽豐盛，或寫款待盛情，其意皆不在酒殽和酬酢本身，而在表現賓主關係和諧氣氛的融洽。〔註164〕如《詩序》云：「〈伐木〉，燕朋友故舊也。自天子至于庶人，未有不須友以成者，親親以睦，友賢不棄，不遺故舊，則民德歸厚矣。」〔註165〕此天子燕賓之詩，毛傳云：「天子謂同姓諸侯，諸侯謂同姓大夫，皆曰父，異姓則稱舅。國君友其賢臣大夫士，友其宗族之仁者。」〔註166〕從「陳饋八簋」句，可知主人當爲天子，賓客包含族姓、姻黨之屬。〔清〕陳啓源（～1644～？）《毛詩稽古編》云：「若詩所言，則皆天子之事也。肥羜，天子之燕禮也。八簋，天子之食禮也。諸父諸舅之稱，天子所施於同姓異姓諸侯也。」〔註167〕注疏本舊分六章，今從朱傳分成三章，每章十二句。〔註168〕三章皆以伐木起興，一章寫鳥鳴求友，象徵

〔註159〕見《毛詩正義》，卷9之2，頁322～323。

〔註160〕見《毛詩正義》，卷9之2，頁322～323。

〔註161〕見〔清〕秦蕙田：《五禮通考》，第138冊，卷143，頁382～383。

〔註162〕見〔宋〕朱熹：《詩集傳》，卷9，頁103。

〔註163〕見《毛詩正義》，卷15之1，頁504。

〔註164〕趙沛霖：〈《詩經》宴飲詩與禮樂文化精神〉，《天津師大學報》1989年第6期，頁63。

〔註165〕見《毛詩正義》，卷9之3，頁327。

〔註166〕見《毛詩正義》，卷9之3，頁328。

〔註167〕〔清〕陳啓源：《毛詩稽古編》（臺北：藝文印書館，1986年6月，《皇清經解毛詩類彙編》本），卷68，頁88。

〔註168〕朱傳引劉氏之說曰：「此詩每章首輒云伐木，凡三云伐木，故知當爲三章，每

人亦需親友故舊，二、三章省略鳥，承上互文，寫待客之美酒。陳燕食之樂，以示求友之道。〈小雅・伐木〉二章詩云：「伐木許許，釃酒有藇。既有肥羜，以速諸父。寧適不來，微我弗顧。於粲洒掃，陳饋八簋。既有肥牡，以速諸舅。寧適不來，微我有咎。」寫備肥羜以速諸父，再寫備肥牡以速諸舅，此亦上下互文，並非親疏差別待遇。黍稷簋簠、籩豆庶羞、俎實嘉殽均爲燕賓而準備。於此燕禮場合共飲旨酒，興之所至，擊鼓跳舞，氣氛歡愉，其樂融融。〔註169〕〈小雅・頍弁〉詩亦有「爾酒既旨，爾殽既嘉」、「爾酒既旨，爾殽既時」、「爾酒既旨，爾殽既阜」句，〔註170〕寫準備既鮮美合時又豐盛之美酒嘉殽，表現主人殷勤情意，最後寫「樂酒今夕，君子維宴」，言今夕暢飲此酒以盡歡同樂，感傷中亦有歡愉之情。〔註171〕

〈小雅・伐木〉三章詩云：「有酒湑我，無酒酤我。」毛傳云：「湑，茜之也。酤，一宿酒也。」鄭箋云：「酤，買也。此族人陳王之恩也。王有酒則沛茜之，王無酒酤買之，要欲厚於族人。」〔註172〕釃和湑均爲過濾之酒，也就是用筐和草漉去酒糟之醇酒。湑作動詞用，解釋爲茜酒，作名詞用，則指已漉之清酒。酤字解釋毛、鄭不同，湑、酤對文成義，有汁滓者謂之酤，滲去其汁滓者謂之湑。此從毛傳之說，指有酒則飲湑，無酒則卒造一宿之酤酒。詩謂「我有酒則湑之，無酒則酤之」，表現出主人以酒合歡之殷切情誼，亦可見酒在宴飲活動扮演重要角色。《詩經》表現飲酒之樂的燕飲詩還有〈小雅・魚麗〉詩云：「魚麗于罶，鱨鯊。君子有酒，旨且多。⋯⋯物其有矣，維其時

　　章十二句。」見〔宋〕朱熹：《詩集傳》，卷9，頁104。
〔註169〕或謂此詩之禮，兼有饗、食、燕禮。何楷曰：「禮有饗、有食、有燕。饗禮，烹太牢以飲賓，體薦而不食，爵盈而不飲，几設而不倚。食禮，無樂，有飯有餚，雖設酒而不飲。燕禮，一獻之禮畢，皆坐而飲酒，其爵無算也，其樂無算也。此詩言有肥牡肥羜，是用太牢，則同於饗。言陳饋八簋，籩豆有踐，是有飯有餚，則同於食。言有酒湑我，無酒酤我，是無算爵；言坎坎鼓我，蹲蹲舞我，是無算樂；則同於燕。兼是三者而備之，蓋禮之盛也。」王鳴盛從之。見〔清〕王鳴盛：〈伐木詩兼有饗食燕禮〉，《蛾術編・五》（臺北：信誼書局，1976年7月），卷69，頁2680～2682。
〔註170〕見《毛詩正義》，卷14之2，頁483。
〔註171〕《詩序》云：「〈頍弁〉，諸公刺幽王也。暴戾無親，不能宴樂同姓，親睦九族，孤危將亡，故作是詩也。」序以詩爲諷刺而作，觀詩文內容均記燕飲兄弟親族之事，朱傳云：「此亦燕兄弟親戚之詩。」故歸類爲燕飲之詩。見〔宋〕朱熹：《詩集傳》，卷14，頁161。
〔註172〕見《毛詩正義》，卷9之3，頁329。

矣。」《詩序》云:「〈魚麗〉,美萬物盛多,能備禮也。」〔註173〕寫君子有美酒嘉殽,用以待臣下。極言酒食之豐盛齊全,且爲味美時鮮,表現出人和年豐之景象。

又如〈小雅·南有嘉魚〉首二章詩云:「南有嘉魚,烝然罩罩。君子有酒,嘉賓式燕以樂。南有嘉魚,烝然汕汕。君子有酒,嘉賓式燕以衎。」鄭箋云:「用酒與賢者燕飲而樂也。」〔註174〕以魚喻賢者,言君子以至誠求賢者,欲致之於朝。朱傳則以捕魚喻宴賓,言「南有嘉魚,則必烝然而罩罩之矣。君子有酒,則必與嘉賓共之而式燕以樂矣。此亦因所薦之物,而道達主人樂賓之意也。」〔註175〕此亦燕饗之樂歌,詩中表現出賓主燕樂之情,寫君子備豐盛酒宴,與嘉賓共享同樂。前二章以魚起興,象徵嘉賓之和悅。後二章以甘瓠纍樛木、雛鳥翩翩飛來,象徵嘉賓依附君子。汕汕形容魚游水搖擺、安然自在,詩以魚樂之貌,以喻嘉賓之衎樂,賓主既安且樂,感受更爲歡愉。

〈小雅·魚藻〉亦以魚喻人,詩云:「魚在在藻,有頒其首。王在在鎬,豈樂飲酒。」毛傳云:「頒,大首貌。莘,長貌。魚以依蒲、藻爲得其性。」鄭箋云:「魚之依水草,猶人之依明王也。明王之時,魚何所處乎?處於藻,既得其性則肥充,其首頒然。此時人物皆得其所。」〔註176〕魚依藻而安居,喻萬物各得其所,或用以喻百姓,據《易·姤》九四云:「包无魚,起凶。」象曰:「无魚之凶,遠民也。」〔註177〕魚比喻人民,人民安樂,君王自然也安樂,百姓安居,君王當可無憂而飲酒。朱傳云:「此天子燕諸侯,而諸侯美天子之詩。」〔註178〕詩中雖不見燕諸侯或燕群臣之文,從詩云「豈樂飲酒」句,推知天子應非獨飲,故從朱子之說,此詩和燕飲有關。

〈魯頌·泮水〉三章詩云:「思樂泮水,薄采其茆。魯侯戾止,在泮飲酒。

〔註173〕 見《毛詩正義》,卷9之4,頁341~343。
〔註174〕 見《毛詩正義》,卷10之1,頁346。
〔註175〕 見〔宋〕朱熹:《詩集傳》,卷9,頁110。
〔註176〕 見《毛詩正義》,卷15之1,頁499。
〔註177〕 〔魏〕王弼、〔晉〕韓康伯注、〔唐〕孔穎達疏:《周易正義》(臺北:藝文印書館,1997年8月,影印清嘉慶20年江西南昌府學重刊宋本《周易注疏》本),卷5,頁105。
〔註178〕 見〔宋〕朱熹:《詩集傳》,卷14,頁165。《詩序》云:「〈魚藻〉,刺幽王也。言萬物失其性,王居鎬京,將不能以自樂,故君子思古之武王焉。」以詩作之緣由爲陳古以刺今,單就詩文描寫來看,此頌美周天子之詩,當指西周盛世,言王在鎬京安居,無四方之虞,得歡樂飲酒。

既飲旨酒，永錫難老。順彼長道，屈此群醜。」〔註179〕詩寫魯僖公與群臣在泮宮燕飲之事。毛傳以爲魯侯與群臣飲酒，謂召先生君子與之行飲酒之禮，既飲美酒，則天與魯侯以難老之福。鄭箋以爲魯侯飲酒，而賜賓使難老，屬養老之禮。〔註180〕詩云「難老」，謂最壽考，今存銅器祝嘏銘文有少數出現「難老」、「毋死」和「永保其身」文句，比「眉壽」、「黃耇」表現出更高之生命期盼，如〈夨季良父壺〉銘曰：「夨季良父作姒尊壺，用盛旨酒，用享孝于兄弟婚媾諸老，用旂勻眉壽，其萬年靈終難老，子子孫孫是永寶。」〔註181〕詩文「既飲旨酒，永錫難老」爲頌禱之辭，揭示古人觀念裡酒與祝壽、養生之關聯，應是魯侯與群臣飲酒，並頌禱上天永賜魯侯年輕難老之福。

魯僖公與臣飲酒共樂情景又見〈魯頌‧有駜〉，首章詩云：「有駜有駜，駜彼乘黃。夙夜在公，在公明明。振振鷺，鷺于下。鼓咽咽，醉言舞。于胥樂兮！」〔註182〕朱傳云：「鷺，鷺羽，舞者所持，或坐或伏，如鷺之下也。咽，與淵同，鼓聲之深長也。」〔註183〕鷺于下、鷺于飛爲舞姿，持鷺羽而舞，以鼓聲爲節，言舞者振羽狀如鷺飛翔盤旋之容。詩寫醉而起舞以相樂，以醉而盡其歡也，盡歡而能不越禮。三章詩云：「自今以始，歲其有。君子有穀，詒孫子。」鄭箋云：「君臣安樂則陰陽和，而有豐年，其善道則可以遺子孫也。」〔註184〕歲其有，謂五穀大熟，言自今而始，歲皆豐年，此詩當爲慶豐年燕飲而頌禱僖公之辭。

天子賜有功，有燕饗之禮。送人遠行有飲餞之禮，遠行回來有接風之俗。如〈小雅‧六月〉六章詩云：「吉甫燕喜，既多受祉。來歸自鎬，我行永久。飲御諸友，炰鱉膾鯉。侯誰在矣？張仲孝友。」鄭箋云：「吉甫既伐玁狁而歸，天子以燕禮樂之，則歡喜矣，又多受賞賜也。御，侍也。王以吉甫遠從鎬地來，又日月長久，今飲之酒，使其諸友恩舊者侍之，又加其珍美之饌，所以

〔註179〕見《毛詩正義》，卷20之1，頁768。
〔註180〕據孔穎達《正義》疏傳云：「值魯侯來至，在泮水之宮，與群臣飲酒，謂召先生君子與之行飲酒之禮。既飲此美酒，而得其宜，則天長與之以難老之福，故能順彼仁義之長道，以收斂此群眾人民。」謂天賜魯侯以難老之福。鄭箋云：「在泮飲酒者，徵先生君子與之行飲酒之禮，而因以謀事也。已飲美酒而長賜其難使老。難使老者，最壽考也。」謂永錫難老爲儐賓。見《毛詩正義》，卷20之1，頁768。
〔註181〕杜正勝：〈從眉壽到長生——中國古代生命觀的轉變〉，頁433～435。〈夨季良父壺〉銘文見《三代》12.28。
〔註182〕見《毛詩正義》，卷20之1，頁766。
〔註183〕見〔宋〕朱熹：《詩集傳》，卷20，頁238。
〔註184〕見《毛詩正義》，卷20之1，頁766。

極勸也。」〔註185〕詩頌美吉甫勝利，班師回朝，至鎬受賞後，飲燕諸友，慶祝同樂。今吉甫凱旋歸來，宣王自當賞賜豐厚。又因吉甫遠行久矣，遂準備炰鱉膾鯉、珍殽美酒，以宴請好友，席中還有以孝友著稱之張仲。諸友多人而單寫出張仲，蓋藉張仲之德以襯托主人和其他賓客之賢，〔註186〕言吉甫其所與宴者皆賢人也。燕賓客以酒食，君主能推誠善待群下，群下能竭誠奉事君上，可達到物質上的滿足和精神上的和諧。

此外，〈小雅・湛露〉、〈小雅・桑扈〉等詩內容亦和燕禮有關，《詩序》云：「〈湛露〉，天子燕諸侯也。」鄭箋云：「燕謂與之燕飲酒也。諸侯朝覲會同，天子與之燕，所以示慈惠。」〔註187〕〈小雅・湛露〉首二章詩云：「湛湛露斯，匪陽不晞。厭厭夜飲，不醉無歸。湛湛露斯，在彼豐草。厭厭夜飲，在宗載考。」〔註188〕詩述天子厚愛於諸侯，夜尚與燕飲，其意殷勤以留賓客。每章前二句為興，後二句言天子燕諸侯之事，並頌美君子有令德。古有夜飲禮，詩記天子夜宴宗族，所以示慈惠。〔註189〕〈小雅・桑扈〉四章詩云：「兕觥其觩，旨酒思柔。」〔註190〕描述燕禮場面，寫兕觥觩然，美酒醇和，君子不會倨傲無禮，故能求得萬福。此亦天子燕諸侯，諸侯頌美天子之詩。〔註191〕

〔註185〕見《毛詩正義》，卷10之2，頁360。

〔註186〕〔宋〕歐陽脩《集古錄》收有《張仲簠銘》，其文云：「周饗大正，歆王賓，饌具召飲，張仲受無疆福。諸友饗飲具飽。張仲界壽。」張仲乃當時公認之賢者，其友人亦當德行佳。〔宋〕歐陽脩：《歐陽文忠集・集古錄》（臺北：臺灣中華書局，1970年6月），4冊，卷134，頁8下。見〔清〕馬瑞辰：《毛詩傳箋通釋》，卷18，頁1369。

〔註187〕見《毛詩正義》，卷10之1，頁350。

〔註188〕見《毛詩正義》，卷10之1，頁350。

〔註189〕胡玉縉〈夜飲禮攷〉云：「有同姓之夜飲，有異姓之夜飲，有祭畢之夜飲，有大射畢之夜飲。其行禮，同姓在宗室，異姓在路寢，祭畢在廟寢，大射在郊宮。」見胡玉縉：《許廎學林》（臺北：世界書局，1963年4月），卷3，頁61～63。

〔註190〕見《毛詩正義》，卷14之2，頁481。鄭箋云：「兕觥，罰爵也。古之王者與群臣燕飲，上下無失禮者，其罰爵徒觩然陳設而已。其飲美酒，思得柔順中和，與共其樂。言不憚敕自淫恣也。」又云：「賢者居處恭，執事敬，與人交必以禮，則萬福之祿就而求之，謂登用爵命，加以慶賜。」鄭說蓋有待商榷。其一：古或有以兕觥為罰爵，但兕觥並非僅為罰爵之用而設。其二：「旨酒思柔」句形容酒柔與語法、詩義均較合，不當謂群臣飲酒而思柔順。其三：「萬福來求」句當謂君子而言，若指群臣，則與前三章不一律，此可與《詩經》其他君子得福套語之篇章相印證。

〔註191〕屈萬里：《詩經詮釋》（臺北：聯經出版公司，1983年2月），頁417。

（三）鄉飲酒禮

〔漢〕鄭玄《三禮目錄》云：「諸侯之鄉大夫，三年大比，獻賢者能者於其君，以禮賓之，與之飲酒。於五禮屬嘉禮。」〔註192〕《禮記・鄉飲酒義》孔疏云：「此篇前後凡有四事：一則三年賓賢能，二則卿大夫飲國中賢者，三則州長習射飲酒也，四則黨正蜡祭飲酒。摠而言之，皆謂之鄉飲酒。」〔註193〕鄉飲酒禮是鄉人會聚酒之禮，〈鄉飲酒禮〉的篇章內容，主要就是記載這種飲酒禮進行過程中的「揖讓之禮」、「獻、酬、酢之禮」、「正樂」等宴席間飲食進退的各種禮節儀式，主要用來「序長幼」，以及教導百姓尊賢、敬老、孝悌、和諧等道德實踐的教育精神，以達成禮治教化的目的。〔註194〕

〈豳風・七月〉八章詩云：「九月肅霜，十月滌場。朋酒斯饗，曰殺羔羊。躋彼公堂，稱彼兕觥：『萬壽無疆』。」毛傳云：「饗者，鄉人以狗，大夫加以羔羊。公堂，學校也。」鄭箋云：「十月民事男女俱畢，無飢寒之憂，國君閒於政事，而饗群臣。」〔註195〕詩反映出歲暮宴樂活動，至九月秋霜已降，築場圃以治穀，十月滌場以饗朋酒。此章記孟冬農功畢大飲之事，毛傳以饗為鄉人飲酒，民慶豳公使得萬年之壽。鄭箋以饗為豳公饗群臣，群臣慶君萬壽無疆。據〔清〕胡承珙《毛詩後箋》言，蓋詩歷言豳民農桑之事，終歲勤動，農時既畢，乃得斗酒相勞，故此饗當為民自飲酒，黨正飲酒亦名鄉飲酒，公堂即黨正屬民而飲酒于序以「正齒位」之序。〔註196〕〔清〕姚際恆《詩經通論》云：「朋酒，當是朋儕為酒，乃『歲時伏臘，田家作苦』之意耳。」〔註197〕蓋豳民勤勞終歲，至滌場以後，於是朋酒燕樂，殺羊以饗，與〈唐風・蟋蟀〉之終歲勤儉，至歲晚務閑之時，相與燕飲為樂同意。〔註198〕

二、和祭祀有關燕飲

（一）祭祀後燕賓

〈大雅・鳧鷖〉描寫祭祀燕尸之事，〈大雅・既醉〉內容亦和祭祀有關。

〔註192〕見《儀禮注疏》，卷 8，頁 80。
〔註193〕見《禮記注疏》，卷 61，頁 1003。
〔註194〕見姬秀珠：《儀禮飲食禮器研究》，頁 41。
〔註195〕見《毛詩正義》，卷 8 之 1，頁 286。
〔註196〕見〔清〕胡承珙：《毛詩後箋》，卷 15，頁 1909。
〔註197〕〔清〕姚際恆：《詩經通論》（臺北：廣文書局，1961 年 10 月），卷 8，頁 163。
〔註198〕〔日〕竹添光鴻：《毛詩會箋》（臺北：大通書局，1920 年 2 月），頁 903。

《詩序》云：「〈既醉〉，大平也。醉酒飽德，人有士君子之行焉。」鄭箋云：「成王祭宗廟，旅醻下徧群臣，至于無筭爵，故云醉焉。乃見十倫之義，志意充滿，是謂之飽德。」〔註199〕毛序以此爲詠太平之作，詩以祭後之燕饗爲主，因祭祀而美其人有德行。周王祭畢而燕，既醉以酒，盡禮以待群臣，爲飽之以德。〔註200〕首二章詩云：「既醉以酒，既飽以德。君子萬年，介爾景福。既醉以酒，爾殽既將。君子萬年，介爾昭明。」毛傳云：「既者，盡其禮，終其事。」鄭箋云：「禮謂旅醻之屬，事謂惠施先後及歸俎之類。」〔註201〕詩述醉酒飽德，配以祀嘏之辭；三章由饗燕之終，溯祭祀之始；四章由祭祀之禮，推及佐祭者之行儀；五章承佐祭者善佐威儀，敘入主祭者威儀之善，〔註202〕最後三章爲頌禱之辭，五章言錫類、六章言室家、七章言後嗣、八章言孫子之世，以君子之行廣及天下、施及子孫。

就禮文儀節來看，「凡祭有正祭，明日之祭爲繹祭，繹有賓尸之禮，禮畢，又有饗燕賓客，行旅醻之禮。」〔註203〕祭祀之時，立尸以代神靈而備祭，天子以卿爲尸代替神靈接受享祀。周王與群臣宴飲，備有酒、殽，殽謂牲體，即俎實。祭末旅醻，下及群臣，故云醉飽，似《左傳‧桓公六年》所述「奉酒醴以告曰：嘉栗旨酒，謂其上下皆有嘉德。」〔註204〕〈周頌‧執競〉詩云：「既醉既飽，福祿來反。」鄭箋云：「君臣醉飽，禮無違者，以重得福祿也。」孔疏云：「祭末旅醻，下及群臣，故有醉飽之義。即〈既醉〉所云『醉酒飽德』是也。」〔註205〕據此，〈大雅‧既醉〉爲祭祀後燕賓之詩，蓋王於正祭後饗燕群臣，盡其禮以爲教，詩人因詠其事而美之。〔註206〕詩中讚頌君子有孝有德，子孫感念祖先的恩德，以孝心獻祭，祈求得到祖先的賜福。《孟子‧告子上》云：「《詩》云『既醉以酒，既飽以德』，言飽乎仁義

〔註199〕見《毛詩正義》，卷17之2，頁603。
〔註200〕高亨以爲「德，當作食，古德字作悳，與食形近，因而寫錯。」謂此二句言貴族祭神，醉神以酒，飽神以食。見高亨：《詩經今注》（臺北：漢京文化公司，2004年3月），頁409。
〔註201〕見《毛詩正義》，卷17之2，頁604。
〔註202〕見王禮卿：《四家詩恉會歸》，頁1642。
〔註203〕〔清〕陳奐：《詩毛氏傳疏》（臺北：藝文印書館，1986年6月，《續經解毛詩類彙編》本），第1冊，卷24，頁875。
〔註204〕見《春秋左傳正義》，卷6，頁110。
〔註205〕見《毛詩正義》，卷19之2，頁720。
〔註206〕見王禮卿：《四家詩恉會歸》，頁1643。

也，所以不願人之膏粱之味也。」〔註207〕孟子將「德」詮釋成仁義，認爲人不能只滿足飲食之需求，更應養其大體、養志、醉飫於仁義，此則是建立在人禽之辨上。〔註208〕從《詩經》時代背景考量，周禮在社會層面的意義是維繫宗法秩序，強化宗族凝聚力，宗廟祭祀不僅是對神靈的獻媚，而更是對祖先的一種報本的孝行。〔註209〕祭享祖先是顯示孝行的重要方式，詩中之「德」，可說是「孝」的精神。

〈小雅·楚茨〉詩亦描述祭祀之儀而行燕饗之禮，內容包括享祀和燕私，其所述燕饗之禮儀尤備。〔註210〕首章先寫去除茨棘以利黍稷生長，農作物豐收後以爲酒食，獻之先祖而祀之。詩云：「以享以祀，以妥以侑，以介景福。」毛傳云：「妥，安坐也。侑，勸也。」鄭箋云：「以黍稷爲酒食獻之以祀先祖，既又迎尸使處神坐而食之，爲其嫌不飽，祝以主人之辭勸之，所以助孝子受大福也。」孔疏云：「迎尸使處神坐而食，於時拜以安之，是妥也。爲其嫌不飽，祝以主人之辭勸之，是侑也。」〔註211〕君王致力於民事，敬祀先祖，能得歆佑之福報。透過對祭尸的獻享，由祭尸之醉飽饜足，庶幾可以與神靈相交，而使祭者獲得滿足與安慰。〔註212〕

〈小雅·楚茨〉四、五章述工祝致告，詩云：「我孔熯矣，式禮莫愆。工祝致告，徂賚孝孫。苾芬孝祀，神嗜飲食。卜爾百福，如幾如式。既齊既稷，既匡既敕。永錫爾極，時萬時億。禮儀既備，鐘鼓既戒。孝孫徂位，工祝致告。神具醉止，皇尸載起。鼓鐘送尸，神保聿歸。諸宰君婦，廢徹不遲。諸父兄弟，備言燕私。」毛傳云：「燕而盡其私恩。」鄭箋云：「祭祀畢，歸賓客豆俎。同姓則留與之燕，所以尊賓客、親骨肉也。」〔註213〕寫神嗜飲食，祭祀禮畢，神醉尸起，備鐘鼓送尸而歸，繼而徹去祭品，準備燕私。六章述祭後之燕，詩云：「樂具入奏，以綏後祿。爾殽既將，莫怨具慶。既醉既飽，

〔註207〕〔漢〕趙岐注、〔宋〕孫奭疏：《孟子注疏》（臺北：藝文印書館，1997年8月，影印清嘉慶20年江西南昌府學重刊宋本《孟子注疏》本），卷11下，頁204。
〔註208〕龔鵬程：〈酒食貞吉：儒家的飲饌政治學〉，《鵝湖》第23卷第9期（1998年3月），頁8。
〔註209〕見陳來：《古代宗教與倫理》，頁315～316。
〔註210〕江乾益：〈《詩經·小雅》燕饗詩析論〉，《第一屆經學學術討論會論文集》（臺北：臺灣師範大學國文系，1994年4月），頁425。
〔註211〕見《毛詩正義》，卷13之2，頁454。
〔註212〕見林素英：《古代祭禮中之政教觀——以《禮記》成書前爲論》，頁223。
〔註213〕見《毛詩正義》，卷13之2，頁457～458。

小大稽首。神嗜飲食，使君壽考。孔惠孔時，維其盡之。子子孫孫，勿替引之。」〔註214〕君與親族燕飲，既醉既飽，上下盡歡，既可廣施君王恩澤，亦可加強親族團結力量。

日人白川靜指出「祭祖時供奉犧牲，祭後共分祭肉，同族人會集在一起舉行聚餐儀式，謂之『共餐』。在《詩經》的禮儀詩裡，祭事詩後必有饗宴詩。祭事後的共餐是作為氏族者的行為，由共餐而結合祖神與同族人，此是確認當作共同體關係的行為。」〔註215〕祭後燕饗，遂具有連繫過去與現在、人間與靈界的作用。〔註216〕祭祀儀式透過對祖先祭品的供奉，以及親族共享神饌的過程，具有神聖的血緣連結功能。「食用祖先受饗過的食物，在互滲的神秘交感下，即能與祖靈產生連結；而共食一物，往往能使共食者感應同樣的身心狀態和情感，能夠互滲同體感。尤其共食祭祖之酒食，更具有領受祖先祝福而凝聚共同體的意義與神秘巫術意涵。」祭祖儀式發揮與祖先血緣連結的功能，同時緊密結合親族間的關係和情感，也有一定程度的政教意義，和區別上下、尊卑、長幼，合族屬等重要功能，另一方面，祭後燕飲，共食神饌，透過樂、酒、食，而達到情感的交融狀態。〔註217〕

（二）大射前燕飲

和祭祀有關的燕飲場合，還有大射前的燕飲。大射是指國家重大祭祀慶典之時舉行的射儀，〔漢〕鄭玄《三禮目錄》云：「名曰大射者，諸侯將有祭祀之事，與其群臣射，以觀其禮。數中者得與於祭，不數中者不得與於祭。」〔註218〕《禮記‧射義》孔疏云：「凡天子、諸侯及卿、大夫禮射有三：一為大射，是將祭擇士之射；二為賓射，諸侯來朝，天子入而與之射也，或諸侯相朝而與之射也；三為燕射，謂息燕而與之射。」〔註219〕以射箭比賽為主要表現形式的射禮是西周禮典中的重要組成部分，〔註220〕諸侯之射禮有三，有賓

〔註214〕見《毛詩正義》，卷13之2，頁459。

〔註215〕見〔日〕白川靜原著、加地伸行、范月嬌合譯：《中國古代文化》，頁68。

〔註216〕見許倬雲：《西周史》，頁284。

〔註217〕分享神饌儀式所具有的神祕性及社會、倫理意涵，參閱林素娟：〈飲食禮儀的身心過渡意涵及文化象徵意義——以三《禮》齋戒、祭祖為核心進行探討〉，頁202～205。

〔註218〕見《儀禮注疏》，卷16，頁187。

〔註219〕見《禮記注疏》，卷62，頁1018。

〔註220〕從金文資料可知西周時代的射禮因實施目的和作用的不同而存在性質上的差異，具體說來，至少包括三類不同性質的活動：一是以訓練射術為目的，帶

射、燕射、大射。賓射者，諸侯來朝，與之射於朝；燕射者，因燕賓客，即
與射於寢；大射者，將祭，擇士於射宮。三種射禮均有燕事，其中大射的舉
行和祭祀有關。《儀禮・大射儀》記錄大射是先行燕禮，在射禮進行前，宰夫
代替君主為主人，先有燕飲「獻、酢、酬」的飲酒禮，以及作樂娛賓的儀式，
再開始「三耦射禮」、「君與賓耦射」、「公卿大夫及眾耦皆射」、「飲不射者」、
「獻獲者」、「以樂節射」等誘射、耦射、取矢、釋獲、賞罰、射樂、卒射等
諸儀式，完成了三次輪流上射的射禮儀節。〔註221〕〈小雅・賓之初筵〉反映
出幾種和飲宴有關之禮儀，包括舉行射禮有燕飲、有祭祀、射箭勝者要請不
勝者飲酒，以及飲酒重德、務求不違禮。

　　《詩序》云：「〈賓之初筵〉，衛武公刺時也。幽王荒廢，媟近小人，飲酒
無度，天下化之。君臣上下，沈湎淫液。武公既入，而作是詩也。」〔註222〕
朱傳引《韓詩》說「衛武公飲酒悔過而作此詩。」〔註223〕詩文將未醉和既醉
之情景兩相對照，強調飲酒除要求賓主盡歡外，更要有善儀善德，表達飲酒
合禮之重要性，不論喝醉與否皆要合禮守德。江乾益〈《詩經・小雅》燕饗詩
析論〉云：「若撇去『醉酒失儀』之一端不言，則此實為敘燕饗之儀最詳之詩。」
〔註224〕毛傳以此詩「有燕射之禮」，鄭箋以為「大射之禮」，二說不同。朱傳
於「鐘鼓既設」句引「大射，樂人宿縣」之文，〔註225〕亦以此為大射禮，馬
瑞辰更舉三證以明此詩為記大射之詩，〔註226〕今從之。

　　〈小雅・賓之初筵〉首章詩云：「賓之初筵，左右秩秩，籩豆有楚，殽核
維旅。酒既和旨，飲酒孔偕。鐘鼓既設，舉醻逸逸。大侯既抗，弓矢斯張。
射夫既同，獻爾發功。發彼有的，以祈爾爵。」〔註227〕朱傳云：「此章言因射
而飲者初筵禮儀之盛。酒既調美，而飲者齊一，至於設鐘鼓、舉醻爵、抗大

　　　　有濃重軍事色彩的習射；二是象徵宗族首領親自獵獲犧牲的射牲儀式；三是
　　　　與飲宴、樂舞緊密結合，具娛樂性的射禮，即禮家所謂燕射、賓射、大射、
　　　　鄉射諸禮的源頭。見胡新生：〈西周時期三類不同性質的射禮及其演變〉，《文
　　　　史哲》2003 年第 1 期，頁 112。
〔註221〕見姬秀珠：《儀禮飲食禮器研究》，頁 47。
〔註222〕見《毛詩正義》，卷 14 之 3，頁 489。
〔註223〕見〔宋〕朱熹：《詩集傳》，卷 14，頁 163。
〔註224〕見江乾益：〈《詩經・小雅》燕饗詩析論〉，頁 431。
〔註225〕見〔宋〕朱熹：《詩集傳》，卷 14，頁 163。
〔註226〕見〔清〕馬瑞辰：《毛詩傳箋通釋》，卷 21，頁 1448。
〔註227〕見《毛詩正義》，卷 14 之 3，頁 490。

侯、張弓矢，而眾耦拾發，各心競云：我以此求爵汝也。」〔註228〕首章先述射前之燕，言升筵薦酒，行燕禮之事。此時籩豆豐盛、旨酒和美，賓客有序，舉止合儀。詩云「發彼有的，以祈爾爵」，此亦所以勸飲之意。《禮記·射義》引孔子言「祈，求也，求中以辭爵也。酒者，所以養老也，所以養病也。求中以辭爵者，辭養也。」〔註229〕祈求己能中的而使不勝者飲酒，〔註230〕此亦所謂君子之爭。

〈小雅·賓之初筵〉二章詩云：「籥舞笙鼓，樂既和奏。烝衎烈祖，以洽百禮。百禮既至，有壬有林。錫爾純嘏，子孫其湛。其湛曰樂，各奏爾能。賓載手仇，室人入又，酌彼康爵，以奏爾時。」〔註231〕朱傳云：「此言因祭而飲者，始時禮樂之盛如此也。」〔註232〕王禮卿《四家詩恉會歸》云：「次章先言大射前燕飲之籥舞，嘉樂之和奏；由樂而衍及祭時，進言先祖樂享，百禮俱洽，神福子孫，述入祭事。再由神福之樂，旋反祭前大射，由中的之能，敘入賓取射匹，主人入射耦賓，酌爵以飲不中者，以與首章相應。」〔註233〕二章敘述祭而後射，言有舞、有樂、祭祀事神，禮儀完備。三、四、五章專記飲酒事，極力描寫醉後形態，說明「既醉而出，並受其福。醉而不出，是謂伐德」之道理，鄭箋云：「賓醉則出，與主人俱有美譽，醉至若此，是誅伐其德也。飲酒而誠得嘉賓，則於禮有善威儀。」〔註234〕賓既醉而出，則賓主尚得守禮之福，若醉而不出，則為敗德，不僅失儀，亦可招禍。

林明德〈《詩經》的酒文化〉認為《詩經》對酒的二元論證——酒德與伐德，正反映了酒意識的深刻與酒文化的多元。〔註235〕酒德觀念見〈小雅·小宛〉詩云：「人之齊聖，飲酒溫克。」鄭箋云：「中正通知之人，飲酒雖醉，猶能溫藉，自持以勝。」〔註236〕酒以成禮，有酒德者能以禮自持，不致昏醉失禮。為防範飲酒失禮情形發生，故設有監督飲酒之人。據《儀禮·燕禮》「立司正」鄭注云：「君三舉爵，樂備作矣，將留賓飲酒，更立司正以監之，察儀

〔註228〕見〔宋〕朱熹：《詩集傳》，卷14，頁163。
〔註229〕見《禮記注疏》，卷62，頁1020。
〔註230〕見屈萬里：《詩經詮釋》，頁426。
〔註231〕見《毛詩正義》，卷14之3，頁492～493。
〔註232〕見〔宋〕朱熹：《詩集傳》，卷14，頁163～164。
〔註233〕見王禮卿：《四家詩恉會歸》，頁1455。
〔註234〕見《毛詩正義》，卷14之3，頁495。
〔註235〕見林明德：《文學典範的反思》，頁22。
〔註236〕見《毛詩正義》，卷12之3，頁419。

法也。」〔註237〕此似詩所謂「既立之監，或佐之史」，〔宋〕嚴粲（1197～？）《詩緝》云：「立之監以正其禮，佐之史以書其過。」〔註238〕監、史，爲司正之屬。設酒監防止失禮者，設史官記錄失禮言行，飲酒之人更應有所節制。詩云：「三爵不識，矧敢多又。」《禮記・玉藻》云：「君子之飲酒也，受一爵而色洒如也，二爵而言言斯，禮已三爵而油油，以退。」〔註239〕即戒人飲酒當有所節制，三爵之後不宜多飲，不該縱酒狂飲，以免醉而違禮。《左傳・莊公二十二年》載君子曰：「酒以成禮，不繼以淫，義也。以君成禮，弗納於淫，仁也。」〔註240〕酒德觀念塑造出飲酒的禮儀規範，以及君子所追求的情與禮的和諧境界，故趙沛霖〈《詩經》宴飲詩與禮樂文化精神〉說宴飲詩所歌頌的不僅是宴禮外在的節文儀式，更重要的是人的內在道德風範，其根本著眼點還是在德。〔註241〕

〈大雅・行葦〉亦和燕飲、射禮有關。觀詩文內容，有親睦族人、有設燕宴飲、有舉行射禮、有養老祈福，故朱傳云：「疑此祭畢而燕父兄耆老之詩。」〔註242〕首章以行葦起興，象徵兄弟之親，流露關懷之情，引出二章族燕之設，無親疏之別，依長幼肆筵授几。三、四章詩云：「肆筵設席，授几有緝御。或獻或酢，洗爵奠斝。醓醢以薦，或燔或炙。嘉殽脾臄，或歌或咢。」〔註243〕寫燕享之樂和殽食之豐。古人席地而坐，設小几陳放食物，主人肆筵、授几，表現殷勤篤厚之意，所設席爲重席，授几又有侍御之人。賓主之間飲酒獻酢，洗爵奠斝，禮儀足備。筵席中所進獻之珍饈嘉殽，包括醓醢、燔炙、脾臄等，以肉

〔註237〕見《儀禮注疏》，卷15，頁174。

〔註238〕〔宋〕嚴粲：《詩緝》（臺北：臺灣商務印書館，1983年，影印文淵閣《四庫全書》本），第75冊，卷23，頁325。

〔註239〕見《禮記注疏》，卷29，頁550。

〔註240〕見《春秋左傳正義》，卷9，頁163。《左傳・宣公二年》亦云：「臣侍君宴，過三爵，非禮也。」見卷21，頁364。

〔註241〕見趙沛霖：〈《詩經》宴飲詩與禮樂文化精神〉，頁63。許志剛《詩經勝境及其文化品格》亦提到禮的終極目的是實現其「尊尊」宗旨，「以建立尊卑有序，貴賤有等的秩序。如果人們都能在外界的約束與內心積極適應的雙重作用下，實現禮對自身的熔鑄，那麼社會秩序就會在禮的定性中實現穩定的和諧。」見許志剛：《詩經勝境及其文化品格》（臺北：文津出版社，1993年12月），頁144。

〔註242〕見〔宋〕朱熹：《詩集傳》，卷17，頁192。此詩毛傳分成七章，前二章各六句，後五章各四句。鄭箋分成八章，每章四句。朱傳分成四章，每章八句。今從鄭說，分成八章。

〔註243〕見《毛詩正義》，卷17之2，頁600。

作醬曰醓，醓之多汁者曰醢，燔用肉，炙用肝，脾爲內臟，指牛百葉，臄爲函，指口上腭肉，俱爲精緻料理。五、六章詩云：「敦弓既堅，四鍭既鈞；舍矢既均，序賓以賢。敦弓既句，既挾四鍭；四鍭如樹，序賓以不侮。」〔註244〕述射事，描寫大射禮，重視「序賓以賢」，射能與射德並重。七、八章詩云：「曾孫維主，酒醴維醹。酌以大斗，以祈黃耇。黃耇台背，以引以翼。壽考維祺，以介景福。」〔註245〕寫尊老祈福，飲酒以祈福祝壽。此時射畢飲酒，老者爲賓，曾孫爲主人，而所準備之酒醴，味道又很醇厚。以祈黃耇，意同以介眉壽，祈求萬壽無疆，此乃頌禱之辭，〔註246〕酒在禮儀中被賦予祈福介壽之意涵。

小　結

　　《詩經》中和祭祀、燕饗活動有關的篇章主要見於《雅》、《頌》諸篇，飲食在禮制中被賦予文化意義，其中有些象徵意涵可以溯源到原始交感巫術意識。以農作的穀物收成和酒醴祭祀天地，表達祈報之意，祭品具有象徵農業豐收的再生意義，以純色的犧牲祭祀，表達對神明的至誠敬意，祭祀活動結束的賜胙則是一種宗教意識的表現。燔柴祭天和瘞薶祭地，都象徵人與天地的互動。燔柴升煙以享神或以祭品的香氣上達於天，以及祭牲瘞埋使其血氣灌於地下的方式，具有交感原理接觸律的象徵意義。《詩經》還有祭司寒、啓冰室之禮，獻羔羊、韭菜以祭司寒之神，韭可能具有迎新、去邪的象徵意義。軷祭以羊牲，用意在祈求一路平安，祭路神之禮後來演變成餞行習俗，筵宴食物遂有溝通人情的作用。

　　宗廟祭祀是對祖先的孝行表現，以酒醴、牲盛、俎豆祭享，祭祀儀式透過對祖先祭品的供奉，以及親族共享神饌的過程，具有神聖的血緣連結功能。尸是祖靈的代表，由祭尸之醉飽，象徵「神嗜飲食」，使祭者能得福佑，燕飲場合上下盡歡，亦可加強親族團結力量，也有一定程度的政教意義。此外，〈召南‧采蘋〉詩中採集水生植物作爲祭品，蓋藉水草的潔淨表現祭祀者純潔虔敬的信

〔註244〕見《毛詩正義》，卷17之2，頁601～602。

〔註245〕見《毛詩正義》，卷17之2，頁603。

〔註246〕或謂此章述養老獻酢之禮，毛傳云：「祈，報也。」陳奐云：「祈訓報，謂報賓也。此時射畢飲酒，成王爲主人，老者爲賓，主人既獻賓，賓亦酢主人，主人復酌大斗以酌賓，是主人報賓之酢也。」見〔清〕陳奐：《詩毛氏傳疏》，卷24，頁875。

仰。嘉禮是融合人際關係之禮，燕飲場合常見美酒嘉殽，其意皆在表現賓主關係的和諧融洽，酒德觀念塑造出飲酒的禮儀規範，酒在禮儀中還被賦予祈福意涵，而射禮中射箭勝者要請不勝者飲酒，此亦所謂君子之爭。宴飲詩所歌頌的不只是外在的禮儀形式，更重要的是內在情與禮的和諧境界，這也是中國飲食文化追求「和」的傳統，可見飲食在禮制中的確具有重要的文化象徵意義。圖4-1是東周銅器圖紋中的祭祀宴席，可藉以窺探先秦的筵宴文化。

圖4-1：東周銅器圖紋中的祭祀宴席〔註247〕

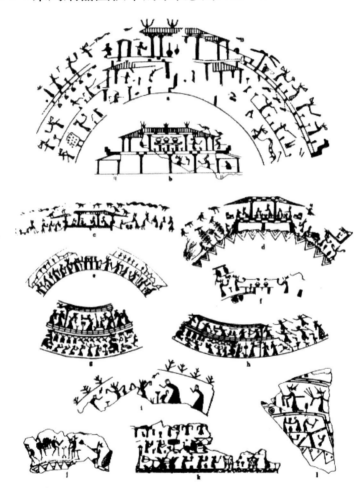

〔註247〕引自張光直：〈中國古代的飲食和飲食具〉，《中國青銅時代》，頁 266。原圖係採自 Charles Weber, Chinese Pictorial Bronze Vessels of the Late Chon Period. Ascona; Artibus Asiae, 1968.

第五章　結　論

　　《詩經》兼具經學、史學、文學的研究價值，其巨大的研究空間、豐富的研究論題和重要的學術意義，是精緻中國文化的表徵。本論文主要研究對象爲《詩經》，文中綜輯各種資料，並徵引經、史等典籍中的各種記載，以及今人相關的研究成果，希望在傳統《詩》學研究的基礎上，結合史學、禮學、文字學、考古學、文化人類學研究方法，進而對《詩經》中所見飲食品類有更深一層的認識。論文先探析《詩經》的文化背景，並歸納整理文本所反映的飲食現象；繼而分別就《詩經》中飲食品類的相關課題進行探索。論文架構分成五章：首章爲緒論，先說明研究動機、目的與方法，其次探討封建與宗法制度、祭祀與禮樂文化，然後再進行《詩經》飲食研究的文獻檢討；第二章論述《詩經》中所見飲食成品，探討食物品類、飲料品類和《詩經》所見盛食、盛飲之器；第三章論述《詩經》中所見食材與食物製作，探討穀類、肉類、蔬果類食材，以及食物烹調與食品加工；第四章論述《詩經》飲食在禮制中的文化象徵意義，包括祭祀之禮和燕饗之禮的飲食象徵意義；第五章結論，總結《詩經》飲食物質文明型態與飲食精神文化內涵，以及未來可能發展的研究面向。

第一節　研究成果回顧

一、飲食物質文明型態

　　在飲食物質文明方面，《詩經》是探討先秦生活的重要史料，歸納整理詩文所反映的飲食文化資料，善用訓詁方法理解詩文，更能掌握《詩經》飲食詩篇

的詩義。詮釋飲食在《詩經》文本語境所代表的意涵，並和先秦經、史典籍相互印證，有助於認識古代社會和人民生活。《詩經》中所見的飲食品類可分成飯食、飲料、膳牲、薦羞，飲食結構以穀糧爲主食，而以飲料、肉類、蔬果類爲輔助性副食。《詩經》中出現的穀類有黍、秬、秠、稷、粱、穈、芑、禾、稻、稌、麥、來牟、麻、苴、菽、荏菽等名稱，可歸類成黍類、稷類、粱類、稻類、麥類、麻類、豆類等七大類。先秦時期以黍、稷、稻、粱爲主要飯食，烹治方式有蒸飯和煮飯，此外，還可將穀物煎熬做成點心。黍、粱、稻屬貴族珍貴食糧，平民則以稷、麻、菽和蔬果爲常食。穀類食材來源是農業耕種的收成，詩中保存不少關於農業經濟的生產記錄，產業結構是以農業爲主，漁獵、畜養、採集爲輔，農業活動大致上是依耕、耘、穫、祭的工作歷程循環著，農作收成後以粢盛報祭神祇，亦屬農業活動生產禮俗的重要一環。同時，穀類也是製作酒醴的原料，當時酒類原料以黍、稷、稻、粱爲主，以麴釀酒，以糵釀醴。《詩經》中所見的飲料多指酒而言，酒有春酒、清酒、釃酒之稱，還有五齊、三酒之說，或以酒器借代酒，主要供飲用和祭祀之用。漿是飲料液汁的總稱，或供渴時飲用，或供食後漱口；醴爲甜酒，有清糟之別，醴糟可食用，醴清可飲用；鬯是以香草所釀的酒，作爲祭祀和賞賜之用，盛裝於卣之中。

膳牲部分，以畜養的牛、羊、豕和漁獵所得的魚類、禽鳥、田獸爲肉食來源；薦羞品類最多，包括加工類食品和羹、炙、膾等珍羞。但由於供肉用的牲畜與獸禽有限，庶民日常飲食仍以菜饌爲主。詩文中所見食物有生食、熟食與加工等食用方式，呈現出多樣化的飲食品類。肉食部分，有烹煮、炙烤等製作方式，或做成膾生、羹臛、醢醬。蔬食部分，可做成羹湯，或醃製成菹。《詩經》中出現的蔬菜類植物有水生和陸生植物，或供食用、或主調味、或作藥用，大多採集自川澤、山野和田野間，而種植的蔬菜則較少。果類植物部分來自園圃種植，部分來自林野採集。食用方式或生食，或煮食，或加工漬食，或製成乾脯，是穀物和蔬菜之外的植物性食物原料。

飲食品類和飲食器物密不可分，《詩經》中所見的食器包括烹煮、蒸煮和盛食器具，烹煮器具有竈、釜、鼎，蒸飯用甑甗，煮飯用鬲，甗的形制是合甑、鬲兩器構成。盛穀糧的器具有簋形器和筐、筥，盛黍稷常用簋或敦，盛稻粱常用簠；盛膳牲的器具有鼎形器和匕、俎，鼎是盛裝牲體之器，匕是把取食物之匙，將牲體載於俎上；盛薦羞的器具有豆形器，通常籩以竹爲之、豆以木爲之、登以瓦爲之，出土器物有青銅豆，是西周中後期的器物。飲器

方面，詩文所反映的飲用器具有爵、斝、兕觥和匏，盛裝器具有盛酒和盛水的尊、卣、鉼、罍、壺、缶，挹注器具有斗和瓚。從古籍文獻記載和出土文物資料都反映出周代有飲食等級差別，如在祭祀和燕饗時，鼎與簋是依照偶數和奇數的組合，封建制度禮數的身分象徵也表現在飲食禮制的儀節、器用等方面，進而形成一種禮器文化。

二、飲食精神文化內涵

　　用火熟食、水火相濟、調和鼎鼐和器物的製作利用，都代表人類進入到文明的歷程。生食與熟食的對比，象徵自然與文化的對比；五味調和的追求，代表飲食不再只是物質層次的基本生理需求，更多了精神層次的感官享受，尤其是名物器用受到飲食禮制的規範，在祭祀活動和燕饗場合上具有其文化象徵意義。中國飲食文化追求「和」的現象，在飲食、養身、人際互動、超自然崇拜和追求天人和諧，都可看出這樣的總體均衡和諧觀念的文化傳統。李亦園（1931～）〈中國飲食文化研究的理論圖像〉曾提出飲食文化總體均衡和諧觀念，第一層次是自然系統的和諧，傳統信仰的「趨吉避凶」心理和傳統中國文化所追求「天人合一」的境界，都可說是這層面的和諧；另一層次是人際關係的和諧，包括共時限（synchronic）的人際關係和諧和歷時限（diachronic）的社會秩序和諧，從家族倫理關係擴展到其他超自然的神靈關係；最後一層次是個人有機體的和諧均衡，從這種最基本的信念再發展出食物的分類系統，並進而形成以食物調和體內均衡以及各種食物烹調以求「和」的傳統，這也就是飲食結構之和、五味之和以及鼎鑊之和的根源。〔註1〕

　　以此理論圖像來看《詩經》飲食品類所反映的精神文化，第一層次自然系統的和諧，表現在食材的來源與祭祀天神地祇的信仰上。人類本能地在自然界求生覓食，經過長期生活經驗的累積，漸漸掌握食物特性，自「人與獸爭」、「人與天爭」的生存奮鬥歷程，漸至「天人和諧共存」的境地，從直接利用現成的天然產品，進而開始依靠自己的活動增殖天然產品的量與質，人類獲取食物及其他生活資料的經濟生產過程和報本、祈年的宗教信仰，體現出人與自然關係的和諧。以粢盛、酒醴報祭天地，正以天地所生養之物以報天地所生養之功，祭品具有象徵農業豐收的生殖意義。以純色犧牲祭祀天地，表達對神明的至誠

<hr>

〔註1〕　李亦園：〈中國飲食文化研究的理論圖像〉，《第六屆中國飲食文化學術研討會論文集》（臺北：中國飲食文化基金會，2000年9月），頁8～11。

敬意。燔柴升煙以享神或以祭品的香氣上達於天，以及祭牲瘞埋使其血氣灌於地下的方式，都象徵人與天地的互動，具有交感原理接觸律的象徵意義。《詩經》還保存獻羔祭韭的祭司寒、啓冰室之禮，韭可能具有迎新、去邪的意義，羊牲則多為吉祥、美味的象徵。至於以牲禮載祭，用意在祈求一路平安，祖道之祭後來演變成餞行習俗，筵宴食物遂有溝通人情的作用。而採集水生植物作為祭品，蓋藉水草的潔淨表現祭祀者純潔虔敬的信仰，亦取其陰順之意。

　　第二層次人際關係的和諧，表現在燕饗活動、宗廟祭祀，以及祭祀後的賜胙和親族燕飲，主要見於《雅》、《頌》諸篇。燕飲場合常見美酒嘉殽，其用意在融合人際關係，表現賓主關係的和諧。酒德觀念塑造出飲酒的禮儀規範，酒在禮儀中被賦予祈福的精神意義。宴飲詩所歌頌的不只是外在的禮儀形式，更重要的是情與禮的內在和諧境界。宗廟祭祀是對祖先的報本孝行，詩所言「既醉以酒，既飽以德」，可說是一種「孝」的精神。以酒醴、牲盛、俎豆祭享，由祭尸之醉飽，象徵「神嗜飲食」，使祭者能得福佑，祭祖儀式發揮與祖先血緣連結的功能，同時緊密結合親族間的關係和情感，而達到人與人之間、人與超自然神靈之間關係的交融和諧。

　　第三層次個人有機體的和諧均衡，如《荀子‧禮論》所云：「芻豢稻粱，五味調香，所以養口也；椒蘭芬苾，所以養鼻也；雕琢刻鏤，黼黻文章，所以養目也；鐘鼓管磬，琴瑟竽笙，所以養耳也；疏房檖貌，越席牀笫几筵，所以養體也。故禮者養也。」〔註2〕口、鼻、目、耳、體對於五味、五香、五色、五聲和肢體安適的滿足，都是個人有機體追求感官享受的自然本性，人不能無欲，故須透過禮的節制達成肢體感官的適度均衡。從詩文保存的飲食資料來看，烹調飲膳所追求色、香、味之和諧美，表現在主副食之別及其多樣化上，以及對烹飪、調味、營養和味感美學的要求，以食物養身、以味道養欲和以酒醴養情的心理，都是這一層次的表現。

第二節　未來研究展望

一、研究材料之運用

　　飲食生活會受到地理環境和歷史淵源的影響，所謂北方黃河流域的小米

〔註2〕李滌生：《荀子集釋》（臺北：學生書局，1979年2月），頁418。

文化和南方江漢流域的水稻文化，中原地帶的農業生活和草原民族的游牧生活，都代表地域性的差異。要研究先秦時代飲食品類的地域性，在研究材料的運用上，就必須比較《詩經》與《楚辭》所反映的飲食資料和文化傳統，還可參考有記載南北風土人情的類書資料，進一步爬梳出南北文化差異。

　　《詩經》所反映的飲食現象多為貴族意象，來自民間小傳統的飲食生活描寫較為不足，而《左傳》和三《禮》記錄的多半是上層階級的飲食，地下出土的墓葬文物又多屬貴族所有，欲全面探索庶民社會生活面及其所呈現的文化意涵，實受限於先秦文獻和文物材料的不足。因此，可藉由相近的朝代如漢朝的文獻資料和出土器物、畫像石、畫像磚等材料再逆推回去，以推測先秦時代可能的庶民飲食生活。

二、研究面向之拓展

　　本論文的研究主題是《詩經》飲食品類，內容偏向文獻式的分類整理，雖試圖兼顧飲食物質文明的探討和精神文化的闡發，然礙於時間與學養的限制，在文化詮釋的部分仍嫌不足，論題的深度和廣度還有發揮的空間。例如祭祀之禮的儀式、祭品陳設和祭品功用，燕饗之禮的儀節、食品陳設和食品功用，食材的意象與文學的結合，以及從食物製作所延伸的人生哲學與生活美學，〔註3〕都是可再拓展的研究論題。或者根據飲食品類的基本材料，結合先秦相關文獻資料、考古出土和傳世的實物及其圖像，進一步去探索飲食文化的多元面向和深層內涵。

〔註3〕 如唐君毅云：「《詩經》提供不少關於語言上和祭祀禮儀上有關美的資料，從語言中發展出來的是文學美，從祭祀禮儀中演發出來的是人文美、人物美。」飲食與人文美學的結合，具有深入探討的研究價值。參閱唐君毅：《中華人文與當今世界》，《唐君毅先生全集》（七）（臺北：學生書局，1985 年 8 月），頁 314。

附 錄

附表 1：《詩經》中所見食品種類

食 品		詩 文 出 處	詩 文 描 寫
飯食	簋實 粢盛 饎	〈小雅·伐木〉	於粲洒掃，陳饋八簋
		〈小雅·大東〉	有饛簋飧，有捄棘匕
		〈秦風·權輿〉	於我乎每食四簋，今也每食不飽
		〈小雅·天保〉	吉蠲為饎，是用孝享
		〈商頌·玄鳥〉	龍旂十乘，大糦是承
		〈大雅·泂酌〉	泂酌彼行潦，挹彼注茲，可以餴饎
		〈小雅·楚茨〉	我蓺黍稷……以為酒食，以享以祀
		〈小雅·甫田〉	以我齊明，與我犧羊，以社以方
		〈小雅·大田〉	來方禋祀，以其騂黑，與其黍稷，以享以祀
		〈小雅·信南山〉	曾孫之穡，以為酒食。畀我尸賓，壽考萬年
	饟食	〈周頌·良耜〉	或來瞻女，載筐及筥，其饟伊黍
	餱糧	〈小雅·無羊〉	爾牧來思，何蓑何笠，或負其餱
		〈小雅·伐木〉	民之失德，乾餱以愆
		〈大雅·公劉〉	迺裹餱糧，于橐于囊，思輯用光
膳牲	俎實	〈豳風·七月〉	朋酒斯饗，曰殺羔羊
		〈小雅·楚茨〉	執爨踖踖，為俎孔碩
		〈小雅·伐木〉	既有肥牡，以速諸舅／既有肥羜，以速諸父
		〈小雅·楚茨〉	絜爾牛羊，以往烝嘗。或剝或亨，或肆或將
		〈大雅·公劉〉	執豕於牢，酌之用匏
		〈大雅·既醉〉	既醉以酒，爾殽既將
	鼎實	〈周頌·我將〉	我將我享，維羊維牛，維其天右之
		〈周頌·絲衣〉	自堂徂基，自羊徂牛。鼐鼎及鼒

薦羞	菹齏醓醢	〈小雅・賓之初筵〉	籩豆有楚，殽核維旅
		〈大雅・生民〉	卬盛於豆，于豆于登
		〈大雅・行葦〉	醓醢以薦，或燔或炙／嘉殽脾臄
		〈大雅・韓奕〉	其蔌維何？維筍及蒲
	脯腊	〈大雅・鳧鷖〉	爾酒既湑，爾殽伊脯
		〈小雅・吉日〉	發彼小豝，殪此大兕。以御賓客，且以酌醴
	炙品	〈小雅・楚茨〉	或燔或炙／為豆孔庶
		〈小雅・瓠葉〉	有兔斯首，炮之燔之／燔之炙之／燔之炮之
		〈大雅・鳧鷖〉	旨酒欣欣，燔炙芬芬
		〈魯頌・閟宮〉	毛炰胾羹，籩豆大房
	膾品	〈小雅・六月〉	飲御諸友，炰鱉膾鯉
		〈大雅・韓奕〉	其殽維何？炰鱉鮮魚
	羹臛	〈大雅・生民〉	卬盛於豆，于豆于登
		〈魯頌・閟宮〉	毛炰胾羹，籩豆大房
		〈商頌・烈祖〉	亦有和羹，既戒既平

附表 2：《詩經》中所見食器詩篇

器　名		詩文出處	詩　文　描　寫
烹煮器具	釜	〈召南・采蘋〉	于以湘之？維錡及釜
		〈檜風・匪風〉	誰能亨魚？溉之釜鬵
	錡	〈召南・采蘋〉	于以湘之？維錡及釜
	鬵	〈檜風・匪風〉	誰能亨魚？溉之釜鬵
	鼐	〈周頌・絲衣〉	自堂徂基，自羊徂牛。鼐鼎及鼒
	鼎	〈周頌・絲衣〉	自堂徂基，自羊徂牛。鼐鼎及鼒
	鼒	〈周頌・絲衣〉	自堂徂基，自羊徂牛。鼐鼎及鼒
盛食器具	籩豆	〈豳風・伐柯〉	我覯之子，籩豆有踐
		〈小雅・常棣〉	儐爾籩豆，飲酒之飫
		〈小雅・伐木〉	籩豆有踐，兄弟無遠
		〈小雅・賓之初筵〉	籩豆有楚，殽核維旅／亂我籩豆，屢舞僛僛
		〈大雅・既醉〉	公尸嘉告。其告維何？籩豆靜嘉
		〈大雅・韓奕〉	籩豆有且，侯氏燕胥
		〈魯頌・閟宮〉	毛炰胾羹，籩豆大房

	豆	〈小雅・楚茨〉	君婦莫莫，爲豆孔庶
		〈大雅・生民〉	卬盛于豆，于豆于登
	登	〈大雅・生民〉	卬盛于豆，于豆于登
	簋	〈小雅・伐木〉	於粲洒掃，陳饋八簋
		〈小雅・大東〉	有饛簋飧，有捄棘匕
		〈秦風・權輿〉	於我乎每食四簋，今也每食不飽
	筐筥	〈召南・采蘋〉	于以盛之？維筐及筥
		〈小雅・采菽〉	采菽采菽，筐之筥之
		〈周頌・良耜〉	或來瞻女，載筐及筥，其饟伊黍
	匕	〈小雅・大東〉	有饛簋飧，有捄棘匕
	俎	〈小雅・楚茨〉	執爨踖踖，爲俎孔碩
	夏屋	〈秦風・權輿〉	於我乎夏屋渠渠，今也每食無餘
	大房	〈魯頌・閟宮〉	毛炰胾羹，籩豆大房

附表 3：《詩經》中所見飲品種類

用途	飲料	詩文出處	詩文描寫
飲用	旨酒	〈小雅・鹿鳴〉	我有旨酒，嘉賓式燕以敖
		〈小雅・正月〉	彼有旨酒，又有嘉殽
		〈小雅・桑扈〉	兕觥其觩，旨酒思柔
		〈小雅・車舝〉	雖無旨酒，式飲庶幾
		〈大雅・鳧鷖〉	旨酒欣欣，燔炙芬芬
		〈魯頌・泮水〉	既飲旨酒，永錫難老
		〈小雅・魚麗〉	君子有酒，旨且多／多且旨／旨且有
		〈小雅・頍弁〉	爾酒既旨，爾殽既嘉
		〈小雅・賓之初筵〉	酒既和旨，飲酒孔偕
	清酒(湑)	〈大雅・韓奕〉	顯父餞之，清酒百壺
		〈小雅・伐木〉	迨我暇矣，飲此湑矣
		〈大雅・鳧鷖〉	爾酒既清、爾酒既湑
	春酒	〈豳風・七月〉	爲此春酒，以介眉壽／朋酒斯饗，曰殺羔羊
	釃酒	〈小雅・伐木〉	釃酒有藇、釃酒有衍
	酒醴	〈小雅・吉日〉	以御賓客，且以酌醴
		〈大雅・行葦〉	曾孫維主，酒醴維醹
	酒漿	〈小雅・大東〉	或以其酒，不以其漿／維北有斗，不可以挹酒漿

祭祀	清酒 清酤	〈小雅・信南山〉	祭以清酒，從以騂牡，享于祖考
		〈大雅・旱麓〉	清酒既載，騂牡既備。以享以祀，以介景福
		〈商頌・烈祖〉	既載清酤，賚我思成
	旨酒	〈周頌・絲衣〉	兕觥其觩，旨酒思柔
	酒醴	〈周頌・豐年〉	為酒為醴，烝畀祖妣，以洽百禮
		〈周頌・載芟〉	為酒為醴，烝畀祖妣，以洽百禮
賞賜	秬鬯	〈大雅・江漢〉	釐爾圭瓚，秬鬯一卣

附表4：《詩經》中所見飲器詩篇

器　名		詩文出處	詩　文　描　寫
飲用 器具	爵	〈邶風・簡兮〉	公言：「錫爵」
		〈小雅・賓之初筵〉	發彼有的，以祈爾爵
			酌彼康爵，以奏爾時
	斝	〈大雅・行葦〉	或獻或酢，洗爵奠斝
	兕觥	〈大雅・行葦〉	或獻或酢，洗爵奠斝
		〈周南・卷耳〉	我姑酌彼兕觥，維以不永傷
		〈豳風・七月〉	躋彼公堂，稱彼兕觥：萬壽無疆
		〈小雅・桑扈〉	兕觥其觩，旨酒思柔
		〈周頌・絲衣〉	兕觥其觩，旨酒思柔
	匏	〈大雅・公劉〉	執豕于牢，酌之用匏
盛裝 器具	犧尊	〈魯頌・閟宮〉	白牡騂剛，犧尊將將
	罍	〈周南・卷耳〉	我姑酌彼金罍，維以不永懷
		〈小雅・蓼莪〉	缾之罄矣，維罍之恥
		〈大雅・泂酌〉	泂酌彼行潦，挹彼注茲，可以濯罍（此當水器用）
	缾	〈小雅・蓼莪〉	缾之罄矣，維罍之恥
	壺	〈大雅・韓奕〉	顯父餞之，清酒百壺
	卣	〈大雅・江漢〉	釐爾圭瓚，秬鬯一卣
	缶	〈陳風・宛丘〉	坎其擊缶，宛丘之道（此當樂器用）
挹注 器具	斗	〈小雅・大東〉	維北有斗，不可以挹酒漿
		〈大雅・行葦〉	酌以大斗，以祈黃耇
	瓚	〈大雅・棫樸〉	濟濟辟王，左右奉璋
		〈大雅・旱麓〉	瑟彼玉瓚，黃流在中
		〈大雅・江漢〉	釐爾圭瓚，秬鬯一卣

附表 5：《詩經》中所見穀類之詩篇

穀　名		詩　文　出　處
黍類	黍	〈王風·黍離〉〈魏風·碩鼠〉〈唐風·鴇羽〉〈曹風·下泉〉〈豳風·七月〉〈小雅·出車〉〈小雅·黃鳥〉〈小雅·楚茨〉〈小雅·信南山〉〈小雅·甫田〉〈小雅·大田〉〈小雅·黍苗〉〈周頌·豐年〉〈周頌·良耜〉〈魯頌·閟宮〉共十五篇
	秬	〈大雅·生民〉〈大雅·江漢〉〈魯頌·閟宮〉共三篇
	秠	〈大雅·生民〉共一篇
稷類	稷	〈王風·黍離〉〈唐風·鴇羽〉〈豳風·七月〉〈小雅·出車〉〈小雅·楚茨〉〈小雅·信南山〉〈小雅·甫田〉〈小雅·大田〉〈周頌·良耜〉〈魯頌·閟宮〉共十篇
粱類	粱	〈唐風·鴇羽〉〈小雅·黃鳥〉〈小雅·甫田〉共三篇
	穈	〈大雅·生民〉共一篇
	芑	〈大雅·生民〉共一篇
	禾	〈豳風·七月〉共一篇
稻類	稻	〈唐風·鴇羽〉〈豳風·七月〉〈小雅·甫田〉〈小雅·白華〉〈魯頌·閟宮〉共五篇
	稌	〈周頌·豐年〉共一篇
麥類	麥	〈鄘風·桑中〉〈鄘風·載馳〉〈王風·丘中有麻〉〈魏風·碩鼠〉〈豳風·七月〉〈大雅·生民〉〈魯頌·閟宮〉共七篇
	來牟	〈周頌·思文〉〈周頌·臣工〉共二篇
麻類	麻	〈豳風·七月〉〈大雅·生民〉共二篇
	苴	〈豳風·七月〉共一篇
菽類	菽	〈豳風·七月〉〈小雅·小宛〉〈小雅·小明〉〈小雅·采菽〉〈魯頌·閟宮〉共五篇
	荏菽	〈大雅·生民〉共一篇

附表 6：《詩經》中常見肉類之詩篇

名 稱			詩 文 出 處
牲類	牛	牛	〈王風・君子于役〉〈小雅・無羊〉〈小雅・楚茨〉〈小雅・黍苗〉〈大雅・生民〉〈大雅・行葦〉〈周頌・我將〉〈周頌・絲衣〉
		犉	〈小雅・無羊〉〈周頌・良耜〉
		牡	〈小雅・信南山〉〈小雅・大田〉〈大雅・旱麓〉〈魯頌・閟宮〉
	羊	羊	〈王風・君子于役〉〈小雅・無羊〉〈大雅・生民〉〈大雅・行葦〉〈小雅・楚茨〉〈小雅・甫田〉〈周頌・我將〉〈周頌・絲衣〉
		羔	〈召南・羔羊〉〈鄭風・羔裘〉〈唐風・羔裘〉〈檜風・羔裘〉〈豳風・七月〉
		羜	〈小雅・伐木〉
		羍	〈大雅・生民〉
		羝	〈大雅・生民〉
		羖	〈小雅・賓之初筵〉
		牂	〈小雅・苕之華〉
	豕		〈小雅・漸漸之石〉〈大雅・公劉〉
獸類	鹿		〈召南・野有死麕〉〈小雅・鹿鳴〉〈小雅・吉日〉〈小雅・小弁〉〈大雅・靈臺〉〈大雅・桑柔〉〈大雅・韓奕〉
	麕		〈召南・野有死麕〉
	兔		〈周南・兔罝〉〈王風・兔爰〉〈小雅・小弁〉〈小雅・巧言〉〈小雅・瓠葉〉
	豝		〈召南・騶虞〉〈小雅・吉日〉
	狼		〈齊風・還〉〈豳風・狼跋〉
	狐		〈邶風・旄丘〉〈邶風・北風〉〈衛風・有狐〉〈齊風・南山〉〈秦風・終南〉〈檜風・羔裘〉〈豳風・七月〉〈小雅・都人士〉〈小雅・何草不黃〉
	貍		〈魏風・伐檀〉〈豳風・七月〉
禽類	雉		〈邶風・雄雉〉〈邶風・匏有苦葉〉〈王風・兔爰〉〈小雅・小弁〉
	鴞		〈陳風・墓門〉〈豳風・鴟鴞〉〈大雅・瞻卬〉〈魯頌・泮水〉
	鶉		〈鄘風・鶉之奔奔〉〈魏風・伐檀〉〈小雅・四月〉
	雁		〈邶風・匏有苦葉〉〈鄭風・女曰雞鳴〉
	鴻		〈豳風・九罭〉〈小雅・鴻鴈〉
	鳧		〈鄭風・女曰雞鳴〉〈大雅・鳧鷖〉
	鴇		〈唐風・鴇羽〉

水產品	魴	〈周南・汝墳〉、〈齊風・敝笱〉、〈陳風・衡門〉、〈豳風・九罭〉、〈小雅・魚麗〉、〈小雅・采綠〉、〈大雅・韓奕〉
	鯉	〈陳風・衡門〉、〈小雅・魚麗〉、〈小雅・六月〉、〈周頌・潛〉
	鱣	〈衛風・碩人〉、〈小雅・四月〉、〈周頌・潛〉
	鰥	〈齊風・敝笱〉、〈小雅・采綠〉、〈大雅・韓奕〉
	鮪	〈衛風・碩人〉、〈小雅・四月〉、〈周頌・潛〉
	鱨	〈小雅・魚麗〉、〈周頌・潛〉
	鰋	〈小雅・魚麗〉、〈周頌・潛〉
	鰷	〈周頌・潛〉
	鱒	〈豳風・九罭〉
	鰷	〈齊風・敝笱〉
	鯊	〈小雅・魚麗〉
	鱧	〈小雅・魚麗〉
	鱉	〈小雅・六月〉、〈大雅・韓奕〉

附表 7：《詩經》中常見蔬果類之詩篇

類別	名稱	詩 文 出 處
水生植蔬	荇菜	〈周南・關雎〉
	蘩	〈召南・采蘩〉〈豳風・七月〉〈小雅・出車〉
	蘋	〈召南・采蘋〉
	藻	〈召南・采蘋〉〈小雅・魚藻〉〈魯頌・泮水〉
	蒲	〈陳風・澤陂〉〈小雅・魚藻〉〈大雅・韓奕〉
	藚	〈魏風・汾沮洳〉
	芹	〈小雅・采菽〉〈魯頌・泮水〉
	蓼	〈周頌・小毖〉〈周頌・良耜〉
	茆	〈魯頌・泮水〉
陸生植蔬	匏	〈邶風・匏有苦葉〉〈衛風・碩人〉〈豳風・七月〉〈小雅・南有嘉魚〉〈小雅・信南山〉〈小雅・瓠葉〉
	荼	〈邶風・谷風〉〈唐風・采苓〉〈豳風・七月〉〈大雅・緜〉
	菲	〈邶風・谷風〉
	葑	〈邶風・谷風〉〈鄘風・桑中〉〈唐風・采苓〉
	薺	〈邶風・谷風〉
	韭	〈豳風・七月〉

	竹筍	〈大雅・韓奕〉
	卷耳	〈周南・卷耳〉
	杞	〈秦風・終南〉〈小雅・四牡〉〈小雅・杕杜〉〈小雅・四月〉〈小雅・北山〉
	薇	〈召南・草蟲〉〈小雅・采薇〉〈小雅・四月〉
	蕨	〈召南・草蟲〉〈小雅・四月〉
	莪	〈小雅・菁菁者莪〉〈小雅・蓼莪〉
	芑	〈小雅・采芑〉
	萊	〈小雅・南山有臺〉
	葵	〈豳風・七月〉
	堇	〈大雅・綿〉
	椒	〈唐風・椒聊〉〈陳風・東門之枌〉
果類	桃	〈周南・桃夭〉〈召南・何彼襛矣〉〈衛風・木瓜〉〈魏風・園有桃〉〈大雅・抑〉
	李	〈召南・何彼襛矣〉〈衛風・木瓜〉〈王風・丘中有麻〉〈小雅・南山有臺〉〈大雅・抑〉
	梅	〈召南・摽有梅〉〈曹風・鳲鳩〉〈小雅・四月〉
	棗	〈豳風・七月〉
	棘	〈邶風・凱風〉〈魏風・園有桃〉〈唐風・鴇羽〉〈唐風・葛生〉〈秦風・黃鳥〉〈陳風・墓門〉〈曹風・鳲鳩〉〈小雅・湛露〉〈小雅・大東〉〈小雅・楚茨〉〈小雅・青蠅〉
	鬱	〈召南・何彼襛矣〉〈豳風・七月〉
	枸	〈小雅・南山有臺〉
	榛	〈邶風・簡兮〉〈鄘風・定之方中〉〈曹風・鳲鳩〉〈小雅・青蠅〉〈大雅・旱麓〉
	栗	〈鄘風・定之方中〉〈鄭風・東門之墠〉〈唐風・山有樞〉〈秦風・車鄰〉〈小雅・四月〉
	柳	〈大雅・皇矣〉
	瓜	〈豳風・七月〉〈豳風・東山〉〈小雅・信南山〉〈大雅・綿〉〈大雅・生民〉
	桑	〈鄘風・桑中〉〈鄘風・定之方中〉〈衛風・氓〉〈鄭風・將仲子〉〈魏風・汾沮洳〉〈魏風・十畝之間〉〈唐風・鴇羽〉〈秦風・車鄰〉〈秦風・黃鳥〉〈曹風・鳲鳩〉〈豳風・七月〉〈豳風・鴟鴞〉〈豳風・東山〉〈小雅・南山有臺〉〈小雅・黃鳥〉〈小雅・小弁〉〈小雅・隰桑〉〈小雅・白華〉〈大雅・桑柔〉〈魯頌・泮水〉
	檿、柘	〈大雅・皇矣〉
	薁	〈豳風・七月〉

附表 8：《詩經》中所見食物製作之詩篇

食品製作		詩文出處	詩　文　描　寫
生食	膾生	〈小雅·六月〉	飲御諸友，炰鱉「膾鯉」
		〈大雅·韓奕〉	其殽維何？炰鱉「鮮魚」
	果實	〈魏風·園有桃〉	園有桃，其實之殽／園有棘，其實之食
		〈豳風·七月〉	六月食鬱及薁／七月食瓜
加工	肉類	〈大雅·鳧鷖〉	爾殽伊脯
		〈大雅·行葦〉	醓醢以薦
	蔬果類	〈大雅·韓奕〉	其蔌維何？維筍及蒲
		〈小雅·信南山〉	疆場有瓜，是剝是菹
	酒類	〈豳風·七月〉	十月穫稻，為此春酒
		〈周頌·載芟〉	載穫濟濟……為酒為醴，烝畀祖妣
		〈周頌·豐年〉	豐年多黍多稌……為酒為醴，烝畀祖妣
熟食	炊米	〈大雅·生民〉	或舂或揄，或簸或蹂；釋之叟叟，烝之浮浮
		〈大雅·泂酌〉	泂酌彼行潦，挹彼注茲，可以餴饎
	烹魚	〈檜風·匪風〉	誰能亨魚？溉之釜鬵
	烹鱉	〈小雅·六月〉	飲御諸友，「炰鱉」膾鯉
		〈大雅·韓奕〉	其殽維何？「炰鱉」鮮魚
	烹肉	〈小雅·楚茨〉	或剝或亨，或肆或將／執爨踖踖，為俎孔碩
		〈周頌·絲衣〉	自堂徂基，自羊徂牛。鼐鼎及鼒
	煮羹	〈召南·采蘋〉	于以湘之？維錡及釜
		〈小雅·瓠葉〉	幡幡瓠葉，采之亨之
		〈魯頌·閟宮〉	毛炰「胾羹」
		〈商頌·烈祖〉	亦有和羹，既戒既平
	炙烤	〈小雅·瓠葉〉	有兔斯首，燔之炮之／燔之炙之／炮之燔之
		〈魯頌·閟宮〉	「毛炰」胾羹
		〈小雅·楚茨〉	或燔或炙，君婦莫莫
		〈大雅·鳧鷖〉	燔炙芬芬
		〈大雅·行葦〉	醓醢以薦，或燔或炙

附表9：《詩經》中所見祭祀之飲食品物

	詩文出處	詩　文　描　寫	祭品
祭祀天神	〈大雅・生民〉	誕降嘉種，維秬維秠，維穈維芑……以歸肇祀	穀物
		取蕭祭脂，取羝以軷，載燔載烈，以興嗣歲	羝
		卬盛于豆，于豆于登。其香始升，上帝居歆	豆
	〈豳風・七月〉	四之日其蚤，獻羔祭韭	羔、韭
	〈大雅・雲漢〉	靡神不舉，靡愛斯牲……不殄禋祀，自郊徂宮	牲
祭祀地祇	〈小雅・甫田〉	以我齊明，與我犧羊，以社以方	齊明犧羊
	〈小雅・大田〉	來方禋祀，以其騂黑，與其黍稷，以享以祀	騂黑黍稷
	〈大雅・雲漢〉	上下奠瘞，靡神不宗	牲
祭祀宗廟	〈小雅・楚茨〉	我黍與與，我稷翼翼……以爲酒食，以享以祀	黍稷
		絜爾牛羊，以往烝嘗。或剝或亨，或肆或將	牛羊
	〈小雅・信南山〉	曾孫之穡，以爲酒食。畀我尸賓，壽考萬年	酒食
		中田有廬，疆埸有瓜。是剝是菹。獻之皇祖	瓜菹
		祭以清酒，從以騂牡，享于祖考。執其鸞刀，以啓其毛，取其血膋	清酒騂牡
	〈周頌・豐年〉	豐年多黍多稌……爲酒爲醴，烝畀祖妣，以洽百禮	酒醴
	〈周頌・載芟〉	爲酒爲醴，烝畀祖妣，以洽百禮	酒醴
	〈周頌・潛〉	猗與漆沮，潛有多魚。有鱣有鮪，鰷鱨鰋鯉。以享以祀，以介景福	魚
	〈大雅・旱麓〉	清酒既載，騂牡既備。以享以祀，以介景福	清酒騂牡
	〈周頌・我將〉	我將我享，維羊維牛，維天其右之	羊牛
	〈周頌・雝〉	於薦廣牡，相予肆祀。假哉皇考，綏予孝子	牡
	〈周頌・良耜〉	殺時犉牡，有捄其角。以似以續，續古之人	犉牡
	〈周頌・絲衣〉	自堂徂基，自羊徂牛。鼐鼎及鼒	羊牛
		兕觥其觩，旨酒思柔。不吳不敖，胡考之休	旨酒
	〈大雅・既醉〉	公尸嘉告。其告維何？籩豆靜嘉	籩豆

	詩文出處	詩文描寫	食品
	〈大雅・鳧鷖〉	爾酒既清，爾殽既馨……爾酒既多，爾殽既嘉……爾酒既湑，爾殽伊脯……旨酒欣欣，燔炙芬芬	旨酒 殽脯
	〈魯頌・閟宮〉	皇皇后帝，皇祖后稷，享以騂犧，是饗是宜，降福既多。周公皇祖，亦其福女。秋而載嘗，夏而楅衡。白牡騂剛，犧尊將將。毛炰胾羹，籩豆大房。萬舞洋洋，孝孫有慶	騂犧 白牡 騂剛 犧尊 毛炰 胾羹 籩豆 大房
	〈小雅・天保〉	吉蠲爲饎，是用孝享。禴祠烝嘗，于公先王	饎
	〈商頌・烈祖〉	既載清酤，賚我思成。亦有和羹，既戒既平	清酤 和羹
	〈商頌・玄鳥〉	龍旂十乘，大糦是承	糦
	〈周南・關雎〉	參差荇菜，左右流之……左右采之……左右芼之	荇菜
	〈召南・采蘩〉	于以采蘩……于以用之？公侯之事……公侯之宮	蘩
	〈召南・采蘋〉	于以采蘋？……于以采藻？……于以奠之？宗室牖下。誰其尸之？有齊季女	蘋藻

附表 10：《詩經》中所見燕饗禮之飲食品物

	詩　文　出　處	詩　文　描　寫	食品
一般燕饗活動	〈小雅・鹿鳴〉	我有旨酒，嘉賓式燕以敖……以燕樂嘉賓之心	酒
	〈小雅・棠棣〉	儐爾籩豆，飲酒之飫。兄弟既具，和樂且孺	籩豆 酒
	〈小雅・伐木〉	伐木許許，釃酒有藇……釃酒有衍	酒
		既有肥羜，以速諸父……既有肥牡，以速諸舅	羜、牡
		於粲洒掃，陳饋八簋	八簋
		籩豆有踐，兄弟無遠	籩豆
	〈小雅・魚麗〉	君子有酒，旨且多……多且旨……旨且有	酒
	〈小雅・南有嘉魚〉	君子有酒，嘉賓式燕以樂……嘉賓式燕以衎……嘉賓式燕綏之……嘉賓式燕又思	酒

	〈小雅・魚藻〉	王在在鎬，豈樂飲酒……飲酒樂豈	酒
	〈小雅・湛露〉	厭厭夜飲，不醉無歸……厭厭夜飲，在宗載考	酒
	〈小雅・桑扈〉	兕觥其觩，旨酒思柔。彼交匪敖，萬福來求	酒
	〈魯頌・有駜〉	夙夜在公，在公飲酒……在公載燕	酒
	〈魯頌・泮水〉	魯侯戾止，在泮飲酒。既飲旨酒，永錫難老	酒
	〈小雅・六月〉	吉甫燕喜，既多受祉。來歸自鎬，我行永久。飲御諸友，炰鱉膾鯉。侯誰在矣？張仲孝友	酒 炰鱉 膾鯉
	〈小雅・吉日〉	以御賓客，且以酌醴	醴
	〈小雅・頍弁〉	爾酒既旨，爾殽既嘉……爾殽既時……爾殽既阜……樂酒今夕，君子維宴	酒 殽
	〈小雅・瓠葉〉	君子有酒，酌言嘗之……酌言獻之……酌言酢之……酌言醻之	酒
		有兔斯首，炮之燔之……燔之炙之……燔之炮之	兔
	〈豳風・七月〉	朋酒斯饗，曰殺羔羊。躋彼公堂，稱彼兕觥，萬壽無疆	酒 羔羊
	〈大雅・公劉〉	蹌蹌濟濟，俾筵俾几。既登乃依，乃造其曹，執豕于牢，酌之用匏。食之飲之，君之宗之	豕 酒
和祭祀有關宴飲	〈小雅・楚茨〉	諸父兄弟，備言燕私……爾殽既將，莫怨具慶。既醉既飽，小大稽首	殽 酒
	〈小雅・賓之初筵〉	賓之初筵，左右秩秩，籩豆有楚，殽核維旅。酒既和旨，飲酒孔偕……發彼有的，以祈爾爵……酌彼康爵，以奏爾時	籩豆 殽 酒
	〈大雅・行葦〉	肆筵設席，授几有緝御。或獻或酢，洗爵奠斝	酒
		曾孫維主，酒醴維醹。酌以大斗，以祈黃耈	
		醓醢以薦，或燔或炙。嘉殽脾臄，或歌或咢	醓醢 嘉殽

參考書目

古籍依作者時代先後排列，今著依作者姓氏筆畫排列，外籍作者列於各類之最後。

壹、《詩經》類專著

一、詩義、傳注、詩學類

（一）專書、研究專著

1. 〔漢〕毛亨傳、鄭玄箋、〔唐〕孔穎達疏：《毛詩正義》，臺北：藝文印書館，1997 年 8 月，《十三經注疏》本。

2. 〔宋〕朱熹：《詩集傳》，臺北：臺灣中華書局，1973 年 3 月。

3. 〔宋〕李樗、黃櫄：《毛詩李黃集解》，臺北：臺灣商務印書館，1983 年，文淵閣《四庫全書》本，第 71 冊。

4. 〔宋〕嚴粲：《詩緝》，臺北：臺灣商務印書館，1983 年，文淵閣《四庫全書》本，第 75 冊。

5. 〔清〕陳啓源：《毛詩稽古編》，臺北：藝文印書館，1986 年 6 月，《皇清經解毛詩類彙編》本。

6. 〔清〕惠周惕：《詩說》，臺北：藝文印書館，1986 年 6 月，《皇清經解毛詩類彙編》本。

7. 〔清〕姚際恆：《詩經通論》，臺北：廣文書局，1997 年 10 月。

8. 〔清〕胡承珙：《毛詩後箋》，臺北：藝文印書館，1986 年 6 月，《續經解毛詩類彙編》本。

9. 〔清〕馬瑞辰：《毛詩傳箋通釋》，臺北：藝文印書館，1986 年 6 月，《續經解毛詩類彙編》本。

10. 〔清〕陳奐：《詩毛氏傳疏》，臺北：藝文印書館，1986 年 6 月，《續經解毛詩類彙編》本。

11. 〔清〕方玉潤：《詩經原始》，北京：中華書局，1986 年 2 月。

12. 〔清〕王先謙：《詩三家義集疏》，臺北：明文書局，1988 年 10 月。

13. 王靜芝：《詩經通釋》，臺北：輔仁大學文學院，1968 年 7 月。

14. 王禮卿：《四家詩恉會歸》，臺北：青蓮出版社，1995 年 10 月。

15. 朱孟庭：《詩經重章藝術》，臺北：秀威資訊科技公司，2007 年 1 月。

16. 余培林：《詩經正詁》，臺北：三民書局，1993 年 10 月。

17. 屈萬里：《詩經詮釋》，臺北：聯經出版公司，1983 年 2 月。

18. 胡樸安：《詩經學》，臺北：臺灣商務印書館，1988 年 5 月。

19. 高亨：《詩經今注》，臺北：漢京文化公司，2004 年 3 月。

20. 聞一多：《神話與詩》，臺北：里仁書局，1993 年 9 月。

21. 聞一多：《古典新義》，臺北：里仁書局，1996 年 2 月。

22. 聞一多：《風詩類鈔》，臺北：里仁書局，2000 年 1 月。

23. 〔日〕竹添光鴻：《毛詩會箋》，臺北：大通書局，1920 年 2 月。

24. 〔日〕白川靜：《詩經的世界》，臺北：東大圖書公司，2001 年 6 月。

25. 〔瑞典〕高本漢：《詩經注釋》，臺北：國立編譯館中華叢書，1979 年 2 月。

（二）期刊、專書論文

1. 屈萬里：〈論國風非民間歌謠的本來面目〉，《中央研究院歷史語言研究所集刊》第 34 本，1963 年，頁 477〜491。

2. 顏崑陽：〈論先秦「詩社會文化行為」所展現的「詮釋範型」意義〉，《東華人文學報》第 8 期，2006 年 1 月，頁 55〜88。

二、禮俗文化類

（一）專書、研究專著

1. 〔清〕顧棟高：《毛詩類釋》，臺北：臺灣商務印書館，1983 年，文淵閣《四庫全書》本，第 88 冊。

2. 〔清〕包世榮：《毛詩禮徵》，臺北：力行書局，1970 年 6 月。

3. 王巍：《詩經民俗文化闡釋》，北京：商務印書館，2004 年 3 月。

4. 李山：《詩經的文化精神》，北京：東方出版社，1997 年 6 月。

5. 許志剛：《詩經勝境及其文化品格》，臺北：文津出版社，1993 年 12 月。

6. 葉舒憲：《詩經的文化闡釋》，武漢：湖北人民出版社，1994 年 6 月。

（二）期刊、專書論文

1. 江乾益：〈《詩經‧小雅》燕饗詩析論〉，《第一屆經學學術討論會論文集》，臺北：臺灣師範大學國文系，1994 年 4 月，頁 415～435。

2. 林素英：〈論〈邦（國）風〉中「風」之本義〉，《文與哲》第 10 期，2007 年 6 月，頁 29～52。

3. 趙沛霖：〈《詩經》宴飲詩與禮樂文化精神〉，《天津師大學報》1989 年第 6 期，頁 60～65。

4. 蕭兵：〈萬舞的民俗學研究──兼釋《詩經》、《楚辭》有關疑義〉，《遼寧師院學報》1979 年第 5 期，頁 37～44。

（三）學位論文

1. 季旭昇：《詩經吉禮研究》，臺北：臺灣師範大學國文系碩士論文，1983 年。

2. 劉耀娥：《詩經宴飲詩研究》，臺中：國立中興大學中國文學系碩士論文，2006 年。

三、名物、考證類

（一）專書、研究專著

1. 〔吳〕陸璣：《毛詩草木鳥獸蟲魚疏》，臺北：藝文印書館，1967 年，《百部叢書集成》本。

2. 〔宋〕歐陽脩：《集古錄》，臺北：臺灣中華書局，1970 年 6 月。

3. 〔宋〕蔡卞：《毛詩名物解》，臺北：臺灣商務印書館，1983 年，文淵閣《四庫全書》本，第 70 冊。

4. 〔明〕毛晉：《陸氏詩疏廣要》，臺北：臺灣商務印書館，1983 年，文淵閣《四庫全書》本，第 70 冊。

5. 〔清〕王夫之：《詩經稗疏》，臺北：藝文印書館，1986 年，《續經解毛詩類彙編》本。

6. 〔清〕陳大章：《詩傳名物集覽》，臺北：臺灣商務印書館，1983 年，文淵閣《四庫全書》本，第 86 冊。

7. 耿煊：《詩經中的經濟作物》，臺北：臺灣商務印書館，1996 年 3 月。

8. 陳溫菊：《詩經器物考釋》，臺北：文津出版社，2001 年 8 月。

9. 陸文郁：《詩草木今釋》，臺北：長安出版社，1992 年 3 月。

10. 潘富俊著、呂勝由攝影：《詩經植物圖鑑》，臺北：貓頭鷹出版，2001 年 6 月。

11. 〔日〕岡元鳳：《毛詩品物圖考》，濟南：山東畫報出版社，2002 年 8 月。

（二）期刊、專書論文

1. 江雅茹：〈《詩經‧木瓜》研究〉，《孔孟月刊》第 39 卷第 1 期，2000 年 9 月，頁 1～9。

2. 江雅茹：〈《詩經‧旱麓》「黃流」研究〉，《思辨集》第 4 集，臺北：臺灣師範大學國文系，2001 年 4 月，頁 222～239。

3. 余培林：〈論〈曹風‧下泉〉詩作成的時代〉，《國文學報》第 22 期，1993 年 6 月，頁 1～11。

4. 孫關龍：〈《詩經》魚類考〉，《詩經研究叢刊》第 5 輯，2003 年 7 月，頁 72～95。

5. 齊思和：〈《毛詩》穀名考〉，《燕京學報》第 36 期，1949 年 6 月，頁 263～311。

（三）學位論文

1. 林佳珍：《詩經鳥類意象及其原型研究》，臺北：臺灣師範大學國文系碩士論文，1993 年。

2. 陳靜俐：《詩經草木意象》，臺北：臺灣師範大學國文系碩士論文，1997 年。

四、飲食文化類

（一）期刊、專書論文

1. 王良友：〈也探《詩經》酒文化〉，《修平人文社會學報》第 3 期，2004 年 3 月，頁 79～92。

2. 江雅茹：〈試探《詩經》之魚類嘉殽〉，《大陸雜誌》第 103 卷第 2 期，2001 年 8 月，頁 27～37。

3. 江雅茹：〈試探《詩經》中所見之食物（上）〉，《孔孟月刊》第 45 卷第 5、6 期，2007 年 2 月，頁 10～13。

4. 江雅茹：〈試探《詩經》中所見之食物（下）〉，《孔孟月刊》第 45 卷第 7、8 期，2007 年 4 月，頁 10～13。

5. 江雅茹：〈試探《詩經》中所見之烹調〉，《東華中國文學研究》第 6 期，2008 年 12 月，頁 17～36。

6. 孟慶茹：〈《詩經》與飲食文化〉，《詩經研究叢刊》第 2 輯，2002 年 1 月，頁 219～232。

7. 孟慶茹、索燕華：〈《詩經》與酒文化〉，《北華大學學報》第 3 卷第 3 期，2002 年 9 月，頁 52～55。

8. 易志文：〈《詩經》與周代飲食文化〉，《萍鄉高等專科學校學報》第 3 期，1999 年 9 月，頁 50～53。

9. 林明德：〈《詩經》的酒文化〉，《第一屆經學學術討論會論文集》，臺北：臺灣師範大學國文系，1994 年 4 月，頁 751～777。

10. 邱健、梁新興：〈《詩經》中的飲食文化〉，《許昌學院學報》第 25 卷第 4 期，2006 年，頁 45～47。

11. 徐日輝：〈淺析《詩經》中的食物結構〉，《中國飲食文化基金會會訊》第 10 卷第 1 期，2004 年 2 月，頁 9～15。

12. 樊樹云：〈《詩經》與酒文化〉，《詩經研究叢刊》第 6 輯，2004 年 3 月，頁 201～214。

貳、經史子集類專著

一、經學類

（一）專書、研究專著

1. 〔魏〕王弼注、〔唐〕孔穎達疏：《周易正義》，臺北：藝文印書館，1997 年 8 月，《十三經注疏》本。

2. 〔漢〕孔安國傳、〔唐〕孔穎達疏：《尚書注疏》，臺北：藝文印書館，1997 年 8 月，《十三經注疏》本。

3. 〔漢〕鄭玄注、〔唐〕賈公彥疏：《周禮注疏》，臺北：藝文印書館，1997 年 8 月，《十三經注疏》本。

4 〔漢〕鄭玄注、〔唐〕賈公彥疏：《儀禮注疏》，臺北：藝文印書館，1997 年 8 月，《十三經注疏》本。

5. 〔漢〕鄭玄注、〔唐〕孔穎達疏：《禮記注疏》，臺北：藝文印書館，1997 年 8 月，《十三經注疏》本。

6. 〔晉〕杜預注、〔唐〕孔穎達疏：《春秋左傳正義》，臺北：藝文印書館，1997 年 8 月，《十三經注疏》本。

7. 〔漢〕何休注、〔唐〕徐彥疏：《春秋公羊傳注疏》，臺北：藝文印書館，1997 年 8 月，《十三經注疏》本。

8. 〔晉〕范甯注、〔唐〕楊士勛疏：《春秋穀梁傳注疏》，臺北：藝文印書館，1997 年 8 月，《十三經注疏》本。

9. 〔魏〕何晏注、〔宋〕邢昺疏：《論語注疏》，臺北：藝文印書館，1997 年 8 月，《十三經注疏》本。

10. 〔晉〕郭璞注、〔宋〕邢昺疏：《爾雅注疏》，臺北：藝文印書館，1997 年 8 月，《十三經注疏》本。

11. 〔漢〕趙岐注、〔宋〕孫奭疏：《孟子注疏》，臺北：藝文印書館，1997 年 8 月，《十三經注疏》本。

12. 〔漢〕許慎撰、〔清〕段玉裁注：《說文解字注》，臺北：黎明文化公司，

1993 年 7 月。

13. 〔漢〕劉熙：《釋名》，臺北：藝文印書館，1966 年，《百部叢書集成》本。

14. 〔魏〕張揖撰、〔清〕王念孫疏：《廣雅疏證》，臺北：臺灣中華書局，1970 年 1 月。

15. 〔宋〕聶崇義：《三禮圖》，臺北：臺灣商務印書館，1983 年，文淵閣《四庫全書》本，第 129 冊。

16. 〔宋〕陳祥道：《禮書》，臺北：臺灣商務印書館，1983 年，文淵閣《四庫全書》本，第 130 冊。

17. 〔清〕秦蕙田：《五禮通考》，臺北：臺灣商務印書館，1983 年，文淵閣《四庫全書》本，第 135～142 冊。

18. 〔清〕王鳴盛：《蛾術編》，臺北：信誼書局，1976 年 7 月。

19. 〔清〕淩廷堪：《禮經釋例》，臺北：中央研究院中國文哲研究所，2002 年 12 月。

20. 〔清〕金鶚：《求古錄禮說》，臺北：藝文印書館，1986 年，《續經解三禮類彙編》本。

21. 〔清〕王引之：《經義述聞》，臺北：臺灣中華書局，1977 年 8 月。

22. 〔清〕胡培翬：《儀禮正義》，臺北：臺灣中華書局，1966 年。

23. 〔清〕陳立：《白虎通疏證》，臺北：藝文印書館，1986 年，《續經解三禮類彙編》本。

24. 〔清〕黃以周：《禮書通故》，臺北：華世出版社，1876 年 12 月。

25. 〔清〕孫詒讓：《籀廎述林》，臺北：藝文印書館，1963 年。

26. 〔清〕孫詒讓：《周禮正義》，臺北：臺灣中華書局，1968 年。

27. 吳達芸：《儀禮特牲少牢有司徹祭品研究》，臺北：中華書局，1973 年 5 月。

28. 周何：《春秋吉禮考辨》，臺北：嘉新水泥公司文化基金會，1970 年 10 月。

29. 林尹：《周禮今註今譯》，臺北：臺灣商務印書館，1983 年 4 月。

30. 林素英：《古代祭禮中之政教觀——以《禮記》成書前為論》，臺北：文津出版社，1997 年 9 月。

31. 胡玉縉：《許廎學林》，臺北：世界書局，1963 年 4 月。

32. 姬秀珠：《儀禮飲食禮器研究》，臺北：里仁書局，2005 年 6 月。

33. 高明：《大戴禮記今註今譯》，臺北：臺灣商務印書館，1981 年 11 月。

34. 高鴻縉：《中國字例》，臺北：三民書局，1992 年 10 月。

35. 錢玄：《三禮通論》，江蘇：南京師範大學出版社，1996 年 10 月。

36. 羅振玉：《殷虛書契考釋》，臺北：藝文印書館，1981 年 3 月。

（二）期刊、專書論文

1. 周何：〈《春秋》燕禮考辨〉，《國文學報》第 1 期，1972 年 4 月，頁 17～34。

2. 周聰俊：〈《儀禮》用鉶考辨〉，《大陸雜誌》第 83 卷第 4 期，1991 年 10 月，頁 1～7。

3. 周聰俊：〈禋祀實柴槱燎考〉，《國立編譯館館刊》第 29 卷第 1 期，2000 年 6 月，頁 1～21。

4. 林素娟：〈飲食禮儀的身心過渡意涵及文化象徵意義——以三《禮》齋戒、祭祖爲核心進行探討〉，《中國文哲研究期刊》第 32 期，2008 年 3 月，頁 171～216。

（三）學位論文

1. 吳安安：《儀禮飲食品物研究》，臺北：臺灣師範大學國文系博士論文，2006 年。

2. 周聰俊：《饗禮考辨》，臺北：臺灣師範大學國文系博士論文，1988 年。

3. 林素玟：《禮記人文美學研究》，臺北：臺灣師範大學國文系博士論文，1999 年。

4. 趙昕毅：《從祭喪禮儀看楚地的飲食文化》，新竹：清華大學歷史系碩士論文，1983 年。

二、古史、文化類

（一）專書、研究專著

1. 〔吳〕韋昭注：《國語》，臺北：漢京文化公司，1983 年 12 月。

2. 〔漢〕司馬遷：《史記》，臺北：藝文印書館，1971 年。

3. 〔漢〕班固著、〔唐〕顏師古注、〔清〕王先謙補注：《漢書補注》，臺北：藝文印書館，1996 年。

4. （後魏）賈思勰：《齊民要術》，臺北：臺灣中華書局，1980 年 11 月。

5. 〔明〕李時珍：《本草綱目》，北京：人民衛生出版社，1993 年 12 月。

6. 〔明〕徐光啓著、石漢聲校注：《農政全書校注》，臺北：明文書局，1981 年。

7. 中國上古史編輯委員會編：《中國上古史待定稿》，臺北：中央研究院歷史語言研究所，1985 年。

8. 中國文明史編輯委員會編：《中國文明史》，臺北：地球出版社，1991 年 12 月。

9. 王子輝、王明德：《中國古代飲食》，臺北：博遠出版公司，1989 年 2 月。

10. 王仁湘：《民以食爲天 I》，臺北：中華書局，1990 年 4 月。

11. 王仲孚：《中國上古史專題研究》，臺北：五南圖書公司，1996 年 12 月。

12. 王國維：《觀堂集林》，臺北：藝文印書館，1958 年 5 月。

13. 王學泰：《華夏飲食文化》，北京：中華書局，1993 年 8 月。

14. 何炳棣：《黃土與中國農業的起源》，香港：香港中文大學，1969 年 4 月。

15. 李亦園：《文學的圖像——文化發展的人類學探討》，臺北：允晨文化公司，1992 年 1 月。

16. 李根蟠：《中國農業史》，臺北：文津出版社，1997 年 6 月。

17. 李華瑞：《中華酒文化》，太原：山西人民出版社，1995 年 2 月。

18. 李鍌等編譯：《中國文化概論》，臺北：三民書局，1971 年 8 月。

19. 杜正勝：《古代社會與國家》，臺北：允晨文化公司，1991 年 10 月。

20. 沈松茂：《食品原料與烹調技術》，臺北：中國餐飲學會，1996 年 7 月。

21. 周聰俊：《祼禮考辨》，臺北：文史哲出版社，1994 年 12 月。

22. 屈萬里：《先秦文史資料考辨》，臺北：聯經出版公司，1983 年 2 月。

23. 屈萬里：《屈萬里先生文存》（五），臺北：聯經出版公司，1985 年 2 月。

24. 林乃燊：《中國飲食文化》，臺北：南天書局，1992 年 7 月。

25. 林惠祥：《文化人類學》，臺北：臺灣商務印書館，1966 年 2 月。

26. 唐君毅：《中華人文與當今世界》，臺北：學生書局，1985 年 8 月。

27. 徐中舒：《上古史論》，臺北：天山出版社，1986 年 2 月。

28. 徐中舒：《先秦史論稿》，成都：巴蜀書社，1992 年 8 月。

29. 徐海榮主編：《中國飲食史》，北京：華夏出版社，1999 年 10 月。

30. 徐復觀：《中國藝術精神》，臺北：學生書局，1966 年 2 月。

31. 徐復觀：《周秦漢政治社會結構之研究》，臺北：學生書局，1974 年 5 月。

32. 常金倉：《周代禮俗研究》，臺北：文津出版社，1993 年 2 月。

33. 張光直：《中國青銅時代》，臺北：聯經出版公司，1983 年 4 月。

34. 張光直：《中國青銅時代》第二集，臺北：聯經出版公司，1990 年 11 月。

35. 張鶴泉：《周代祭祀研究》，臺北：文津出版社，1993 年 5 月。

36. 許倬雲：《求古編》，臺北：聯經出版公司，1982 年 6 月。

37. 許倬雲：《西周史》，臺北：聯經出版公司，1984 年 10 月。

38. 許進雄：《中國古代社會：文字與人類學的透視》，臺北：臺灣商務印書館，1995 年 2 月。

39. 郭沫若：《中國古代社會研究》，石家庄：河北教育出版社，2000 年 12 月。

40. 郭沫若：《甲骨文字研究》，北京：科學出版社，1982 年 9 月。

41. 郭寶鈞：《中國青銅器時代》，臺北：駱駝出版社，1987 年 7 月。

42. 陳來：《古代宗教與倫理》，臺北：允晨文化公司，2005 年 6 月。

43. 陳炳良：《神話・禮儀・文學》，臺北：聯經出版公司，1985 年 4 月。

44. 陳夢家：《殷虛卜辭綜述》，北京：中華書局，1988 年 1 月。

45. 楊向奎：《宗周社會與禮樂文明》，北京：人民出版社，1997 年 11 月。

46. 漢聲雜誌社：《中國米食》，臺北：英文漢聲出版公司，1983 年 9 月。

47. 趙吉惠：《中國文化導論》，臺北：文史哲出版社，1994 年 11 月。

48. 蕭兵：《楚文化與美學》，臺北：文津出版社，1990 年 1 月。

49. 錢穆：《古史地理論叢》，臺北：聯經出版公司，1998 年 5 月。

50. 錢穆：《國史大綱》，臺北：聯經出版公司，1998 年 5 月。

51. 錢穆：《國史新論》，臺北：聯經出版公司，1998 年 5 月。

52. 龔鵬程：《飲食男女生活美學》，臺北：立緒文化公司，1998 年 9 月。

53. 龔鵬程：《中國文人階層史論》，宜蘭：佛光人文社會科學院，2002 年 5 月。

54. 〔日〕白川靜原著、加地伸行、范月嬌合譯：《中國古代文化》，臺北：文津出版社，1983 年 5 月。

55. 〔英〕弗雷澤著、汪培基譯：《金枝》，臺北：桂冠圖書公司，1991 年 2 月。

56. 〔英〕馬凌諾斯基著、朱岑樓譯：《巫術、科學與宗教》，臺北：協志工業出版公司，2006 年 5 月。

57. 〔法〕李維斯陀原著、周昌忠譯：《神話學：生食和熟食》，臺北：時報文化公司，1992 年 10 月。

58. 〔德〕恩斯特・卡西爾著、黃龍保、周振選譯：《神話思維》，北京：中國社會科學出版社，1992 年 3 月。

59. 〔德〕卡爾・雅斯貝斯著、魏楚雄、俞新天譯：《歷史的起源與目標》，北京：華夏出版社，1989 年 6 月。

60. 〔德〕埃利希・諾伊曼著、李以洪譯：《大母神——原型分析》，北京：東方出版社，1998 年 9 月。

（二）期刊、專書論文

1. 王子輝：〈中國飲食文化的根本之道——和〉，《歷史月刊》第 97 期，1996 年 2 月，頁 54～60。

2. 王子輝：〈中國米食文化源流淺釋〉，《中國飲食文化基金會會訊》第 2 卷第 3 期，1996 年 8 月，頁 2～5。

3. 王學泰：〈從文化角度看中國飲食習俗〉，《第三屆中國飲食文化學術研討會論文集》，臺北：中國飲食文化基金會，1994 年 12 月，頁 400～416。

4. 何根海：〈繩化母題的文化解構和衍繹〉,《鵝湖月刊》第 24 卷第 5 期,1998年 11 月,頁 14～24。

5. 何翠萍：〈米飯與親緣——中國西南高地與低地族群的食物與社會〉,《第六屆中國飲食文化學術研討會論文集》,臺北：中國飲食文化基金會,2000年 9 月,頁 427～450。

6. 李亦園：〈中國飲食文化研究的理論圖像〉,《第六屆中國飲食文化學術研討會論文集》,臺北：中國飲食文化基金會,2000 年 9 月,頁 1～16。

7. 杜正勝：〈從眉壽到長生——中國古代生命觀念的轉變〉,《中央研究院歷史語言研究所集刊》第 66 本第 2 分,1995 年 6 月,頁 383～479。

8. 姚偉鈞：〈從吃開始：飲食‧中國文化的根基〉,《聯合文學》第 12 卷第 9期,頁 66～71。

9. 胡新生：〈西周時期三類不同性質的射禮及其演變〉,《文史哲》2003 年第1 期,頁 112～117。

10. 胡新生：〈古代巫術靈物與一般辟邪方法〉,《歷史月刊》第 242 期,2008年 3 月,頁 29～74。

11. 凌純聲：〈中國酒之起源〉,《中央研究院歷史語言研究所集刊》第 29 本下冊,1958 年 11 月,頁 883～907。

12. 張光直：〈中國遠古時代儀式生活的若干資料〉,《中央研究院民族學研究所集刊》第 9 期,1958 年春季,頁 253～268。

13. 張光直：〈仰韶文化的巫覡資料〉,《中央研究院歷史語言研究所集刊》第64 本第 3 分,1993 年 12 月。

14. 莊申：〈從「八珍」的演變看中國飲食文化的演變〉,《中央研究院歷史語言研究所集刊》第 61 本第 2 分,1992 年 3 月,頁 433～479。

15. 莊萬壽：〈中國上古時代的飲食〉（上）,《國文學報》第 1 期,1972 年 4月,頁 165～174。

16. 許又方：〈略從宗教神話觀點論「犁牛之子騂且角」〉,《東華漢學》創刊號,2003 年 2 月,頁 305～321。

17. 陳忠信：〈試論《山海經》之水思維——神話與宗教兩種視野的綜合分析〉,《成大宗教與文化學報》第 3 期,2004 年 6 月,頁 249～281。

18. 黃奕珍：〈從「聖婚」觀點看楚懷王與巫山神女的關係〉,《中國文學研究》第 8 期,1994 年 5 月,頁 197～212。

19. 楊昌舉：〈論中國飲食文化之科學性與藝術性〉,《第三屆中國飲食文化學術研討會論文集》,臺北：中國飲食文化基金會,1994 年 12 月,頁 83～99。

20. 楊儒賓：〈吐生與厚德——土的原型象徵〉,《中國文哲研究集刊》第 20 期,2002 年 3 月,頁 383～446。

21. 葉舒憲：〈第四重證據：比較圖像學的視覺說服力——以貓頭鷹象徵的跨文化解讀爲例〉，《文學評論》2006 年第 5 期，頁 172～179。

22. 葉舒憲：〈鯀禹啓化熊神話通解——四重證據的立體釋古方法〉，《興大中文學報》第 23 期增刊，2008 年 11 月，頁 33～53。

23. 管東貴：〈中國古代的豐收祭及其與「曆年」的關係〉，《中央研究院歷史語言研究所集刊》第 31 本，1960 年 12 月，頁 191～260。

24. 蒲慕州：〈酒與古埃及宗教〉，《中央研究院歷史語言研究所集刊》第 60 本第 1 分，1990 年 3 月，頁 75～91。

25. 趙榮光：〈十美風格：中國古代飲食文化〉，《聯合文學》第 12 卷第 9 期，頁 79～86。

26. 劉儀初：〈論中國食醫同源的產生及其營養學價值〉，《第三屆中國飲食文化學術研討會論文集》，臺北：中國飲食文化基金會，1994 年 12 月，頁 478～489。

27. 蕭兵：〈圖像的威力：由神話讀神畫，以神畫解神話〉，《長江大學學報》（社會科學版）第 29 卷第 1 期，2006 年 2 月，頁 19～21。

28. 蕭璠：〈中國古代的生食肉類餚饌——膾生〉，《中央研究院歷史語言研究所集刊》第 71 本第 2 分，2000 年 6 月，頁 247～365。

29. 羅桂環：〈從歷史上植物性食物的變化看我國飲食文化的發展〉，《第三屆中國飲食文化學術研討會論文集》，臺北：中國飲食文化基金會，1994 年 12 月，頁 132～147。

30. 龔鵬程：〈酒食貞吉：儒家的飲饌政治學〉，《鵝湖》第 23 卷第 9 期，1998 年 3 月，頁 7～18。

三、器物、考證類

（一）專書、研究專著

1. 〔清〕程瑤田：《九穀考》，臺北：復興書局，1959 年，《皇清經解》本。

2. 〔清〕吳其濬：《植物名實圖考》，臺北：世界書局，1960 年 11 月。

3. 上海博物館：《認識古代青銅器》，臺北：藝術家出版社，1995 年 8 月。

4. 李家浩：《著名中年語言學家自選集‧李家浩卷》，合肥：安徽教育出版社，2002 年 12 月。

5. 東京國立博物館：《特別展曾侯乙墓》，東京都：日本經濟新聞社，1992 年。

6. 容庚：《商周彝器通考》，臺北：文史哲出版社，1985 年 1 月。

7. 容庚、張維持：《殷周青銅器通論》，臺北：康橋出版公司，1986 年 5 月。

8. 馬承源：《青銅禮器》，臺北：幼獅文化事業公司，1996 年 3 月。

9. 高緯：《鳥類分類學》，臺中：中台科學技術出版社，1995 年 11 月。

10. 國立故宮博物院編輯委員會：《商周青銅粢盛器》，臺北：國立故宮博物院，1985 年 3 月。

11. 國立故宮博物院編輯委員會：《商周青銅酒器》，臺北：國立故宮博物院，1989 年 2 月。

12. 陳夢家：《海外中國銅器圖錄》，臺北：臺聯國風出版社，1946 年。

13. 劉良佑：《陶瓷》，臺北：幼獅文化公司，1987 年 4 月。

14. 譚旦同：《中國陶瓷》，臺北：光復書局，1986 年 12 月。

（二）期刊、專書論文

1. 于景讓：〈黍稷粟粱與高粱〉，《大陸雜誌》第 13 卷第 3 期，1956 年 8 月，頁 1～10。

2. 于景讓：〈黍〉，《大陸雜誌》第 13 卷第 7 期，1956 年 10 月，頁 1～5。

3. 中國社會科學院考古研究所洛陽發掘隊：〈河南偃師二里頭遺址發掘簡報〉，《考古》1965 年第 5 期，頁 218～222。

4. 孔德成：〈說兕觥〉，《東海學報》第 6 卷 1 期，1964 年 6 月，頁 19。

5. 方揚：〈我國釀酒當始於龍山文化〉，《考古》1964 年第 2 期，頁 94～97。

6. 王仁湘：〈中國古代進食具匕箸叉研究〉，《考古學報》1990 年第 3 期，頁 267～294。

7. 王庭洽：〈「挫糟凍飲、酌清涼些」：古人對自然冰的利用〉，《歷史月刊》第 11 期，1988 年 12 月，頁 151～153。

8. 王巍、徐良高：〈先周文化的考古學探索〉，《考古學報》2000 年第 3 期，頁 285～310。

9. 史言：〈扶風莊白大隊出土的一批西周銅器〉，《文物》1972 年第 6 期，頁 30～35。

10. 石璋如：〈殷代的豆〉，《中央研究院歷史語言研究所集刊》第 39 本上冊，1969 年 1 月，頁 51～80。

11. 朱利民、張抒：〈凌陰考辨〉，《唐都學刊》第 22 卷第 6 期，2006 年 11 月，頁 116～120。

12. 李濟：〈鬶的形制及其原始〉，《中央研究院歷史語言研究所集刊》第 39 本上冊，1969 年 1 月，頁 335～349。

13. 李金平：〈古代宗教祭祀用食物類祭品的構成及其形態特徵〉，《湖北廣播電視大學學報》第 27 卷第 1 期，2007 年 1 月，頁 111～112。

14. 杜在忠：〈試論龍山文化的「蛋殼陶」〉，《考古》1982 年第 2 期，頁 176～181。

15. 杜迺松：〈青銅匕、勺、斗考辨〉，《文物》1991 年第 3 期，頁 61～67。

16. 周聰俊：〈殷周禮制中醴及醴器研究〉，《大陸雜誌》第 86 卷第 4 期，1993 年 4 月，頁 1～14。

17. 周聰俊：〈鬯器考〉，《大陸雜誌》第 89 卷第 1 期，1994 年 7 月，頁 1～25。

18. 周聰俊：〈簠簋爲黍稷圓器說質疑〉，《大陸雜誌》第 100 卷第 3 期，2000 年 3 月，頁 101～122。

19. 周聰俊：〈文獻與考古資料所見匡器考辨〉，《慶祝周一田先生七秩誕辰論文集》，臺北：萬卷樓圖書公司，2001 年 3 月，頁 61～82。

20. 屈萬里：〈兕觥問題重探〉，《中央研究院歷史語言研究所集刊》第 43 本第 4 分，1971 年 12 月，頁 533～542。

21. 凌純聲：〈匕鬯與醴柶考〉，《中央研究院民族學研究所集刊》第 12 期，1961 年秋季，頁 179～211。

22. 陝西周原考古隊：〈陝西扶風庄白一號西周青銅器窖藏發掘簡報〉《文物》1978 年第 3 期，頁 1～18。

23. 陝西周原考古隊：〈陝西扶風縣雲塘、庄白二號西周銅器窖藏〉《文物》1978 年第 11 期，頁 6～10。

24. 韓偉、董明檀：〈陝西鳳翔春秋秦國凌陰遺址發掘簡報〉，《文物》1978 年第 3 期，頁 43～47。

四、文學、思想類

（一）專書、研究專著

1. 〔漢〕王逸章句、〔宋〕洪興祖補注：《楚辭補注》，臺北：大安出版社，2004 年 1 月。

2. 〔漢〕高誘注：《呂氏春秋》，臺北：臺灣中華書局，1979 年 2 月。

3. 〔漢〕劉安撰、高誘注：《淮南鴻烈解》，臺北：河洛圖書出版社，1976 年 3 月。

4. 〔漢〕董仲舒：《春秋繁露》，臺北：臺灣中華書局，1982 年 2 月。

5. 〔漢〕劉向：《說苑》，臺北：大化書局，1983 年，《增訂漢魏叢書》本。

6. 〔魏〕王弼：《老子註》，臺北：藝文印書館，1975 年 9 月。

7. 〔梁〕蕭統主編：《文選》，臺北：藝文印書館，1991 年 12 月。

8. 〔明〕凌汝亨：《管子輯評》，臺北：臺灣中華書局，1970 年 4 月。

9. 〔清〕郭慶藩：《莊子集釋》，臺北：世界書局，1982 年 12 月。

10. 〔清〕孫詒讓：《墨子閒詁》，臺北：河洛圖書出版社，1976 年 5 月。

11. 吳則虞：《晏子春秋集釋》，臺北：鼎文書局，1972 年。

12. 李滌生：《荀子集釋》，臺北：學生書局，1979 年 2 月。

13. 沈清松編：《跨世紀的中國哲學》，臺北：五南圖書公司，2001 年 6 月。

14. 林明德：《文學典範的反思》，臺北：大安出版社，1996 年 9 月。

15. 徐復觀：《中國藝術精神》，臺北：臺灣學生書局，1984 年 10 月。

16. 傅偉勳：《從創造的詮釋學到大乘佛學：「哲學與宗教」四集》，臺北：東大圖書公司，1990 年 7 月。

17. 傅偉勳：《學問的生命與生命的學問》，臺北：正中書局，1994 年 1 月。